北京市哲学社会科学京津冀协同发展研究基地
基于大数据的城市科学研究北京市重点实验室

重点研究项目

北京国际城市文化交流基金会 **资助出版**

城市的觉醒

连玉明 / 著

当代中国出版社
Contemporary China Publishing House

图书在版编目(CIP)数据

城市的觉醒／连玉明著. -- 北京：当代中国出版社，2016.9

ISBN 978-7-5154-0722-7

Ⅰ. ①城… Ⅱ. ①连… Ⅲ. ①城市学－研究 Ⅳ. ① C912.81

中国版本图书馆 CIP 数据核字 (2016) 第 202354 号

出 版 人　曹宏举
责任编辑　李一梅
责任校对　康　莹
装帧设计　胡　凯
出版发行　当代中国出版社
地　　址　北京市地安门西大街旌勇里 8 号
网　　址　http://www.ddzg.net　邮箱：ddzgcbs@sina.com
邮政编码　100009
编 辑 部　(010)66572264　66572132　66572154　66572180
市 场 部　(010)66572281 或 66572155/56/57/58/59 转
印　　刷　北京艺堂印刷有限公司
开　　本　787 毫米 ×1092 毫米　1/16
印　　张　24.5 印张　219 千字
版　　次　2016 年 9 月第 1 版
印　　次　2016 年 9 月第 1 次印刷
定　　价　58.00 元

:::绪 论:::

块数据城市的构想和实践

块数据是大数据的核心价值，是大数据发展的高级形态，是大数据时代的解决方案。块数据城市是基于块数据理论模型所架构的新的城市形态。这种形态超越技术本身，是数据驱动基础上的结构功能、组织形式、生活方式和价值体系的一次重构。这种重构是一种更新中的社会体系，是共融的价值生态圈，是共享型组织的新范式。块数据城市将激荡出令人心动的新场景，开启人类迈向共享社会的新征程。

数据开放共享成为城市生活品质的新标志

城市是人的城市。生活品质是衡量城市文明的重要标志。在物物相连、业业相连、人人相连的大数据时代，谁共享的数据越多，谁获得的价值就越大。这正是块数据城市的价值追求。数据共享的前提是数据开放。数据孤岛和数据垄断是造成数据无法开放的两个重要原因。

数据孤岛导致了数据的彼此割裂、互不融通，数据垄断导致了数据所有者对数据的排他性占有。数据孤岛和数据垄断形成的关键原因是数据边界，数据开放就是打破数据边界，使数据共享成为可能。

除了政府数据的绝对保密和政府信息公开之外，数据开放最主要有两种形式：一是数据交换，二是数据交易。所谓数据交换，是指政府数据跨部门、跨行业、跨区域的流通和应用，数据交换是数据共享的重要方式，数据交换一般意义上是无偿的。所谓数据交易，是指数据所有权人基于数据价值的一种售卖。数据一旦售卖成功，他方或第三方即可共享其数据价值。数据确权和数据定价则是数据交易的关键环节。在贵阳，率先建立的大数据交易所和政府数据契约式开放的先行先试，正是数据开放共享的有益尝试。

无论是数据交换还是数据交易，重要的是平台战略。统一平台、统一标准、统一规制，是数据开放共享的先决条件。衡量一个城市数据开放共享的标志，不仅要看这个城市跨部门数据共享共用及其重要领域政府数据面向社会开放的程度，而且要看这个城市数据共享统一平台数据汇聚整合和关联应用以及政府与社会合作开发利用数据的程度，更要看这个城市对隐私和个人信息的管理和保护程度。这也是衡量块数据城市的重要标志。

数据力再造城市竞争新优势

数据力是大数据时代人类利用数据技术认识和改造世界的能力，它既是一种认知能力，又是一种发展能力，归根到底是一种数据生产力。数据力是块数据城市的核心竞争力。块数据理论认为，数据之间存在相互作用，这种相互作用是因为数据质点之间的数据引力形成的数据引力波。数据引力波将大量零散、割裂的数据有机地关联起来，极大地释放数据力的潜在价值。由于数据引力波的推动，组织之间可以实现完全对接，对数据的追本溯源将形成全链条数据力合力，将海量数据转变为直接生产力，从而实现数据力的极大解放。

数据处理能力是数据力最主要的组成要素，数据处理能力的水平是判断数据力水平的重要标志。未来城市的核心竞争力关键取决于它的数据处理能力。在大数据时代，数据力和数据关系的相互作用以及数据处理能力的提升，将帮助我们实现把所知的未知变成所知的已知，并找到未知的未知，将之变成所知的未知，甚至是所知的已知。这就是唐纳德·亨利·拉姆斯菲尔德提出的著名的大数据“三段论”：有所知的已知，有所知的未知，有未知的未知。

大数据时代，我们最缺乏的不是数据技术，而是运用数据技术对数据有用性和有效性的认知和挖掘能力。这些能力包括数据采集能力、数据存储能力、数据关联分析能力、数据激活能力和数据预测能力。一个城市的竞争优势，不仅在于它天然的资源和独特的要素等显在优势，更重要的在于它的潜在的能力建设，尤其是数据处理能力，核心是创新。

数据经济支撑城市发展新的增长极

21 世纪城市经济有三大支柱：总部经济、绿色经济和智慧经济。智慧经济的核心是数据经济或块数据经济。

块数据经济是一种新的经济模式，具有资源数据化、消费协同、企业无边界、零边际成本、极致生产力等特征。块数据通过平台集聚各方需求，放大了创新、运营等各个方面的价值关联，实现了新科技革命和新产业变革的深度交叉和融合。块数据经济强调通过容错性创新试验，促进大数据全产业链的汇聚、融通和应用，并推动传统产业与大数据融合发展，引领经济社会发展高质量演进和系统性提升。以块数据为核心的数据驱动将解构和重构资源配置方式，从竞争逐利到合作共赢、从信息不对称到交互零成本、从集中化到平台化、从流程化到模块化、从重资产到轻资产、从点对点到多对多，试图完全“建立一种新的生产函数”，把从来没有的关于生产要素和生产条件的“新组合”引入生产体系，从根本上改变了传统生产力与生产关系，深刻地推动整个经济结构的变革和价值链重构。这种重构将进一步改变社会关系，实现效率与公平的高度统一，从共享经济迈向共享社会，实现共享城市。

痛客经济的提出是块数据经济的一个重大创新。痛客经济将催生新经济的崛起，并产生一大批社会企业。社会企业与政府、企业、非营利组织不同，它没有政府的强制权力和财政收入，发展方式主要靠万众创新；它没有企业的最大化利润和盈余分红，发展目标集中于解决社会问题；它没有非营利组织的外部资助，发展机制更凸显自主管理。这样一种新的社会企业，与新经济时代的技术创新相结合，将催生新经济的新动能。痛客经济引发的是一场“大家一起发现”的更加广泛的社会经济运动，是大众创业、万众创新最现实的城市实践。

数据治理创新城市管理服务新模式

数据是一个国家的基础性战略资源，也是一种宝贵的城市治理资源。从全球范围看，“运用大数据推动经济发展、完善社会治理、提升政府服务和监管能力正成为趋势”。政府是城市数据最大的生产者和拥有者，数据治理已成为政府治理能力现代化的核心。

数据作为城市的重要资产，也是政府治理的重要手段。通过块上集聚形成一种具有内在关联性的数据，预示着广泛的公共需求和公共产品，蕴含着巨大的价值和能量。这些数据深刻地影响并改变着政府的治理理念、治理范式、治理内容和治理手段，将彻底颠覆传统的以信息控制与垄断来维护权威的治理模式，真正建立起一套“用数据说话、用数据决策、用数据管理和用数据创新”的全新机制，最终把权力关进“笼子”，实现创建法治政府、创新政府、廉洁政府和服务型政府的目标。

一个城市数据治理的核心，不能停留在数据驱动决策、数据驱动管理、数据驱动服务的运作层面，更重要的价值是实现基于数据的城市治理。这种治理是一种极致扁平、开放共享、高效运作的政府治理。它应该包括但并不局限于以下特征：

一是数据治理必须打破原有公权力对数据传播流向和内容的控制与垄断，极大地提升政府治理的“能见度”，构建一个政府和社会数据资源之间的全连接、全流程和全覆盖框架，打通政府部门、企事业单位之间的数据壁垒，实现合作开发和综合利用，有效促进各级政府数据治理能力提升。

二是数据治理必须为公众直接参与经济政治生活提供平台，政府权力逐渐流向社会。“大数据与互联网、微信、微博等新媒体深度融合，可以突破时间和空间的限制，从更深层次、更广领域促进政府与民众之间的互动，形成多元协同治理的新格局”。

三是数据治理以数据科学为基础，以统计软件和数学模型为分析工具，以数据的汇聚整合和关联分析为支撑捕捉现在和预测未来，不断提高监管和服务的针对性和有效性，尤其是对突发事件的预测和应急响应以及普遍的风险防范，从而实现政府决策的数据化、精准化和科学化。

四是数据治理在块数据思维引领下，在数据空间重新构建整个公共服务供给体系。这种基于数据消费、数据服务和数据福利的数据惠民，将推动整个数据应用领域的全面升级，倒逼政府职能转型、政府流程再造和政府服务能力提升。随着公共服务长尾需求的不断挖掘，以定制化方式开发更多数据惠民产品，推动政府公共服务创新和价值再造，形成以人为本、惠及全民的数据化民生服务新体系。未来城市公共服务数据化的重点，不仅仅体现在公共事业、商事服务、市政管理和城乡环境方面的数据化，还体现在养老服务、劳动就业、社会保障以及文化教育、交通旅游、质量安全、消费维权和社区服务等领域的全面数据化。依托块数据的汇聚、融通和应用，帮助政府更加全面、更加精准、更加有效地洞察和满足人民群众日益增长的数据需求。

五是数据治理为技术反腐和廉洁政府建设提供机制和保障。贵阳市 40 多个政府部门全面推进的“数据铁笼”工程正是数据治理在技术反腐与廉洁政府建设中的生动运用。“数据铁笼”是以权力运行和权力制约的信息化、数据化、自流程化和融合化为核心的自组织系统工程。它以“问题在哪里、数据在哪里、办法在哪里”为导向，建构了以开放共享的治理理念、规范透明的权力体系、跨界融合的平台支撑、持续改进的流程再造、精准有效的风险控制和多元治理的制度保障为主体的创新模式，真正实现了把权力关在数据的“笼子”里，确保“人在干、数在转、云在算”。

数据文化催生新的城市文明

大数据不仅是新的科技革命和产业变革的引爆点，更是一种新的世界观、新的价值观和新的方法论。从条数据到块数据的融合，从条时代向块时代的迈进，整个人类社会的思维模式和行为范式将产生根本性、颠覆性变革。块数据倡导开放、融合、共享的价值理念，重构数据信用体系与自信用社会，利他主义将成为大数据时代的主流文化，并孕育着一种新的社会文明。

利他主义具有使他人得益的行为倾向和价值主张，利他主义的数据文化为城市发展注入源源不绝的动力和能量。亚当·斯密在《道德情操论》中指出："如果一个社会的经济发展成果不能真正流到大众手中，那么它在道义上将是不得人心的，而且是风险的，因为它注定要威胁社会稳定"。如果文化不止损，那么经济的止损效果就是有限的。利他主义的数据文化终于跳出了带血的资本积累的原始冲动，让经济发展的成果通过数据化的组织和共享得以分流到大众手中，这不仅表现在它倡导的利用群体智慧进行的大众创新和万众创业之中，而且还表现为那些在透明的数据环境下诸多"独角兽公司"所享受到的快感和惬意。

利他主义的数据文化最需要的是信任、信誉和信用，建立自信用社会体系成为一种必然要求。自信用社会建立的前提和基础是数据信用体系的形成，而数据信用体系建设的核心是诚信和互信，关键是人人信用公开。利他主义的数据文化不仅催生新的城市文明，而且也催生出一个真正意义上的诚信社会。

必须说明的是，块数据是基于贵阳大数据发展实践的重大科学发现，也是重大理论创新。这得益于贵州和贵阳决策者的前瞻思维和战略眼光。早在中共中央国务院印发《国家创新驱动发展战略纲要》前两年的 2014 年 1 月，贵阳市委、市政府就批准成立了贵州大学贵阳创新驱动发展战略研究院，成为中国第一家也是唯一一家专业从事创新驱动发展战略的研究机构。2015 年 5 月，贵阳市人民政府与北京市科委共建大数据战略重点实验室，成为中国第一个跨学科、专业性、国际化、开放型大数据发展新型高端智库。实验室相继推出的《块数据：大数据时代真正到来的标志》和《块数据2.0：大数据时代的范式革命》等一系列重大理论成果，不仅对建设国家大数据（贵州）综合试验区给予理论支撑，而且在更高层次、更大范围、更广领域革新了我们的世界观、价值观和方法论，并深刻地影响着城市经济、政治、文化和社会生活的方方面面。

2015年6月，习近平总书记到贵州视察工作，对贵州发展大数据给予充分肯定。他在北京·贵阳大数据应用展示中心视察时说："我听懂了，贵州发展大数据确实有道理。"2016年5月，李克强总理出席数博会开幕式并发表重要讲话，引起全球关注。他在讲话中说，在贵州、贵阳这样西部落后的地方，正在不断挖掘着"钻石矿"、成长着"智慧树"，把大数据从"无"生了"有"。作为中国过去最落后的地区之一，却在大数据产业上走在了前面。2016年6月3日，贵州省委书记陈敏尔在全省大数据战略行动推进大会上强调，要坚定不移地实施大数据战略行动，让"智慧树"茁壮成长，让"钻石矿"流光溢彩。2016年7月11日，贵州省委常委、贵阳市委书记陈刚在市委九届六次全会上提出，坚定不移守底线走新路，以大数据为引领加快打造创新型中心城市，并明确贵阳市到2020年基本建成块数据城市。正如马凯副总理在2016年3月参加全国"两会"贵州代表团审议时指出的那样，"贵州省委、省政府有远见、见事早、行动快、工作实，大力推动大数据产业发展。贵州省在新一轮科技革命和产业变革过程中，走在了全国前列，处于领先地位"。贵阳块数据城市的构想和实践，再一次证明了这一点。

2016年7月23日于贵阳花溪

目 录

第 1 篇 城市的觉醒

第 2 篇 城市价值体系和城市学习能力

第 3 篇 什么样的城市是最好的城市

第 4 篇 文化是城市的灵魂

第1篇 城市的觉醒

爽爽的贵阳为什么“爽”[①]

“上有天堂，下有苏杭，气候宜人数贵阳。”这是一个被视作“生态文明建设样本”的城市，这是一个被称为“最适合人类生存”的城市。独特的、天然的、无与伦比的自然因素，成就了“爽爽的贵阳”，这些自然因素和气候特征概括起来就是六个“度”。

一是纬度。贵阳地处东经106°，北纬26°，泾渭分明，自然天成。北纬26°是地球上最美风景带的所在地。从浪漫的夏威夷到秀丽的迈阿密，从绚烂的冲绳到爽爽的贵阳，这四个被称为地球上最美的地方，都处在北纬26°。得天独厚的地理位置造就了贵阳以“山奇、水秀、石美、洞异”为特色的高原自然风光，令人流连忘返、心旷神怡。

二是高度。神秘深邃、和谐交融，贵阳的平均海拔高度为1200米，最高点海拔为1762米，最低点海拔为500米。海拔1200米是一个充满灵性的高度。这个高度融合天地之灵气，富蕴生态与人文之内涵，形成了许多“风水宝地”，所以，中国的道观、寺庙多修建在这个高度的地理位置。海拔1200米还是一个有利于健康的高度，世界上著名的长寿区多数都集中在这个高度。海拔高度带来的气压变化直接影响人体的生理机能。海拔低于

---

① 本文刊发于2015年6月26日《贵阳日报》，并收录作者主编的《六度理论：重塑我们的生态观和生活观》，中信出版社2015年6月出版。

500米的地方气压较高，空气密度大，比较潮湿，会对人体机能带来负担，海拔高于2500米的地方气压较低，空气中含氧量减少，会造成呼吸困难等高原反应。而在海拔1200米的地方，人的心跳会提高10%–20%，心率在合理范围内低强度地加速，有利于促进人体新陈代谢，使人体排汗量增多，脂肪燃烧加快。女性在不知不觉中减肥塑身，变得更加美丽；男性的甲状腺、肾上腺、性腺功能进一步活跃，能最大限度地释放人的潜能。

三是温度。贵阳不冷也不热，冷暖相宜，四季分明，年平均气温在14℃ –16℃之间，夏季的平均气温为22.5℃，冬季的平均气温在6℃ –8℃之间。这样的温度区间带来了“春有鲜花、夏有雨雾、秋有红叶、冬有霜雪”的自然馈赠，是不断升温的地球上一个最适宜的环境温度。人是恒温动物，正常体温在36.5℃左右，利用黄金分割率36.5℃ ×0.618计算出最令人体舒适的温度是22.5℃，也就是说，在22.5℃左右的环境中，人感觉最舒适，肌体的新陈代谢、生理机能处于最佳状态。同时，人还需要通过一定的温差变化来提高身体自我调节和生化功能，温度过高容易造成养分的蒸发、破坏和流失，温度过低容易造成心脉迟缓。而贵阳夏季最高35.1℃，冬季最低4℃，最有利于人体机能的良性运转与正常调节，最适宜现代人，尤其是中老年人长期居住养生。

四是湿度。贵阳降水充沛，水润万物，年降水量为1072.8毫米。雨水的浸润使得贵阳空气湿度适中。这是一种什么感觉呢，就像敷上面膜，源源不断地补水，使皮肤润滑、柔软，富有弹性和光泽。雨热同期，贵阳夏半年降水量占年降水量的78.5%，尤其是最热月份平均气温舒适度的优势，是贵阳荣登“中国十佳避暑旅游城市”榜首的重要原因之一。昼晴夜雨，夜雨量占68%，不仅让贵阳这座城市有了“小楼一夜听春雨，深巷明朝卖杏花”的意境，更重要的是，如期而至的夜雨，是最好的空气净化器，及时地清洗这座城市，将白天生产生活中排放的污染物冲刷干净，这也是贵阳空气质量优良的一个原因。

五是浓度。贵阳空气质量优良，空气清新，令人呼吸舒畅，最大的特点概括为“一高两低”，一高是负氧离子含量高，两低是PM2.5浓度低和紫外线辐射强度低。负氧离子素有“空气维生素”“长寿素”的美称，具有净化空气、预防呼吸道疾病、改善睡眠、抗氧化、防衰老、易清除体内自由基、降低血液黏稠度等效果。贵阳“山中有城，城中有山，绿带环绕，森林围城”，漫步其中，感觉空气新鲜，头脑清醒，呼吸舒畅，原因就是森林源源不断地输出了高浓度的负氧离子。“名满天下”的茅台酒之所以独特醇美，据说也与酿造发酵过程中空气里富含的丰富“维生素”有关。贵阳空气质量优良的另一个标志是PM2.5浓度低，“2015年5月20日，PM2.5浓度为14微克／立方米，击败了中国92%的城市”。按照中国新实施的《环境空气质量标准》评价，2014年贵阳市城区空气质量优良天数为314天，其中一级“优”109天，二级“良”205天，没有出现重度污染。此外，贵阳还是世界上紫外线辐射最低的城市之一。紫外线强度与大气中的臭氧层有关，是一个由空气污染引发的环境问题。紫外线照射会对皮肤造成伤害，严重的还会造成皮肤癌。中国气象局紫外线指数分级指标和近几年紫外线观测数据显示，贵阳绝大部分时间的紫外线强度在3级和3级以下，对人体的影响很小。

六是风度。贵阳风轻云淡，安定舒爽，无地震、无大风、无旱涝，是一个地质灾害和气象灾害比较少的地方。贵阳位于7亿多年前形成的“扬子断块”，地质构造稳定，历史上基本没有发生过破坏性地震。贵阳夏季多年各月平均风速在3.0米／秒以下，属微风级别，给人带来的是一种“轻风拂脸面”的舒适感，对身体散热、生活出行和生产活动十分有利，而且，贵阳很少出现极端大风天气。此外，由于降水相对稳定，旱涝灾害出现的频次也相对较少。

用纬度、高度、温度、湿度、浓度、风度这“六度”来描绘和感受“爽爽的贵阳”，不但为观察生态贵阳提供了一个全新的视角，还触及了一个更为深刻的话题——生态系统与社会系统的关系。这种关系可以定义为“六种理论”。“六种理论”成为我们观察全球生态文明的一把标尺、一种秩序、一个模式。

必须承认，贵阳是一个大自然的“宠儿”，拥有着独特的地理地貌、良好的气候条件、优质的生态环境。但这座城市并没有“恃宠而骄、肆无忌惮”，而是以一种最生态的发展哲学呵护、维系、平衡着这个城市的生态系统。早在20世纪90年代，贵阳就先于中国其他城市开始探索循环经济发展，成为中国生态文明的最早觉醒者。2012年，贵阳被批准建设全国生态文明示范城市。2014年，贵阳以大数据为引领，进一步实施创新驱动发展战略，正在探索一条经济发展与生态改善“双赢”的可持续发展之路。

大数据为什么选择贵州和贵阳[①]

两年前，听说贵州和贵阳要搞大数据，很多人摇头；一年前，听说贵州和贵阳在搞大数据，很多人质疑；今年或现在，听说贵州和贵阳搞成了大数据，很多人好奇。这些很多人中间，有北京等发达地区和发达城市的，也有西部相对欠发达地区和城市的，有中央和国家部委的高层领导，也有国内外专家学者和企业界人士，当然也包括很多普通人。为什么这么多人对贵州和贵阳搞大数据会摇头、会质疑、会好奇呢！

为什么习近平总书记说贵州发展大数据确实有道理

2016年6月，习近平总书记到贵州视察工作。他在北京·贵阳大数据应用展示中心听取贵州和贵阳主要领导汇报后说了四句话："我听懂了，贵州发展大数据确实有道理。这么干下去，十分有希望。"为什么习近平总书记说贵州发展大数据确实有道理呢？我们从贵州省委主要领导的讲话中找出了一些答案：

第一，贵州发展大数据具有先天优势。什么叫先天优势？用陈刚书记的解释叫"天赐＋良机"。所谓天赐，是指贵州发展大数据具有天然的气

① 作者2016年7月22日在贵阳市大数据人才"一选一"专题培训班上的演讲要点。

候优势和独特的资源优势。清爽的空气、凉爽的天气、充沛的降水和充足的电力，再加之稳定的地质结构，无地震、无风灾、无旱涝为贵州和贵阳发展大数据，特别是建设数据中心确立了难得的比较优势；所谓良机，是指贵州在坚守生态保护和经济发展两条底线基础上，审时度势，抢先布局，顺应新一轮新科技革命和产业变革的世界潮流，从三大运营商数据中心落户贵安新区等标志性事件中敏锐把握先机，从零开始，无中生有，开启了大数据创新发展之旅。

第二，贵州发展大数据具有先发优势。什么叫先发优势？用陈刚书记的解释叫“笨鸟＋先飞”。所谓笨鸟，是指贵州还是中国西部相对欠发达、欠开发、欠开放的地区之一，既缺乏创新的资源，也缺乏创新的人才。只有积极探索，边学边干，变后发为先发，才可能打响过去只能在先进省份和发达地区发展大数据的新时期的“突围战”。

第三，贵州发展大数据具有先行优势。什么叫先行优势？用陈刚书记的解释叫“领跑＋群跑”，即政府领跑加社会群跑。所谓政府领跑，是指省委、省政府和市委、市政府把贵州和贵阳发展大数据上升为战略决策，并升格为国家战略，正成为先行先试中的第一个国家大数据综合试验区；所谓社会群跑，是指一批有竞争力、影响力的领军型大数据企业不断在贵州和贵阳诞生，产业发展、社会治理、民生服务等领域一个又一个大数据创新成果被广泛应用，一个又一个新技术、新模式、新业态在贵州和贵阳持续出现。先行先试的探索和实践已经把贵州和贵阳变成大数据战略策源地、技术标准输出地、新兴产业发源地和模式创新涌现地，正成为创新思想碰撞地、高端要素汇聚地和创新试验容错地。

第四，更重要的是，贵州发展大数据具有先干优势。无论是先天、先发还是先行，核心是先干。先干才是贵州发展大数据真正的优势。什么是先干优势？用陈刚书记的解释叫“想干、敢干加会干”。从某种意义上讲，有的地方资源比贵州多，条件比贵州好，能力比贵州强，发展比贵州快，但发展大数据却比贵州慢，甚至还比贵州差。差在哪里？差在“干”字上。有的领导不想干、不敢干、不会干。面对大数据，不愿想问题，不敢担风险，不会抓机遇，甚至在新事物、新机遇面前成为犹豫者、观望者、懈怠者和软弱者。而贵州和贵阳则敢于站在大数据发展的风口上，抢占大数据发展的理论创新制高点、实践创新制高点和规则创新制高点。大数据是先机、是蓝海，发展大数据是在走前人没有走过的路。只有学中干，干中学，边学边干，边干边学，才能赢得先机，才能抢占蓝海。用陈刚书记的话说，就是“一想二干三成功，一等二看三落空”。

为什么李克强总理说贵州在大数据领域正在挖掘着“钻石矿”、成长着“智慧树”

2016年5月，李克强总理出席数博会并发表重要讲话，引起全球关注。他在数博会开幕式上说，在贵州、贵阳这样西部落后的地方，正在不断挖掘着“钻石矿”、成长着“智慧树”，把大数据从“无”生了“有”。作为中国过去最落后的地区之一，却在大数据产业上走在了前面。李克强为什么会这样说，为什么把贵州发展大数据比喻成正在挖掘着“钻石矿”、成长着“智慧树”呢？在2015年贵阳国际大数据产业博览会暨全球大数据时代贵阳峰会开幕之际，李克强总理发来贺电指出，大数据与云计算、物联网等新技术相结合，正在迅疾并将日益深刻地改变人们的生产生活方式，“互联网＋”对提升产业乃至国家综合竞争力将发挥关键作用。从大数据领域看，主要是彰显出在商用、政用和民用领域的创新价值。

第一，大数据的商用价值主要体现在大数据的全产业链上，核心是以大数据引领经济转型升级。用陈刚书记的解释就是，大数据能不能加速发展、推动转型，首要就在于产业能不能迅速集聚，能不能引领构建现代产业体系，能不能迅速迸发出引领经济社会发展的新动能。围绕大数据发展的三个业态，培育数据存储、云计算、数据加工与分析、数据流通与交易、大数据安全等核心业态，发展呼叫中心与服务外包、电子信息关键部件、智能终端产品制造等关键业态，推进电子商务、大数据金融、智能制造等衍生业态，加快打造大数据全产业链。

第二，大数据的政用价值主要在大数据的全治理链上，核心是以大数据提升政府治理能力。用陈刚书记的解释就是，围绕“问题在哪里、数据在哪里、办法在哪里”三个问题，按照信息化、数据化、自流程化、融合化“四部曲”，通过数据整合和运用、创新政府治理模式和治理手段。比如通过建设大数据经济运行监测分析系统，实现政府宏观决策科学化；通过全面推开“数据铁笼”工程和“党建红云”工程，实现权力运行规范化、制度化和党务政务治理精准化；通过推进“大数据＋政务”，打造全覆盖、全联通、全方位、全天候、全过程的“五全”服务模式，实现政府服务便利化。

第三，大数据的民生价值主要体现在大数据的全服务链上，核心是以大数据改善民生服务水平。用陈刚书记的解释就是，让数据多跑路，群众少跑腿。让老百姓工作更方便，生活更美好。比如大数据精准投资、社会和云、数据惠民等，围绕更好地解决民生“痛点”“堵点”“难点”，推动大数据与衣食住行、生老病死、安居乐业等相融合，着力解决普惠性民生问题。

为什么第一个国家大数据综合试验区落户贵州

2016年2月25日，国家发展改革委、工业和信息化部、中央网信办批准贵州建设国家大数据综合试验区，这也是我国第一个国家级大数据综合试验区。早在2015年9月，国务院印发的《促进大数据发展行动纲要》，就明确提出“推进贵州等大数据综合试验区建设，促进区域性大数据基础设施的整合和数据资源的汇聚应用”。为什么第一个国家大数据综合试验区会花落贵州呢？

马凯副总理在2016年3月参加全国“两会”贵州代表团审议时讲了这样一段话，他说：“贵州省委、省政府有远见、见事早、行动快、工作实，大力推动大数据产业发展。贵州省在新一轮科技革命和产业变革过程中，走在了全国前列，处于领先地位。”更重要的是，马凯副总理这样评价贵州：“工作思路清晰，发展路子对头，党员干部精神状态好，不事声张、悄然崛起，各方面工作取得了显著成绩。每次到贵州考察，都有生机盎然、蓬勃向上的感觉。”马凯副总理还围绕如何抓机遇、抓规划、抓宽带、抓突破、抓应用、抓安全、抓立法、抓人才、抓改革对贵州发展大数据提出九点指示，可见，国家层面对贵州发展大数据的高度肯定和支持力度。

当然，第一个国家级大数据综合试验区落户贵州，也是贵州人先行先试的必然结果。从2014年3月到2016年3月，仅仅两年时间，贵州发展大数据在全国取得了“十个率先”的成绩，即率先建立贵阳·贵安国家大数据产业发展集聚区、率先建立贵阳国家大数据产业技术创新试验区、率先建成全国第一个省级政府数据集聚、共享、开放平台“云上贵州”、率先建立全国第一个大数据交易所、率先建立全国第一个大数据战略重点实验室、率先在全国全面推进“数据铁笼”工程、率先制定出台全国第一部大数据地方法规《贵州省大数据发展应用促进条例》、率先举办全球首个大数据博览会、率先举办全国大数据商业模式创新大赛和率先举办中国首个痛客大赛等。这些率先充分印证了贵州发展大数据在服务全国战略中的先行示范作用，也为贵州建设国家级大数据综合试验区奠定了良好基础。

贵州建设国家大数据综合试验区，核心是开展七个方面的先行先试，最终实现“四个一批”的目标。这七个试验是：开展数据资源共享开放试验、数据中心整合利用试验、大数据创新应用试验、大数据产业聚集试验、大数据资源流通试验、大数据国际合作试验和大数据制度创新试验。“四个一批”的目标是：打造一批大数据先进产品，培育一批大数据骨干企业，建设一批大数据众创空间，培育一批大数据产业人才。

这是一个事关贵州转型发展和后发赶超的重大战略。美中不足的是，这个战略，包括七大试验中最缺乏的是人才支撑，或者说，缺乏大数据产业人才先行先试的政策。这一点，对贵州建设国家大数据综合试验区是一个缺憾，也是贵州发展大数据的短板。当然，补齐这块短板会有各种各样的办法。但是，假如在国家大数据综合试验区的政策中，能够让大数据产业人才先行先试，或者给予大数据产业人才培养更多的特殊政策，比如支持北京大学、清华大学、中国人民大学、北京航空航天大学、浙江大学等著名高校在贵州设立大数据学院，可以预见，大数据产业人才培养和大数据人才结构优化将得到前所未有的发展。那时的国家大数据综合试验区，才是真正的国家级大数据综合试验区。

实事求是地讲，上述的分析确实是贵州和贵阳发展大数据的有利条件和重要因素。但也必须指出，这些条件和因素从全国范围看并不是唯一性的，或者说，贵州和贵阳具有的这些条件和因素，别的地区和城市也有，甚至还优于贵州和贵阳。那么，大数据这件事为什么没有发生在别的地区和城市，而恰恰产生在贵州和贵阳呢？在这里，我想分析其更加深层的原因。概括起来，有三个条件是其他地区和城市无法比拟的。

第一，贵州和贵阳发展大数据是一种战略部署。任何行动一旦上升为战略，它必将起到引领全局、覆盖全面、贯彻始终的强大作用。从贵州省层面讲，“十三五”期间，省委、省政府的战略部署只有两件事，一件是大扶贫，一件是大数据。从贵阳市层面讲，“十三五”期间，市委、市政府的战略部署只有一件事，就是以大数据为引领加快打造创新型中心城市，并明确到2020年贵阳基本建成块数据城市。如此明确之战略定位和如此强大之战略定力，是别人无法效仿的。更重要的是，在贵州和贵阳发展大数据这个重大决策上，省委主要决策者和市委主要决策者战略上的高度认知、政治上的高度契合、步调上的高度一致，也是别的省、别的地区、别的城市无法比拟的。

第二，贵州和贵阳发展大数据是京筑创新驱动区域合作的重大创新和重要成果。从本质上，发展大数据要靠创新的思维、创新的资源和创新的人才。而这些，恰恰是贵州和贵阳所缺乏的，这也是为什么很多人对贵州和贵阳发展大数据摇头、质疑和好奇的主要原因。但是，贵州和贵阳并没有因此畏难退缩和停滞不前，而是迎难而上和知难而进。贵州和贵阳的决策者们以“不求所有，不求所在，但求所用”的前瞻思维和战略眼光，引“京”入“黔”补齐短板。2013年10月，中关村贵阳科技园落户贵州。2014年1月，贵州大学贵阳创新驱动发展战略研究院揭牌。2014年3月，贵州大数据招商引智会在北京启幕。2014年6月，北京·贵阳大数据应用展示中心建成开馆，等等。这些举措一次又一次把北京先进的发展理念、超前的发展思路、创新的发展资源招商引智到贵州和贵阳来，而贵州和贵阳通过京筑合作也一次又一次接受着工业文明和城市文明的洗礼。必须强调的是，北京市委、市政府主要决策者及其诸多部门对贵州和贵阳的支持是真诚的、无私的和持续的，这凸显出北京的战略眼光和博大胸襟，蕴含着首都的政治智慧、政治境界、政治品格和政治担当。如果很多人过去总把贵州和贵阳与西部的贫穷和落后联系在一起，认为贵州和贵阳发展大数据不可能、不靠谱、不现实的话，那么，今天我们把贵州和贵阳发展大数据与北京联系在一起，就可以解答许多人头脑中的很多疑惑了。再强调一次，贵州和贵阳发展大数据的成功，不仅是贵州和贵阳的成功，也是北京的成功。从更深意义上讲，是中国的成功！

第三，贵州和贵阳发展大数据是一个城市的觉醒。发展是有阶段性和周期性的。俗话讲，三十年河东，三十年河西。如果前30年是沿海地区率先发展的话，那么，后30年西部地区，特别是贵州和贵阳的后发赶超也是必然的。关键在于，在后30年发展的起跑线上，贵州人和贵阳人把握了先机，勇于并敢于站在新科技革命和新产业变革交叉融合的引爆点上。这种“勇”和“敢”是一种觉醒，一种文化的觉醒，本质上是文化自信。400多年前，明朝大思想家王阳明曾在贵阳龙场悟道，提出“知行合一”的心学思想，而今天，贵州人和贵阳人把“知行合一”践行于大数据发展的生动实践中。这种践行是贵州的觉醒、贵阳的觉醒。这才是贵州和贵阳发展大数据真正成功的根本原因。

大数据时代与块数据贵阳[①]

前一段时间，贵州电视台的记者问我，对贵州和贵阳发展大数据如何评价，我的回答是八个字：先声夺人，风生水起。那么，究竟应该如何认识和理解这八个字呢?

2015年11月9日，陈刚书记在贵州省创建大数据国家重点实验室专题工作会上讲了一段很重要的话，或许正是对这八个字的最好诠释。陈刚书记在讲到贵州发展大数据的比较优势时重点讲了四点：

一是贵州已经形成政府主导推进大数据全方位全领域发展和应用的重大战略。这一战略在贵州省委“十三五”规划建议中已经得到印证。从中央到地方，都把发展大数据作为重点、亮点、关注点，但是，能把发展大数据作为一个省、一个省会城市的重大战略，特别是提升到“十三五”发展的重大战略高度，只有贵州、贵阳，这在全国是独一无二的。这一点正是贵州、贵阳大数据发展之所以能够在全国先声夺人、风生水起的决定性因素。

二是以块数据为核心的理论创新和实践应用已经成为贵州抢占发展先机和大数据制高点的重大突破口。大家都看过《块数据》这本书，块数据

---

① 作者2015年12月9日在贵阳市党委办公厅（室）系统干部培训班上的讲座，根据录音整理，对第三部分做了补充和完善。本文刊发于《大数据》2016年第2期。

这个概念是贵州、贵阳提出来的。更重要的是，由于块数据的产生，还在贵阳首创了大数据战略重点实验室，这个实验室由贵阳市人民政府和北京市科委共建，是中国第一家跨学科、专业性、国际化、开放型的新型高端智库，在国内产生较大影响。

三是贵州政府数据开放的先行先试和有益探索，已经在国内处于领先地位，正为推进国家治理体系和治理能力现代化积累经验，这将成为贵州大数据综合试验区的重要支撑。

四是数据铁笼已经成为贵州，特别是贵阳以大数据为引领的全面创新改革试验。这种创新成为以应用为导向的完善监督和技术反腐体系、提升政府治理能力、创新政府服务模式的重要载体。如果再加上贵州、贵阳天然的自然优势和独特的区位优势，把贵州、贵阳这样一个不太敏感的区域作为大数据的试验场，就能够理解为什么习近平总书记说贵州发展大数据确实有道理。我们在座的所有人，都是参与者、见证者，也会成为受益者。

今天，围绕块数据这个主题，我重点谈三点体会：一是对大数据的再认识，重点谈谈学习国务院出台的《促进大数据发展行动纲要》的体会；二是对块数据的再认识，重点谈谈学习陈刚书记最近对块数据一些重要观点的思考；三是对数据铁笼的再认识，重点谈谈块数据理论在数据铁笼建设中的应用。

对大数据的再认识

一位美国记者在一篇文章中说，大数据是什么并不重要，重要的是大数据改变了人们对世界的看法。这种改变，以及改变所带来的变化，就是大数据的本质。那么，这种改变是如何发生的，或者说正在或将要发生哪些改变，这正是我们要探索和讨论的重大课题。

2015年8月31日，国务院印发《促进大数据发展行动纲要》（下称《纲要》），9月5日，《纲要》在国内外公开发布。这是国家层面对大数据最具权威的官方解读。我们试图通过这个《纲要》去探寻大数据给我们带来哪些变化，以及这些变化是如何发生的。

对这个《纲要》的反复学习，可以得出三个基本结论：

一、大数据已经不是一个新概念，而是正在到来的新时代

那么，我们正在到来的究竟是一个什么样的新时代呢？从国务院《纲要》对大数据的定义中可以窥见一斑：

“大数据是以容量大、类型多、存取速度快、应用价值高为主要特征的数据集合，正快速发展为对数量巨大、来源分散、格式多样的数据进行采集、存储和关联分析，从中发现新知识、创造新价值、提升新能力的新一代信息技术和服务业态。”

从这个定义中，我们可以概括出新时代的三个基本特征，或者用三个关键词来表示：

一是新模式。即核心是新的思维范式。范式是人类认识世界和改造世界最强大的思想武器。大家知道，人与动物最本质的差别是思维，人是具有思维的高级动物，一般动物是没有思维或低级思维的。而人与人最本质的差别是范式。范式就是人的思维习惯所形成的思维定式，这种定式决定人类用什么样的思维习惯认识和改造世界。

从人类思维逻辑的进程看，我把这个思维范式分成三个阶段，每个阶段所产生的思想工具是不同的。

第一阶段：知识就是力量。知识是人脑思维的产物。人脑所能认识的

东西就是知识。因此，知识是有边界的，这种边界是以人脑的认识为界限的。

第二阶段：信息就是能量。计算机特别是互联网的出现，把人类带进一个知识爆炸的时代。知识爆炸所产生的能量就是信息。信息是电脑的产物，是人脑所不能认识的。因此，从某种意义上讲，知识是边界内的，信息是边界外的，这个边界就是人脑与电脑的界限。

第三阶段：数据就是变量。大数据时代，数据成为一种多维的无限变量。多维是超越人脑思维和电脑思维的数据聚合，无限是跨界，变量是一种不确定性和不可预知性。这种无边界的数据聚合是人脑和电脑的思维范式无法完成的，而实现这种聚合的思维范式只能靠云脑思维，也就是人、智能机器和云计算的融合，或者说是社会学、人工智能和云计算的融合。因此，从思维范式的角度，我们把人类社会分成三个阶段或三个时代，那就是人脑时代、电脑时代和云脑时代。大数据带来的新模式，将我们带进云脑新时代或者叫 DT 时代。

二是新技术。即核心是新的信息技术，特别是数据采集技术、数据存储技术和数据关联分析技术。这三大技术正是解决“数据从哪里来、数据放在哪里、数据如何使用”三大课题。那么，这三种技术究竟是不是新技术，或者说这种新的信息技术究竟能给我们这个时代带来哪些新变化呢？

《纲要》对大数据特征的描述主要使用了这样一些关键词：“容量大、类型多、存取速度快、应用价值高”和“数据巨大、来源分散、格式多样”，进一步使用“发现新知识、创造新价值、提升新能力”等词汇。这些关键词或词汇究竟说明什么呢？

2001年，在全球 IT 咨询服务巨头 Gartner（高德纳）工作的分析师 Doug Laney（道格·兰尼）写了一份研究报告，第一次提出一个三维模型，用以分析数据增长所带来的挑战和机会。这个三维模型的第一维是高速增长的数据体量（Volume），第二维是高速进出的数据运动（Velocity），第三维是高度异质的数据种类（Variety）。在这三维形成的空间里所充满的就是我们今天称之为大数据的东西。这个三维（3V）模型就是IT界所使用的大数据定义。2012年，这个分析师又在一份报告中更新了自己的大数据定义：

“大数据是体量庞大、高速变动和/或种类繁多的信息资产，需要采用全新的处理形式以有助于提高人们在决策形成、视野拓展和过程优化中的能力。”

从Laney更新的定义看，大数据是一种具有3V特性并以信息形态存在的资产，这种资产可以在决策、视野和过程优化方面增值创利，而盘活这种资产需要全新的处理形式。把《纲要》描述大数据的主要特性与Laney定义的大数据特征对比，我们会发现，在大数据特征描述及其价值效能方面是高度一致的。但问题的关键是，实现这些价值或效能必须依靠全新的处理形式。而这种全新的处理形式，主要是指新的数据采集技术、数据存储技术和数据关联分析技术。这就是大数据能否创造价值的关键。

数据与数字不是一回事。数字是普适性的概念，是对一切事物的数量性质的表达。而数据则是具体性的概念，是对一个事物数量性质的表达。对一个事物的数据表述越多，对这个事物的定义就越精准，人们对这个事物的认识就越深入，可利用的程度就越高。在大数据技术出现之前，人们对世界的认识主要是依赖抽样数据、局部数据、碎片化数据，甚至在无法获得实证数据时纯粹依赖经验、理论、假设和价值观去发现未知领域的规律，这种认识往往是表面的、肤浅的、简单的、扭曲的或者是无知的。大数据的出现改变了这一切，正如被誉为“大数据时代的预言家”的维克托·迈尔－舍恩伯格在他的著作《大数据时代》中指出的那样：

“大数据时代的来临使人类第一次有机会和条件，在非常多领域和非常深入的层次获得和使用全面数据、完整数据和系统数据，深入探索现实世界的规律，获取过去不可能获取的知识，得到过去无法企及的商机”。

“最重要的是人们可以在很大程度上从对于因果关系的追求中解脱出来，转而将注意力放在相关关系的发现和使用上。只要发现两个现象之间存在显著相关性，就可以创造巨大的经济或社会效益。大数据之所以可能成为一个‘时代’，在很大程度上是因为这是一个可以由社会各界广泛参与，八面出击，处处结果的社会运动，而不仅仅是少数专家学者的研究对象。”

“大数据时代的经济学、政治学、社会学和许多科学门类都会发生甚至是本质上的变化和发展，进而影响人类的价值体系、知识体系和生活方式。大数据很可能成为发达国家在下一轮全球化竞争中的利器，而发展中国家依然处于被动依附的状态之中。整个世界可能被割裂为大数据时代、小数据时代和无数据时代。”

三是新业态。即核心是新的服务业态。业态就是商业模式。新的服务业态就是大数据驱动传统服务或者消费商业模式的再创新。这种再创新是对传统商业结构或社会关系结构的颠覆性解构和重构（这种解构和重构是如何实现的，我们会在块数据一节中做出解释。因为块数据的逻辑正是研究大数据如何驱动事物从解构到重构的过程和机制）。大家熟知的 Uber(优步)、滴滴、快的、易到、神州等主流打车、专车、拼车软件正是这种新业态的最好例证。

仅以 Uber 为例。Uber 是一家2009年成立于美国硅谷的创新科技企业，或者说是一个数据驱动公司，是全球即时用车软件的鼻祖。Uber 是一个按需服务的 O2O 网站，O2O 就是线下到线上（online to offline）的缩写。

网站以最简单、最优雅的方式使豪华轿车司机网络化。每一个有需求的用户都可以通过iPhone、SMS、Andriod向Uber发出请求，从而获取自己的搭乘服务。

Uber的创始人特拉维斯·卡拉尼克（Travis Kalanick）是一个不到30岁的年轻人。2009年，他和另一个合伙人加雷特·坎普（Garrett Camp）成立UberCab，2010年Uber手机App叫车软件上线。2011年进入欧洲，2014年进入中国。截止到2015年5月，Uber在全球进入6大洲58个国家311个城市，平均1.8天新增一个城市，估值超过500亿美元，已经超过很多传统世界500强企业，成为商业历史上发展最快的公司。

Uber到底有多火？仅以中国市场为例，在中国，每天有100万人搭乘Uber，占全球Uber每日搭乘数量的50%；在中国，Uber每个月能创造出10万个相当于全职的工作机会；在中国，排除出租车叫车市场，Uber已经拿下接近50%的打车出行市场；在中国的成都和杭州，Uber的日搭乘数分别为纽约的479倍和422倍。从创业到崛起，直至成为一种新的服务业态和新的文化现象，Uber仅用了6年。这6年，它以一种近乎不可想象的速度完成一个企业的全球扩张。在过去，这个时间往往是几十年。这就是大数据驱动新业态的力量。

一方面，Uber成功的秘诀在于它提供了一个连接物品所有者和需求者的平台，改变了人们对物品所有权的概念，让信息、物品和服务流动起来，并通过“中心调度＋按需分配”的方式提升了效率。当然，这其中最核心的东西是对消费者需求的精准把握。这种精准需求正是击中了“用车出行”这个社会痛点，并以此为切入点深化了消费者之间的信任关系，通过一系列带有公共意义的社会实践活动，改变了消费者对未来世界的认知，并让投资者相信他们有能力不断丰富消费者的生活内容和生活体验，有能力引导消费者改变自己的生活方式。

另一方面，Uber 重构了商业结构和社会关系结构。每个人都有很多闲置资源，Uber 正是通过把这些闲置资源有偿让渡给他人，让个体摆脱了对传统组织和传统服务的依赖，也改变了传统的生产制造协同关系。更有意义的是，Uber 改变了传统的运营模式，Uber 与司机的关系属于合作而非传统的雇佣，这种模式似乎为更多的人提供了自由工作的可能，特别是广大中产阶级。应该肯定，Uber 创造了一种新的生活方式和新的服务经济。

我们把这种基于大数据驱动的新的服务经济叫作共享经济。通俗地讲，共享经济就是资源开放、人人受益的经济。从 Uber 的案例可以看出，共享经济具有四个核心要素：一是群聚效应，二是闲置产能，三是社会公共资源，四是陌生人之间的信任。而把这四个要素聚合在一起的动力正是数据驱动。大数据驱动创造了共享经济。共享经济的鼻祖，美国汽车共享公司 Zipcar 创始人罗宾 · 蔡斯在她的著作《共享经济》中说：

“当个人能获得大量资源从而成为具有创造力的不可替代的生产者时，这将是对个人价值的一种赞颂。最重要的是，这表达了我们这一代成为协作的一代，构建一种共享经济的期待。而这种经济将不会再使得雇主和员工对立，也不会使生产者和消费者对立。取而代之的是，我们分享一切能分享的事物，因为这是未来唯一的出路。”

“工业经济集中权力和财富之处就是共享经济能成功分配权力和财富的地方。对那些掌握着权力、享受着现状所带来的丰硕成果的人们来说，经历这种改变将会变得尤其艰难。但是，只要坚持走人人共享的道路，它们一定会有所改变。”

毫无疑问，共享经济在重构未来商业新模式的同时，对推动社会关系结构也带来颠覆性重构。Uber的出现同样动摇和瓦解了传统出租车行业的既有利益格局。Uber在美国、法国、韩国、印度等地都遭到不同程度的抵制，甚至政府颁布法令予以禁止。在伦敦和巴黎，愤怒的出租车司机举行大规模罢工，抗议Uber抢走了他们的生意。而Uber则宣称，这个行业即使灭亡。这就是共享经济的颠覆性力量。

大数据时代的本质就是共享经济。共享经济的本质是社会资源的重新配置，或者说是通过资源数据化，实现资源再分配。从“互联网+”到“大数据×”，正在构建这种再配置或再分配的机制和范式。“互联网+”将实现任何行业的互联互通，进而形成以协同消费模式为主导的共享经济价值链。“大数据×”则将这个价值链可视化，把我们带进一个众联、众包、众创、众筹的新世界。在这个新世界里，众联催生个体时代的崛起，众包开启了一个人的产业革命新时代，众创驱动大众创业、万众创新，众筹让微资源成就大事业。大数据的乘数效应预示着一个深刻道理，那就是小决定未来。

二、开放共享是大数据发展的核心价值

《纲要》最核心的关键词是“开放”和“共享”。全文“开放”出现36处，“共享”出现59处。那么，《纲要》是如何实现大数据发展的开放共享呢？仔细阅读《纲要》，你会发现其中最重要的东西。归纳起来就是20个字：问题导向、平台战略、体系建设、发展融合、共享格局。

一是问题导向。《纲要》从发现问题、分析问题和解决问题为切入点来制订行动方案，解决开放共享的问题。《纲要》认为开放共享存在以下制约因素或发展障碍：共享难度大、垄断程度高、融合能力差、应用价值低以及安全风险大。这五大问题深层次的原因是由于条块分割、部门壁垒、技术障碍、创新应用差以及安全意识滞后、基础设施滞后、数据标准滞后

和立法滞后造成的。用《纲要》序言中的表述是，“存在政府数据开放共享不足、产业基础薄弱、缺乏顶层设计和统筹规划、法律法规建设滞后、创新应用领域不广等问题”。因此，《纲要》无论是五大目标、三大任务，还是十大工程，都是基于解决上述问题而分类施策的。

二是平台战略。《纲要》对支撑大数据发展的国家统一平台进行了总体规划布局。从国家层面至少提出构建八大平台，即国家政府数据统一开放平台、跨部门的政府数据统一共享平台、在地市级以上（含地市级）政府集中构建统一的互联网政务数据服务平台和信息惠民服务平台、中央层面构建形成统一的互联网政务数据服务平台、全国统一的信用信息共享交换平台、全国统一的中小微企业公共服务大数据平台、国家网络安全信息汇聚共享和关联分析平台、国家知识服务平台与知识资源服务中心。特别需要说明的是，这次国家规划布局的平台是前瞻性、战略性、全局性的，主要体现在“全国”“统一”“共享”等方面，这一点对我们很有启迪意义。

三是体系建设。《纲要》提出大数据发展的系统化、体系化建设。仅“体系”一词在《纲要》中出现54处，包括至少21个体系，即国家基础信息资源体系、国家宏观调控数据体系、国家知识服务体系、大数据应用体系、大数据技术体系、大数据产业体系、大数据产品体系、互联网信息保存和信息服务体系、大数据监督和技术反腐体系、综合信息服务体系、资源要素数据监测体系、大数据产业公共服务支撑体系、大数据产业生态体系、大数据安全保障体系、大数据安全评估体系、大数据安全支撑体系、大数据产业标准体系、数据标准和统计标准体系、大数据市场交易标准体系、数据科学学科体系和大数据人才培养体系。体系建设是开放共享的基础，只有促进大数据发展的系统化和体系化，才能推进数据实现自动化采集、网络化传输、标准化处理和可视化运用，才能提高数据的真实性、准确性、及时性和有效性，才能实现大数据发展各环节信息可查询、来源可追溯、去向可跟踪、责任可追究。

四是发展融合。融合是共享的必要条件，没有融合就没有共享。这个融合既包括数据的融合、技术的融合、政策的融合，还包括跨界融合、线下线上融合以及人与智能机器的融合。

五是共享格局。从《纲要》总体目标看，在未来5—10年分三个阶段形成推动大数据发展和应用的开放共享格局。

第一阶段，到2017年底，明确各部门数据共享的范围边界和使用方式，形成跨部门数据资源共享共用格局；

第二阶段，到2018年底，在六个方面构建开放共享平台：

第一方面是建成国家政府数据统一开放平台，率先在信用、交通、医疗、卫生、就业、社保、地理、文化、教育、科技、资源、农业、环境、安监、金融、质量、统计、气象、海洋、企业登记监管等20个重要领域实现公共数据资源合理适度向社会开放；

第二方面是中央政府层面实现数据统一共享交换平台的全覆盖，实现金税、金关、金财、金审、金盾、金宏、金保、金土、金农、金水、金质等11个信息系统通过统一平台进行数据共享和交换；

第三方面是中央层面构建形成统一的互联网政务数据服务平台。国家信息惠民试点城市实现基础信息集中采集、多方利用，实现公共服务和社会信息服务的全人群覆盖、全天候受理和“一站式”办理；

第四方面是跨部门共享校核的国家人口基础信息库、法人单位信息资源库、自然资源和空间地理基础信息库等国家基础信息资源体系基本建成，实现与各领域信息资源的汇聚整合和关联应用；

第五方面是开展政府与社会合作开发利用大数据试点，完善金融、税收、审计、统计、农业、规划、消费、投资、进出口、城乡建设、劳动就业、收入分配、电力及产业运行、质量安全、节能减排等16个领域国民经济相关数据的采集和利用机制，推进各级政府按照统一体系开展数据采集和综合利用，加强对宏观调控决策的支持；

第六方面是围绕实施区域协调发展、新型城镇化等重大战略和主体功能区规划，在企业监管、质量安全、质量诚信、节能降耗、环境保护、食品安全、安全生产、信用体系建设、旅游服务等9个领域探索开展一批应用试点，打通政府部门、企事业单位之间的数据壁垒，实现合作开发和综合利用。

第三阶段，到2020年底，在推动大数据发展应用方面实现四大标志性突破：

第一大标志性突破是逐步实现信用、交通、医疗、卫生、就业、社保、地理、文化、教育、科技、资源、农业、环境、安监、金融、质量、统计、气象、海洋、企业登记监管等20个民生保障服务相关领域的政府数据集向社会开放；

第二大标志性突破是形成一批具有国际竞争力的大数据处理、分析、可视化软件和硬件支撑平台产品；

第三大标志性突破是培育10家国际领先的大数据核心龙头企业，500家大数据应用、服务和产品制造企业；

第四大标志性突破是在涉及国家安全稳定的领域采用安全可靠的产品和服务，实现关键部门的关键设备安全可靠。

从国家的布局可以看出，推进大数据发展和应用既有时间表，又有路线图。在未来5年内非常明确的目标就是：跨部门数据资源共享共用，20个重要领域政府数据集向社会开放，11个信息系统通过统一平台进行数据共享和交换，16个领域开展政府与社会合作开发利用大数据试点，9个领域打通政府部门、企事业单位之间的数据壁垒，3大信息库实现与各领域信息资源汇聚整合和关联应用，实现公共服务和社会信息服务的全人群覆盖、全天候受理和“一站式”服务，形成一批国际竞争力大数据软硬件产品，培育10家国际领先和500家国内先进企业，实现关键部门关键设备安全可靠。对照这些目标和要求，贵州作为国家大数据综合试验区，贵阳作为国家大数据产业发展集聚区和国家大数据产业技术创新试验区应该做什么，应该在哪些方面先行先试，应该如何率先走在全国前列并引领大数据发展，是一目了然的。从这一点上看，贵州、贵阳发展大数据是逆水行舟，不进则退。

三、大数据发展趋势的五个基本判断

大数据是新的科技革命和新的产业革命交叉融合的引爆器。在中国，它将引发一场更多人广泛参与的社会运动，引发中国经济社会结构的深度调整，这种调整无疑给我们带来重大历史机遇。把握好这个机遇要求我们必须把握大数据发展的新趋势、新内涵、新变化。基于《纲要》的学习，我个人对大数据发展趋势有五个方面的基本判断：

一是加快建设数据强国是党中央、国务院重大决策部署，数据主权成为国家主权的新要素。

二是大数据作为国家重要的基础性战略资源，成为重塑国家竞争优势的新机遇。

三是政府数据资源开放共享，成为提升国家治理能力现代化的新途径。

四是以数据流引领技术流、物质流、资金流、人才流、服务流将深刻影响社会分工协作的组织模式，成为新的经济增长点。

五是数据资源的采集、传输、存储、利用和开放带来数据的透明化和无边界化，数据安全成为国家安全的新威胁。

特别需要强调，大数据的开放共享是把双刃剑，机遇与挑战并存。机遇大于挑战，挑战先于机遇。在中国，大数据资源开放、流通和应用中的数据风险问题已迫在眉睫。尤其是风险意识和安全意识薄弱、关键信息基础设施的安全可靠性差、外国资本的渗透和控制，黑客和间谍机构的攻击、技术薄弱环节和管理漏洞以及法律缺失和滞后加剧了风险的增加。因此，加强大数据安全保障体系建设，包括加快大数据安全研究必须提上重要议事日程，特别是在以下10个方面予以高度关注：

1. 加强对涉及国家利益、公共安全、商业秘密、个人隐私、军工科研生产等信息的保护；

2. 在涉及国家安全稳定的领域采用安全可靠的产品和服务；

3. 提升信息基础设施关键设备的安全可靠水平；

4. 建立大数据安全标准体系和评估体系；

5. 健全大数据环境下防攻击、防泄露、防窃取监测预警系统；

6. 建立完善的网络安全和信息安全保密防护体系；

7. 提高网络和大数据态势感知能力、事件识别能力、安全防护能力、风险控制能力和应急处置能力；

8. 建立隐私和个人信息管理和保护制度，加强对数据滥用和侵犯个人隐私等行为的管理和惩戒；

9. 妥善处理审慎监管和保护创新的关系；

10. 推动数权法，即数据资源权益保护法立法工作提上议事日程。

对块数据的再认识

块数据是贵阳发展大数据理论创新和实践探索的产物。2014年底，大数据战略重点实验室推出第一本专著《块数据：大数据时代真正到来的标志》。这本书在中信出版社出版发行后，在业界和社会上产生了很大影响，其销量在亚马逊网站曾一度排前10位。那么，为什么说块数据是大数据时代真正到来的标志呢？我向大家汇报三个基本观点：

一、大数据的核心是“块”

我从三个层面对这个观点进行论证。

一是重新定义块数据。在《块数据》这本书中，我们对块数据的定义是：

“块数据是一个物理空间或者行政区域内形成的涉及人、事、物等各类数据的总和”。

基于此，我们概括出块数据的五个基本特征：1. 主体性，即以人或组织的活动为起源；2. 高度关联性，即彼此连接、相互交错，形成网络状数据连接格局；3. 强活性，即随时随地都在更新；4. 立体性，即呈现多维度结构特征；5. 开放性，即数据按一定规则自由流动。从上述特征分析，块数据的定义还不能比较完整准确地概括出其本质属性。不妨我们对块数据重新定义如下：

“块数据是具有高度关联的各类数据在特定平台上的持续聚合”。

这个定义与原来的定义最大的不同点是，它更加强调块的特质，也就是块数据的高度关联性。这种高度关联的各类数据不是数据的简单相加，而是数据的持续聚合。数据的关联度越多，聚合的能力就越强，持续更新速度就越快。与原来的定义相比，重新定义的块数据，强调各类数据的聚合并不局限于某个物理空间或行政区域，而是数据聚合需要在特定的平台上实现，这个平台既包括特定的物理空间，也包括虚拟空间、操作环境，比如软件等，还包括某种工具，比如阅读器等。

在这里，我再重申一下什么叫各类数据。这个定义中的各类数据包括涉及人、事、物的各类数据，也包括人以外各类组织的各类数据；既包括过去的统计数据、现在的实时数据，也包括未来的预测数据；既包括结构化数据，也包括非结构化数据，还包括抽象化数据和暗数据，等等。当然，这个定义还需要从理论上、逻辑上不断完善，但它毕竟为建立块数据模型奠定了基础。

二是块数据模型。我们试图建立一个模型，更加精准地理解和把握块数据的内涵和本质。假设块数据模型可以用一个公式表示为：

K=S（V，P）

其中：K 代表块数据，S 代表平台化，V 代表关联度，P 代表聚合力。

如果这个公式成立，那么，我们就能够从更加量化的角度回答为什么块数据是大数据的核心，或者更进一步解释为什么块数据是大数据时代真正到来的标志。

假设块数据的形成是上述三个要素共同作用的结果，那么，我们就必须更加清晰地把握这三个要素的内涵和作用：

1. 平台化。块数据就是各类数据平台化的过程。如果说平台是各类数据聚集的特定空间、环境或工具，那么，平台化就是高度关联的各类数据经过平台聚合后能够创造价值的有效资源和要素的动态过程。这个过程的持续扩展将催生一个新的块数据组织，这就是以“云（云计算）+ 网（互联网）+ 端（智能终端）”为主导的数据驱动型组织模式。这种“云端制”就是平台化的产物。比如以平台化企业为例，这是未来新型的数据驱动型组织模式。这种组织模式的核心要素是海量客户、海量伙伴、海量资本、海量项目。这四个海量在“云端制”数据驱动下更加精准地感知、捕捉、响应并满足消费者的个性化需求，从而成为企业获取竞争优势的持续动力。阿里巴巴就是最具典型的例证。

2. 关联度。高度关联是块数据的本质属性。块是一个开放的复杂的聚合体。从数据到数聚，是一个相当复杂的动态过程。由于数据结构碎片化、数据逻辑混乱化、数据主体孤立化，导致数据之间关系割裂或断裂，关联程度低，从而减少了数据的含金量，降低了数据的可挖掘程度，加大了平台聚合的难度和有效性。如何才能把规模巨大、结构复杂、关联度低的数据变成高度关联的数据集，又如何才能将这些数据集变成一个块数据组织，这就必须靠数据的聚合力。

3. 聚合力。聚合是有机化学和高分子化学的一个重要术语。比如单体小分子通过相互链接成为链状大分子，尤其是非常大的分子，最后形成高分子。高分子材料就是聚合的产物。由于块数据具有强活性，正是靠这种强活性打破了数据集之间的平衡力，并不断推动各类数据集朝着具有一定关联的方向整合、融合、聚合，直至形成高度关联的块数据组织，这种强活性就是聚合力。

在这里，我想再简单分析一下大数据与块数据的区别。如果仍以模型为基础做分析，在前面的论述中，Laney 教授曾对大数据建立了一个3V模型，也就是容量大（Volume）、类型多(Variety)、存取速度快(Velocity)，在《纲要》对大数据的定义中，又增加了一个应用价值高（Value），从而使大数据从三个维度变成四个维度，也就是我们所说的4V 模型。但是，块数据除了这四个维度，块作为平台化的数据聚合，又增加了一个维度，即变量(Variable)，我们称之为第五维度。因此，从另一个角度理解，块数据是一个多维的无限的变量。这里的多维是超越时空的各类数据的聚合，无限是跨界，变量是一种不确定性和不可预知性，块数据就是在超越时空的、跨界的、不确定性和不可预知性的数据中寻求高度关联性。这就是块数据的魅力。

三是块数据价值链。块数据的最大价值是应用，是解决现实世界中的各种难题。从商业、社会到政府，都可以找出基于块数据的解决方案，这正是块数据的价值所在。在《块数据》一书中，我们试图构建一个块数据价值链，这个价值链包括基于商业的全产业链、基于社会的全服务链和基于政府的全治理链。需要说明的是，无论是全产业链、全服务链，还是全治理链，在块数据的框架和逻辑结构中运行，都必须具有或者符合下列条件：

1. 数据资源的开放共享，尤其是公共数据资源的开放。大数据带给人们的最大利益是共享，共享必须以开放为基础。开放是按照一定规则的自由流动。开放既不等于放开，也不等于免费。数据是有主权的，既保护其权益，又促进其流动，最好的方式，一是交换，二是交易。

2. 统筹规划的信息基础设施建设。这个设施包括硬件，也包括软件。所谓价值链，就是提升“数据从哪里来、数据放在哪里、数据如何使用”各个环节的价值再造，这种价值再造必须依赖基础设施，包括统一的数据平台、数据中心及其服务器资源，尤其要避免各自为政、盲目建设和重复投资。

3. 标准、政策和制度体系。推进数据采集、政府数据开放、指标口径、分类目录、交换接口、访问接口、数据质量、数据交易、技术产品、安全保密等关键共性标准的制定和实施，是实现块数据价值链的关键。不断完善和优化数据资源开放、流通和应用的政策体系和制度体系，是实现块数据价值链的重要保障。

4. 强化网络和大数据风险防范和安全保障。最重要的是建立网络和大数据安全支撑体系、大数据安全保障体系以及网络安全信息共享和重大风险识别大数据支撑体系。

二、块数据是大数据处理的解决方案

大数据在给人们带来巨大商机和利益的同时，也给人类带来新的麻烦或者叫新的挑战。这个麻烦就是海量数据。海量究竟是多大，我们无法统计，甚至也无法估计。但可以肯定的是，在大数据时代，人类积累数据的能力远远超过人类处理数据的能力。这对人类确实是个大麻烦。在这个大麻烦的背后人类将面临三个更大的挑战：

第一个挑战是垃圾数据泛滥。换句话说，我们没有足够的技术和能力找到我们所需要的数据。或者说，大数据时代应该如何进行数据的取舍。

第二个挑战是对数据的识别越来越难。比如结构化数据，计算机建模分析就可以识别；如果是抽象化数据，只有通过人脑的神经网络才能识别，计算机却无法识别。比如一张照片，我们马上就可以判断这个人的年龄有多大；再比如，在街上遇见一位陌生女士，用不了一秒钟，你就可以判断她的大概年龄，哪怕是只有五、六岁的小孩，他也能判断该叫姐姐、阿姨还是奶奶。因为这是一种基于经验型的抽象判断，虽然计算机也在做图像识别，但还是浅层次的；还有一种电脑和人脑都无法识别的数据，这种数据需要通过结构化或抽象化等手段清洗、加工后才能识别，国外叫暗数据。

第三个挑战是数据的采集、存储和使用发生了重大变化。在大数据的世界里，个人、企业和政府拥有越来越多的数据集。而它们自己、消费者和公民更关心的是如何使用数据。使用者希望数据更多的开放共享，而对所有者来说则更多涉及隐私权和保密权，甚至也有对数据不同程度的垄断。数据资源的开放共享仍然存在很难破除的壁垒。更何况，数据在采集、存储和使用中面临诸多风险和安全。

透过这些问题和难题，我们在探寻人类有没有好的解决方案，或者基于块数据这样一个新理论或模型，我们能不能找到更加有效的解决方案。我们试图通过把握大数据处理技术的发展趋势来寻找解决问题的关联点。这里重点讲陈刚书记对大数据处理技术发展趋势的主要观点。为了能够准确把握和理解，我引用的基本上都是陈刚书记观点的原话：

一是以硬件能力和云计算处理能力提升为代表的技术路径。从人类社会诞生到现在，大数据一直伴随而生，只不过人类并没有把这些数据用0和1的方式记录下来。直到计算机的使用、互联网的普及以及云计算存储成本的降低，人类活动才被数据化。但是，人类从来没有遇到一个前所未有的挑战，就是数据垃圾。人类可以通过计算从简单的数据中找到规律，但是当海量数据出现后，数据对人类就变成了负担。尽管人类通过以数学为基本逻辑的计算机云计算能力有所提升，比如数学模型、算法的创新、云计算，甚至发明超级计算机等，人类处理数据的计算能力还是远远落后于人类对数据的积累能力。即使人类再发明更超级的计算机，包括阿里的量子计算机（2013年5月我国研制成功世界上首台5亿亿次超级计算机“天河二号”），也很难突破这个瓶颈。

二是以模拟人脑思维能力为特征的人工智能技术的探索。比如机器学习。现在谷歌、百度基本的思路是模拟一个人的大脑运行模式来提高它的计算选择性和计算规避性。但是，人类现在对人脑真正的探知还知之甚少、非常初步。比如我们时常会遇到这种情况，那个谁谁叫什么名字来着，就是想不起来。但是，有人提醒他名字中的一个字，就立刻想起来了。就是你在说这个人是谁的时候，实际上你已经满脑子丰富想象这个人长什么样子，就是想不起来他叫什么名字。换句话说，这中间他的大脑不知道这两个单元存储在什么地方，中间是怎么勾连的，也就是说，人类连这么简单的两个信号交汇都没有研究透。人类对自身大脑的探索太难了，而且短时间内无法突破。

当然，人类也在做一些积极的探索，比如把深度学习、统计模型和符号逻辑结合在一起，来提高人工智能水平和数据处理能力。但是，人与电脑最大的区别是什么？是激活。人经常会在一瞬间，比如你做饭的时候、蹲马桶的时候突然冒出一个想法，这个想法是没有任何逻辑可追寻的。但无论如何，机器却不可能产生一种激活的思维方式。现在人类做的事情是在想办法提高计算机能力，让人工智能技术处理效果越来越精确，但这却是一个方向性的迷失。这是陈刚书记非常鲜明的一个观点，他认为，人类不需要在这方面太较劲，而应该跳出上述两种基本思维模式来研究一个人究竟是怎么思考的，特别是人在社会行为中有一些什么样的规律。

这里，我想和大家分享我最近看的一本书，叫《超级智能》。这本书探讨的问题是，当机器智能超越了人类智能时会发生什么？人工智能会拯救人类还是毁灭人类？这本书的作者尼克·波斯特洛姆是全球著名的思想家、牛津大学人类未来研究院的院长。他在书中开宗名义讲道：

“如果有一天我们发明了超越人类大脑一般智能的机器大脑，那么这种超级智能将会非常强大。并且，正如现在大猩猩的命运更多地取决于人类而不是它们自身一样，人类的命运将取决于超级智能机器。”

但是作者并不认为，我们即将在人工智能方面取得重大突破，或者能够准确预测突破会在何时发生。这从另一个侧面印证了陈刚书记的观点。

三是以社会学为原点进行多维度数据分析的趋势。社会学、人工智能和云计算的融合是未来大数据处理的一个主要方向。社会学是对人的行为及其规律的探索。以人的行为为原点提取和分析数据，把技术、计算机、云计算作为辅助工具，从而对社会数据做出精准分析和判断。这一点，正是块数据需要重点研究的一个方向。

四是激活数据学：以数据搜索、关联融合、热点减量化和头脑风暴等技术或手段的集成应用为标志。激活数据学是陈刚书记继块数据之后又一重大发现，他把激活社会学的发展分成“四个层级”：

第一层级是当前普遍使用的数据搜索技术。比如搜索引擎，关键词搜索，百度就是这样；进而演变为地图搜索或者叫立体化搜索，谷歌地图就是这样。这种数据搜索就是把你想要的东西量化，和它的数据库比对，通过云计算找出结果。

第二层级是以关联融合为主要特征的数据处理。互联网有个词叫跨界融合，“互联网 +”就是这种模式。阿里创造的电商模式，就是跨界融合数据处理的一个过程，就是把传统商业和互联网融合，产生了电子商务。现在“互联网 +”各个领域都是这种思路。

第三层级是智能选择热点减量化数据分析。在过去计算机不够发达的时候，人们在做数据积累，做数据增量分析。而随着数据越来越多，热点越来越多、关键词越来越多，现在智能计算采取的是减量化分析的路径。

第四层级是以头脑风暴模式为特征的、集各类技术运用为一体的激活数据学。所谓头脑风暴，就是人与人面对面的信息互动。每个人脑都是一个非常复杂的计算机系统，由于每个人的精力不同、智力不同，因此，每个人脑的计算系统、计算模式、计算路径也各不相同。怎么把每个人像小宇宙一样复杂的计算性能汇聚起来，那就要靠激活。把一些最关键的智慧，通过交流、讨论、碰撞，把暗藏在里面的一些信息激活。将来人类处理大数据，并不需要做那么多的计算，只是做一些最基本的计算，每个点、每个 IOT、每个 IOA、每个网络做一些基本的计算就可以了。在遇到事情处理的时候，自然激活，调一下灯光，把那些最亮的数据调出来，并使这些数据汇聚。换句话说，未来块数据大量的计算产生时，每个点都自发地希望变成一个热点，这个热点需要按灯，就是加上一个滤光镜，把那些不热的点给它按灯，过滤光以后还存在的热点进行碰撞，产生头脑风暴，进而在这个基础上产生逻辑学和跨学科的浪漫思维。这就是块数据要实现的重要功能。

三、激活数据学催生块数据组织

如果仅仅把大数据看作一种技术现象、经济现象、社会现象或政治现象是远远不够的。大数据是一种新的世界观、新的历史观、新的价值观、新的方法论，而块数据则是在这个新的世界观、历史观、价值观和方法论引领下的新的组织模式。这种新型组织模式我们称之为块数据组织，它代表未来组织的新方向。

对块数据组织的核心价值，我至少有三点基本的认识：一是数据力整合学习力、创新力、竞争力，成为未来组织的核心竞争优势；二是激活创新成为颠覆式创新和迭代式创新的源动力；三是激活数据学创造出基于数据文化的新的商业文明，引领人类进入 DT 时代。

学习型组织是世界上最先进的组织模式。从20世纪80年代开始至今，风靡全球，经久不衰。大家都很熟悉的《第五项修炼》，包括其中最重要的团队建设，对每一个组织都产生着重大影响。这是一套了不起的理论。但是，我这几天突然发现，还有一种理论、一种组织模式比学习型组织更先进，这就是块数据组织。为什么会这样说呢？我们对这两种组织做一个简单的分析。大家先看一下这张表：

块数据组织与学习型组织的区别

组织类别	组织结构	组织资源	组织形态	组织优势	组织效能
学习型组织	稳定结构	人才	团队 / 合作	学习力	平衡 / 内部性
块数据组织	超稳定结构	数据	平台 / 关联	聚合力	再平衡 / 外部性

从这张表可以看出，块数据组织是一种更高级、更先进的组织模式，是升级版的学习型组织。它与学习型组织相比，具有如下更突出的特点：

一是从组织结构看，学习型组织是一个稳定结构，而块数据组织则是一个超稳定结构。什么是超稳定结构？就是在这个结构里，有一个特殊功能，叫修复机制。当遭到外部力量侵袭时，这个修复机制对外部力量会产生同化作用，从而形成一种异化、同化、再异化、再同化，直至消灭外部异化力量，并将外部异化力转化为同化力，从而形成聚合力。我上大学的时候看过一本书，是一个历史学家叫金观涛的教授写的，名字叫《兴盛与危机——论中国封建社会的超稳定结构》。金观涛教授认为，中国的封建社会为什么能够存在两千多年，根本原因就是因为封建社会是一个超稳定结构。对一个组织而言，超稳定结构比稳定结构更稳定。

二是从组织资源看，学习型组织认为人才是组织的最核心资源，是创新最重要的力量。而对块数据组织来讲，数据是最核心资源，并正在成为各行各业最伟大的创新资源。数据之所以伟大，是因为它不会被它所激发的思想和创新所消耗，而是可以重复使用、同时被无数人使用，此数据与彼数据持续聚合，并可以产生新的价值。基于数据的激活成为颠覆式创新和迭代式创新的源动力。这个激活正驱动新服务、生成新市场、催生新业态，并带动人类各个领域实现巨大飞跃，这种飞跃是前人难以想象的。

三是从组织形态看，学习型组织依赖于团队，而块数据组织则依赖于平台。团队的本质是合作。什么是团队？通俗地讲，团字外面是一个口，里面是一个才，队字左边是一个耳朵，右边是一个人，意思是一个非常有口才的人，和一群长着耳朵听懂会干的人在沟通和交流，目的是达成共识，然后朝着一致的目标分工合作以实现组织价值最大化。而块数据组织所依赖的平台，则是一个资源开放共享的场所，这个场所可以是空间，也可以是环境或者某种工具。可以是物理空间，也可以是虚拟空间。块数据正是高度关联的各类资源在特定平台的持续聚合。资源要素通过关联聚合实现价值最大化。

四是从组织优势看，学习型组织强调学习力，块数据组织强调数据力。在学习型组织中，有一个非常著名的定律，即 $L \leqslant C=D$，就是当学习的速度小于或等于变化的速度就等于死亡。学习力更加强调学习的速度。而块数据组织也有一个著名的定律，即 K=S(V,P)，也就是说，在特定平台环境下，各类数据关联度越高，聚合力越强。未来组织的核心竞争力取决于它的数据处理能力。数据资源作为一种基础性战略资源，与土地、资本、人才一样，但比它们都强大。资源配置的过程就是一种被数据化的过程。数据化是一种更新中的社会体系。在这种被数据力更新的社会体系中，组织的学习力、创新力、竞争力被数据力所整合，数据力成为重塑竞争优势的新引擎。

五是从组织效能看，学习型组织强调内部的平衡，而块数据组织则强调再平衡。块数据组织更加强调外部资源的联系。这种外部联系打破了传统组织的层级和区域界限，让组织更开放、更扁平、更简化、更有效，让多元文化更加融合。这种数据化融合催生出新的商业文明。这种新的商业文明不仅将实现个人数据、商业平台和公共计算的再平衡，而且将实现个人愿望、企业目标和社会责任的再平衡，还将促进财富增长、物质消耗和环境保护的再平衡。我们生活在一个不确定的时代，这也是一个充满美好想象的时代。未来存在于现在，块数据组织将创造一个充满美好想象的新未来。

对数据铁笼的再认识

数据铁笼是贵阳的重大创新，也是贵阳发展和应用大数据的实践探索。这种探索的成功，不仅对贵阳推进数据治理具有重要的先导作用，而且对全省乃至全国都有特殊的借鉴意义和示范作用。去年以来，数据铁笼先在市交管局和市住建委试点，取得了较好的成效。今年以来，试点推广至市纪委（监察）、发改、民政、人社、规划、国土、住建、交通、农业、水务、卫计、城管、工商、食药、交管等15个部门，各部门正在按照市委、市政府统一部署有序推进之中。我着重从以下方面谈谈对数据铁笼的初步认识：

一、数据铁笼工程建设的重大意义

第一，数据铁笼是以权力运行和权力制约的信息化、数据化、自流程化和融合化为核心的自组织系统工程，简称数据铁笼工程。

第二，数据铁笼工程建设是以党风廉政建设和反腐败斗争为目标的重大实践创新，是解决从“不敢腐”到“不能腐”的重要路径和重要抓手，是落实党委主体责任和纪委监督责任细化和具体化的重要举措。

第三，数据铁笼工程建设是以大数据为引领的全面创新试验，是一项数据驱动型创新改革，是包括理念创新、科技创新、管理创新、服务创新、模式创新、制度创新在内的全面创新。全面创新的本质是改革。改革是数据铁笼工程建设的关键环节、重中之重和首要任务。

第四，数据铁笼工程建设是以块数据为核心的新技术、新服务和新范式。数据铁笼就是权力、制度、行为和流程信息化、数据化、自流程化和融合化的过程。精准研判和智能防控是数据铁笼工程的核心，自流程化是数据铁笼工程的关键。

第五，数据铁笼工程建设是以应用为导向的完善监督和技术反腐体系、提升政府治理能力、创新公共服务模式的重要载体。借助大数据实现政府负面清单、权力清单和责任清单的透明化管理，推动行政管理流程优化再造，推动改进政府管理和公共治理方式，促进政府简政放权、依法行政，从根本上解决领导干部和公职人员“不作为、慢作为、乱作为”现象。从本质上说，数据铁笼就是把权力关在数据的笼子里，让权力在阳光下运行。

二、数据铁笼工程建设的整体架构

一是建立一个体系。数据铁笼是一个权力运行和权力制约体系。这个体系是以党的建设为核心，构建包括基础设施、城市建设、经济运行、市场监管、社会治理、民生服务在内的权力体系。在这个体系中，每一个模块建立一个基础数据平台，对内相对独立运行，对外可进行数据融合、交换和关联分析。

二是制定两个标准。数据铁笼工程建设的重要条件是权力数据化。权力数据化的基础是数据标准化。数据铁笼工程建设需要依赖两个标准：一是数据图层标准化；二是数据代码标准化。通过两个标准，推动数据汇聚、融合、开放和共享，实现从“信息化、数据化、自流程化和融合化”的自组织运行。

三是解决三个问题。数据铁笼工程建设重中之重是回答并解决好三个问题：一是问题在哪里，核心是全面梳理难点、痛点、风险点，找准问题本质；二是数据在哪里，核心是全面挖掘数据资源，强化数据关联分析；三是办法在哪里，核心是全面提升数据应用价值，提出权力风险预警预测及控制解决方案。从本质上讲，数据铁笼工程建设就是先把数据筑成笼，笼子里面找问题，笼子外面找办法。

四是抓好四个关键。数据铁笼工程建设的关键点，是对权力运行进行风险预警和控制。根据权力的风险点，数据铁笼工程建设应重点抓好四个方面的风险预警控制系统：重大决策风险预警控制系统、行政审批风险预警控制系统、行政执法风险预警控制系统、党风廉政风险预警控制系统。

五是推进五个统一。数据铁笼工程建设构建“一图、一卡、一机、一库、一平台”的融合支撑体系。一图就是重大决策、行政审批、行政执法、党风廉政大数据分析应用统一以一张空间图为基础；一卡就是身份数据识别，以一卡为主、多卡融合为目标；一机就是以智能终端为载体；一库就是构建一个统一的共享交换数据库；一平台就是在七大模块基础上建立统一的数据铁笼可视化分析平台。

三、数据铁笼工程建设的核心内容

一是开放共享的治理理念。数据铁笼的核心在于治理，关键在于理念。以先进的治理理念引领治理方式转变，以治理方式转变推动治理能力提升，是数据铁笼工程建设的重要切入点。数据铁笼工程首要的是推动政府数据的开放共享。从权力到流程，从政策到制度，是否可公开、可复用、可问责是开放共享的重中之重。

二是规范透明的权力体系。数据铁笼制约的不是一项权力，而是一个权力体系。这个权力体系包括科学确权、依法授权、廉洁用权、精准管权、多元督权的全过程。通过权力数据化和自流程化，使每一项权力的运行过程变得规范、透明、可量化、可分析、可防控。

三是跨界融合的平台支撑。跨界融合的关键是“三统一、四整合”。三统一是指统一平台、统一标准、统一管理；四整合是指跨层级整合、跨部门整合、跨行业整合、跨区域整合。平台支撑的关键是设施环境、核心技术、管理体系和安全保障。

四是持续改进的流程再造。数据铁笼工程建设就是通过权力数据化推进行政决策科学化、商事服务便捷化和民生服务普惠化，核心是简化办理程序，推动行政管理流程优化再造。

五是精准有效的风险控制。从权力运行机制看，关键是用好权、管住权。从权力风险控制看，关键是找风险、可评估、能预警、易处置、会防范。数据铁笼框架下的风险控制，更加强化权力轨迹数据的归集、发掘及关联分析，更加强化权力风险预警和处置的数据支持，更加强化风险预测研判和智能防控，从而提高风险控制的精准化和有效化。

六是多元治理的制度保障。数据的笼子要靠制度的笼子来保障，二者不可偏废。构建以多元主体共同参与的治理格局，必须要有顶层思维和制度设计，形成从政策支撑到安全保障的制度体系，实现共治、善治、自治、法治和德治相统一的制度保障。

四、数据铁笼工程建设的实施步骤

一是信息化。充分运用互联网、云计算和大数据技术，推动政务管理和公共服务信息化。坚持依据公开、流程公开、过程公开和结果公开，做到行政决策过程全记录、行政许可过程全记录、行政执法过程全记录和市场监管过程全记录，形成层级监督、闭合监督、执行监督和社会监督，推动数据实现自动化采集、网络化传输、标准化处理和可视化运用。

二是数据化。在系统梳理法律法规基础上，编制“三清单一流程”。各部门各单位依据法律法规对行政职权及其依据、行使主体、运行流程、对应责任等进行全面梳理，对行政许可、行政服务和行政处罚自由裁量权等行政事项中的风险点进行全面清理，从群众关注度高、权力寻租空间大的热点业务着手，明确权力界限，排查风险类别，编制好“三清单一流程”(即负面清单、权力清单、责任清单和业务工作流程)，做到权力可分割、可度量、可计算、可重组、可规范，实现数据可公开，来源可追溯，去向可跟踪，责任可追究。

三是自流程化。在信息化和数据化基础上，强化权力运行的数据关联分析，形成权力数据自动采集、自动存储、自动比对、自动激活、自动预警、自动推送的自组织系统。强化权力主体身份数据分析，建立廉政风险人档案；强化权力主体行为及权力运行数据分析，建立权力痕迹全记录和施政行为全跟踪；强化权力主体和权力行为的数据关联分析，建立权力风险排查机制和廉政风险预警机制；强化权力主体思维数据分析，建立权力主体风险动机识别和权力风险来源追溯；强化权力主体风险预警数据分析，提出权力风险预测研判趋势和廉政风险防范解决方案。从身份数据、行为数据、关联数据、思维数据和预测数据的分析和研判过程看，不是用人的思维去分析数据，而是用数据技术去分析人的行为，把握人的规律，预测人的未来，这是自流程化的根本所在。

四是融合化。加快政府信息公开和跨部门数据共享共用，重要领域政府数据集向社会开放，重要政府部门信息系统通过统一平台进行数据共享和交换，实现政府人口基础信息库、法人单位信息资源库、自然资源和空间地理基础信息库与各领域各部门信息资源汇聚整合和关联应用，强化跨层级、跨区域、跨行业、跨部门数据比对和关联分析，依法推动权力运行和权力制约的公开透明，推动行政管理流程优化再造，推动行政管理数据融合和公共数据资源在开放中共享，在共享中提升，在提升中转化，在转化中再造，让数据多跑路，让群众少跑腿，真正实现“人在干、云在算、天在看”。

五、数据铁笼工程建设的总体要求

一是强化顶层设计。数据铁笼工程建设是一项开放的复杂的系统工程。它以党的建设为统领，既涉及基础设施、城市建设、经济运行、市场监管、社会治理、民生服务等各个领域，又涉及重大决策、行政审批、行政执法、党风廉政等关键环节，从权力运行到权力制约，从政务信息公开到数据开放共享，真正做到从科学确权、依法授权、廉洁用权、精准管权、多元督权的全过程处处留痕、处处跟踪、处处监督、处处预警、处处防范，真正把权力关在数据和制度的笼子里，实现让权力在阳光下运行。要加快数据铁笼工程与数据政务工程、数据金融工程、数据外包工程、数据端产品工程、数据新产业工程、数据民生工程、数据扶贫工程、数据生态工程和数据安全工程的统筹协调。要坚持“问题在哪里、数据在哪里、办法在哪里”三大导向，加快顶层设计。用顶层设计统揽各领域、各行业、各部门数据铁笼工程建设方案，用顶层思维指导和推进数据铁笼工程建设行动的落实。

二是强化基础平台。基础平台是数据铁笼工程建设的前提和条件。基础平台建设要超前谋划、统一标准、分级管理、分类建设。第一，在市级层面构建统一的以数据存储中心为核心的政务数据服务云平台；第二，基础设施、城市建设、经济运行、市场监管、社会治理、民生服务、党的建设七大领域分类整合行业资源，以一个部门牵头、多个部门融合为着力点，构建相对独立运行和自主管理的基础数据共享和交换平台；第三，在市级层面建立形成统一的数据铁笼可视化分析应用平台，从重大决策、行政审批、行政执法和党风廉政四个方面强化关联应用和风险防控。

三是强化专家指导。数据铁笼工程建设既是一项政策性很强的工程，又是一项技术性很强的工程，更是一项跨专业、跨行业、跨领域的工程。做好这项工作，不仅需要大数据技术和行政管理专业等多方面支撑，更需要跨学科、跨专业的智库支持。要强化数据铁笼高端智库建设，组建跨学科、跨行业、跨区域的权威性专家委员会，加强专家咨询、政策研究、业务指导和绩效评估，为全面推进数据铁笼工程建设提供可持续决策咨询和智力支持。

四是强化工作创新。数据铁笼工程建设的重点和难点是政府数据的开放共享。由于条块分割、部门壁垒、技术障碍、创新应用差以及安全意识滞后、基础设施滞后、数据标准滞后和法律法规滞后等原因，政府数据开放还存在共享难度大、垄断程度高、融合能力差、应用价值低以及安全风险大等问题，这些为数据铁笼工程建设造成诸多困难。要不断创新体制机制，构建跨部门的政府数据统一共享平台，明确各部门数据共享的范围边界和使用方式，推动政府重要领域和民生保障相关领域数据集向社会开放，开展政府与社会合作开发利用大数据，打通政府、企事业单位之间的数据壁垒，加快政府数据资源融合和关联应用，为数据铁笼工程建设提供体制机制和政策保障。

五是强化安全保障。数据铁笼工程建设是一个从大数据到块数据的融合系统。数据资源的采集、传输、存储、利用和开放必然带来数据的透明化和无边界化，数据安全成为数据铁笼工程建设的重要保障。要树立数据安全意识和风险意识，加强对涉及国家利益、公共安全、商业秘密、个人隐私、军工科研生产等信息的保护，在涉及国家安全稳定领域采用安全可靠的产品和服务，提升信息基础设施关键设备的安全可靠水平，建立大数据安全标准体系和评估体系，健全大数据环境下防攻击、防泄漏、防窃取监测预警系统，建立完善的网络安全和信息安全保密防护体系，加快数据立法，建立隐私和个人信息管理等保护机制，加强对数据滥用和侵犯个人隐私等行为的管理和惩戒，提高网络和大数据态势感知能力、事件识别能力、安全防护能力、风险控制能力和应急处置能力。

六是强化绩效评估。应用效能是衡量数据铁笼工程建设的重要标志。通过数据铁笼工程建设，最大限度地探索从“不敢腐”到“不能腐”的新路径，最大限度地探索党风廉政建设和反腐败斗争中落实党委主体责任和纪委监督责任的新载体，最大限度地解决领导干部和公职人员“不作为、慢作为、乱作为”现象。要建立“用数据说话、用数据决策、用数据管理、用数据创新”的新机制，实现用数据的笼子把权力管得住、用得好、推得开。要加强定向调控，避免重复建设、资金浪费和资源浪费。要强化绩效评估，创新工作机制，充分发挥第三方评估的作用。要推动任务考核与工作督查相结合、组织评估与第三方评估相结合、结果评估和过程评估相结合，不断提高工作效率，提升应用效能，为加快建设与创新型中心城市相适应的法治政府、创新政府、廉洁政府和服务型政府，逐步实现政府治理能力现代化提供持续有效的创新实践。

站在大数据的风口上[①]

每个人都渴望成功，而通向成功的道路最重要的一条就是创新创业。创新创业的源泉是新的思想。2015年5月，由中信出版集团出版、大数据战略重点实验室推出的一项重要研究成果《块数据：大数据时代真正到来的标志》，带给我们的就是一种创新创业的新思想。而这个思想的来源，正是根据贵州省、贵阳市发展大数据的战略构架进行设计的。大数据第一次让贵阳站在了世界的前面，这个“前面”正是标志着大数据时代真正到来的块数据。正是在“块数据”这样的先进数据理念指导下，贵阳才创造出众多大数据驱动创新的实践成果。

最先进的大数据为什么生长在欠发达的贵阳

在发展大数据方面，贵阳不仅有理论创新，更有实践创新。贵阳不仅是一个实践者，也是一个参与者，在某些方面更是领跑者。最先进的大数据为什么生长在欠发达的贵州、贵阳？答案或许就是三个词：天时、地利、人和。

什么是天时？就是贵阳站在了大数据的风口上。发展大数据，是人类

① 作者2015年4月17日在2015贵阳国际大数据产业博览会暨全球大数据时代贵阳峰会新闻发布会暨块数据理论研讨会上的主题演讲。

文明发展和全球文明进程的必然趋势，是坚持“两条底线”、探索“双赢”之路的战略选择，是发挥后发优势、实现后发赶超的创新路径，是认识新常态、适应新常态、引领新常态的思维变革。在这个新时代，谁能站在风口上，谁就能够成功。关键看你想不想、敢不敢、干不干。贵州、贵阳在发展大数据的问题上首先是敢想敢干。小米董事长雷军说过一句话，也是大数据领域最经典的名言：只要站在风口上，猪都能飞起来。这就是天时！

再说地利。贵州的地形地貌和气候特征最适合发展大数据。从大数据的基础设施来讲，数据中心建设最重要的条件是什么？第一，地质结构稳定。贵阳是一个“三无”城市，即无地震、无风灾、无旱涝，发展大数据所需的基础设施非常稳定。第二，充足的电能资源。数据中心是一个消耗电能的产业，其所需的最重要资源就是电。贵州是西电东送的重要基地，有充足的电能资源，最重要的是，贵阳的气候条件可以节电。数据中心消耗电量最大的是冷却设备，贵阳的气候恰恰很少需要使用空调。贵阳的年平均气温是14摄氏度，夏季的平均气温22.5摄氏度。22.5摄氏度恰好是最适合人类生存的环境温度，因此，也是最适合大数据设备运行的环境温度。

更重要的是人和。人和的本质就是贵阳精神——知行合一。明代的哲学家王阳明在贵阳修文龙场镇悟道两年多时间，提出阳明心学，其核心思想就是知行合一。这种思想和精神是贵阳独有的，根植于贵阳的文化传统之中。知行合一最简单的理解：知就是行，行就是知。想明白就要干，不干就等于不明白，这就是贵阳精神！贵阳市委书记陈刚讲过一句很经典的话，“一想二干三成功，一等二看三落空”，这句话就是贵阳精神的体现。所以，贵阳在短短的一年多时间内，创造出五个“全国第一”，绝对不是偶然的。从表面上看，是一群人在干一件事，从更深的层次上看，它是中国优秀的传统文化在贵阳绽放出的光芒，这种光芒的本质是文化的力量、精神的力量、信仰的力量。

贵阳为何能够奇迹般地创出五个“中国第一”

中国首个大数据战略重点实验室。大数据很热，各地都在关注，都在发展，但是把大数据作为一个省、一个城市发展的重大战略，只有贵州，只有贵阳。这个战略正是受块数据思想的引领，而这一思想需要一个策源地，这就是我们在贵州成立大数据战略重点实验室的意义所在。

中国首个全域公共免费 Wi-Fi 城市。要实现大数据从条到块，从数据到“数聚”，解决数据融合的问题，关键是通道。过去我们说“要想富，先修路”，那么，通向大数据最宽广的道路就是无线网络——Wi-Fi。贵阳作为中国首个全域公共免费 Wi-Fi 城市，不仅解决了数据融合的通道问题，而且承载着所有人、所有行业、所有城市对新技术、新业态、新模式及新生活方式的期待。

中国首个块上集聚大数据公共平台。数据的聚合需要平台，平台是多维共享的场所。因此，贵阳创建了中国首个块上集聚的大数据公共平台。在这个平台上，数字政府、数字教育、数字敬老、数字医疗、数字旅游等工程正在建设实施。“数据铁笼”计划就是块上集聚大数据公共平台在贵阳的创新实践。

中国首个政府数据开放示范城市。数据是封闭的，具有高度的垄断性。只有数据开放，通道和平台才能发挥作用。打破数据垄断的突破口是政府的数据开放。这正是贵阳要建设中国首个政府数据开放示范城市的原因。

中国首个大数据交易所。数据的价值是共享，共享的前提是开放。要想实现数据的安全、有序、有效、持续开放，最重要的途径就是交易。只有交易才能实现块数据的价值。贵阳大数据交易所填补的正是这个领域的一个空白。当然，数据交易在理论和实践层面还有很多亟待研究解决的问题，比如数据脱敏、数据定价、数据隐私权保护、数据安全等，这也是贵阳大数据交易所在实践中需要不断探索的新领域。

正是这些实践探索，给贵阳发展大数据再一次带来新的机遇。这个机遇就是2015年2月12日国家工业和信息化部（以下简称“工信部”）批准“贵阳·贵安共建国家大数据产业发展集聚区”，这标志着贵州将成为中国在大数据发展中的战略策源地、创新引领区、产业集聚区和政策先行区。

为什么当下的贵阳是投资发展、创新创业最好的地方

前有“北漂”，现有“贵漂”。“漂”是什么？“漂”的形式是流动，本质是梦想。什么地方有机会，什么地方就能够聚集“漂”。“漂”聚集在哪儿，哪儿就是最好的创新创业的地方。

为什么会出现“北漂”？就是因为北京拥有创新创业最好的机会。为什么会出现“贵漂”？因为现在“爽爽的贵阳”具有同样的机会，跟北京一样，可以成就每一个年轻人的梦想。如果说“北漂”是一种现象，那么“贵漂”就代表着一个时代，这个时代就是大众创业、万众创新的新时代，就是年青一代“筑梦的地方”。

中央刚刚印发了《关于深化体制机制改革，加快实施创新驱动发展战略的若干意见》。对照这个意见，看看贵阳在发生什么。贵阳，敢于破除一切制约创新的思想障碍和制度藩篱；贵阳，善于营造一切有利于创新创业的政策环境和制度环境；贵阳，真正能够实现中央文件中讲的“四个对接”，即科技与经济对接，创新成果与产业对接，创新项目与实现生产力对接，创新劳动与利益收入对接。

正如马云所说，如果30年前你错过了投资广东、浙江的机会，那么，30年后的今天，你一定不能错过贵州。

阳明文化的时代价值和世界价值[①]

一

2014年7月1日，我在贵阳学院调研座谈会上讲，贵阳的发展有三张牌，一张是生态牌，一张是科技牌，一张是文化牌。这张文化牌就是阳明文化牌。阳明文化，不仅仅是贵阳的事、贵州的事，也是中国的事、世界的事、未来的事。

我在贵阳学院讲这些话，是希望我们对阳明文化从历史地位到时代价值重新审视，以期把握先机、重塑价值。我曾谈到三点思考：一是强化阳明文化的学术研究，占领阳明文化的制高点；二是强化阳明文化文献中心建设，提升阳明文化的影响力；三是强化阳明大学的筹备工作，把握阳明文化的主动权。

2016年1月，贵阳市委、市政府批准成立阳明文化（贵阳）国际文献研究中心。随即我们构建了“1+3+N”的研究体系和“两基地、三中心”的研究格局。所谓“1+3+N”，是指一个平台、三大工程、N个成果，即数字王阳明资源库全球共享平台；阳明文化文物文献普查挖掘工程、阳明

① 作者2016年7月12日在阳明文化（贵阳）国际文献研究中心和北京阳明书院揭牌后内部会议上的发言摘要。

文化典籍整理工程和阳明文化国际文献研究交流工程以及《王阳明馆藏文物文献全集》《王阳明海外文献汉译全集》《王阳明年谱》《王阳明大辞典》《王阳明思想史》等系列成果。所谓“两基地、三中心”是指建立贵阳阳明书院和北京阳明书院，以及共建中韩阳明文化研究与交流中心、中日阳明文化研究与交流中心和海峡两岸阳明文化研究与交流中心。2016年7月，生态文明贵阳国际论坛期间举办的阳明文化主题论坛以及中韩阳明文化（贵阳）交流研讨会和海峡两岸阳明文化（贵阳）交流研讨会，以及贵阳市人民政府与北京市西城区人民政府共建的“北京阳明书院”的揭牌，标志着阳明文化挖掘、弘扬和传承工程拉开序幕。

二

2014年3月7日，习近平总书记在参加全国“两会”贵州代表团审议时讲过一段话，主题是文化自信，核心是中国优秀传统文化的时代价值，关键点是阳明文化。

习近平总书记说：“现在国际竞争都讲综合实力，而综合实力最重要最核心的就是文化软实力。我们讲理论自信、道路自信、制度自信，还要有文化自信。”这是总书记第一次讲到文化自信。他最后说：“在弘扬传统文化方面，贵州有优势，王阳明在那里参学悟道，在这里有很多可以挖掘的东西。”习近平总书记重点谈到“讲仁爱、重民本、守诚信、崇正义、尚和合、求大同”。什么是“仁爱”？什么是“和合”？什么是“大同”？这些与王阳明的“心即理”“知行合一”“致良知”是什么关系？这些问题还需要从理论高度去研究、总结、提升和转化，从而形成一套具有时代特征和中国特色相结合的理论体系和价值体系。必须承认，这两件事有一定联系，或者说有相当的联系。这是我们必须高度关注的。

阳明心学作为中国优秀传统文化历史长河中的一朵浪花，集儒、释、道之大成，明清时期推至顶峰，一度影响东南亚乃至世界。从戊戌变法开始，阳明心学的地位逐步式微，鸦片战争中国人的自信心被打败，直到对传统文化的崇尚或批判，或上或下，或左或右，形成中国优秀传统文化上百年的断层。这个断层，是仁爱、民本、诚信、正义、和合、大同的断层，是价值观的断层，本质上是文化自信的断层。

实现中华民族伟大复兴的中国梦，必须从文化自信开始。这个文化自信，取决于对中国优秀传统文化时代价值的再塑造和再提升。在这一点上，阳明文化具有独特的、无法取代的地位和优势。这也是贵州和贵阳的独特优势。

三

阳明文化是贵州和贵阳发展进程中的一张大牌。这张牌之所以“大”，“大”就大在它不仅具有时代价值，更具有世界价值。

从中华民族伟大复兴的历程看，历史为什么选择中国共产党？中国共产党如何才能长期执政？最根本的就是坚持和发展马克思主义。中国的成功是马克思主义与中国实践相结合的成功。第一次结合，是马克思主义与中国革命相结合，取得了反帝反封建的伟大胜利，建立了新中国，中国从此站起来了；第二次结合，是马克思主义与市场经济相结合，取得了改革开放的伟大胜利，建立了中国特色社会主义制度，中国从此富起来了；第三次结合，一定是马克思主义与中国优秀传统文化相结合，挖掘阳明文化时代价值，重塑核心价值体系，中国才能真正强大起来。这种强大，是文化的强大，本质上是文化自信。习近平总书记强调，王阳明的心学正是中国传统文化中的精华，也是增强中国人文化自信的切入点之一。这是对阳明文化时代价值的最好诠释。

人类的文明已经从农业文明时代、工业文明时代进入信息文明时代，新的科技革命与产业变革汹涌而至，互联网、大数据、云计算、物联网、人工智能日新月异，世界变成一个更加开放、更加复杂的巨系统，不确定性和不可预知性使一切坚固的东西都可能烟消云散。这是一个不可思议的时代，所有危险都有不可预测性。真正内心的强大才是唯一不变的真理，把良知融入行动的始终，在迷茫的时代更加理性地分辨是非善恶，这就是文化自信，这就是“心即理”“知行合一”“致良知”的时代价值和世界价值。

第 2 篇

城市价值体系和城市学习能力

学习型城市是一种高品质的生活方式[①]

学习型城市是以学习型社会为基础，以全民学习、终身学习为特征，以提升人的生活品质和促进人的全面发展为目标的现代城市治理模式。这种模式具有以下内涵：

学习型城市蕴涵着先进的发展理念和创新的发展模式。从学习到学习型，虽一字之差，但却成为推动现代城市公共治理模式转型的主导力量。这种转型从趋势看，一是从“善政”向“善治”的转型；二是从“发展型政府”向“服务型政府”的转型；三是从“大政府”向“大社会”的转型。这三种趋势揭示出学习型城市的基本内涵：治理结构、公共服务、公民社会。据此可以得出一个基本结论：学习型城市的本质是创新。

学习型城市是城市软实力的综合体现。软实力是一种通过吸引而非胁迫的核心竞争力。这种竞争力源于六种资源：一是文化；二是意识形态、政治价值观和政府公信力；三是制度模式和治理模式；四是对外政策；五是信息渠道和舆论；六是国民素质和形象。从软实力的来源看，学习型城市建设，旨在提升生活品质，提升公众素养，提升城市形象。在这“三个提升”的过程中，学习力是关键，创新力是核心，竞争力是根本。

① 作者2010年6月20日应杭州市委创建学习型城市所写的短文。本文刊发于2010年7月30日《杭州日报》。

学习型城市是一种学习化的生活方式。学习社会化、教育终身化、知识便利化、人才资本化，既是学习型社会的核心理念，也是学习型城市的重要特征。让人生活在一个学习化的社会中，自由学习、快乐学习、全面学习和终身学习，在生活中学习，在学习中生活，逐步实现学习意识普遍化、学习行为终身化、学习体系社会化和学习平台网络化，使人的潜能不断发展、人的创造自由释放、人的个性充分张扬，人的关系高度和谐，最大限度地享受一个学习型城市所缔造的开放、民主、包容、创新和可持续发展的美好生活。

城市的学习力、创新力和竞争力[1]

一

感谢朝阳区委、区政府提供这样一个机会，和大家一起交流、探讨创建学习型城区的一些体会。朝阳区委、区政府能够做出建设学习型城区的决定，是一件非常了不起的事情。创建学习型城区是城市发展进程中的一个重要里程碑，对北京市尤其是朝阳区来说，意义非常重大。

我们应该认识到，今天的朝阳，正处在城市加速成长期的后期。也就是说，如果把朝阳的发展过程用成长期来界定的话，那么她处于加速成长的后期。这个阶段如何加快她的发展，必须考虑两个方面的问题，一是如何提升她的能力，二是如何寻找她的动力。世界城市发展进程的规律表明，当城市化率介于30%—70%之间时，表明这个城市处在成长期。当一个城市进入加速成长期的时候，一般情况下存在的问题是能力有限、动力不足。这个时候一定要在增强能力、增加动力上下功夫。

那么，这个动力从哪里来？在很大程度上要靠建设学习型城区来获得。因为建设学习型城区的本质是提高人的综合素质，促进人的全面发展。城

① 作者2003年3月27日在北京市朝阳区建设学习型城区报告会上的主题演讲。

市发展最根本的是先进生产力的发展，而个人的全面发展是最先进的生产力。城市的发展与个人的发展是互为前提和基础的。生产力发展了，人的全面、自由、个性化的发展才有条件和基础；而人的全面发展又可以为生产力发展注入新的动力，推动城市不断创新，它是城市发展不竭的源泉。从这个意义上说，建设学习型城区的目标是追求知识发展，追求创新发展，追求人才发展，追求可持续发展，追求先进生产力发展与人的全面发展的高度统一。

二

今天的朝阳，正步入从外延式扩张向内涵式发展的关键转型期，也是全面建设小康社会的重要战略机遇期。在优化发展环境、深化改革开放的新形势下，拉开建设学习型城区的序幕，有着非同一般的特殊意义。

一、有利于提升朝阳的城市形象

看一个城市就好比看一个人，看一个人我们会说这个人的形象比较好，那么他的本质怎么样呢？大家也许会说，这个人自信、深刻、有思想、有智慧、有知识、有品位。城市也是这样。虽然这个城市很富，但更重要的是这个城市的内涵，而内涵的本质是人。有什么样的城市就有什么样的人，有什么样的人就有什么样的城市。一个居住着低素质人的城市，绝对不会是高品位的城市。一个高品位的城市必然居住着高素质的人。

在对城市发展的研究中，我们把城市分成了五个层次：一流城市经营“形”，也就是说第一流的城市经营的是品牌、形象和文化；二流城市经营“人”，第二流的城市是以人为本的人性化的经营；三流城市经营“市”，第三流的城市将城市经营成一个市场，供需两旺，非常有活力；四流城市经营“城”，就是建设高楼大厦。我们国家大部分城市属于第四类城市；五流城市经营“官”。什么叫“官”，也就是政府管制、行业垄断、行政审批、地区壁垒、地方保护，这些都是以官本位为中心来经营的。创建学习型城市就是要使城市的品位、城市经营的形态不断地从第五个层次逐步地向第一个层次迈进。

二、有利于提升朝阳的城市价值

对城市领导、城市首脑来说，有价值的城市就是最好的城市。企业最终的目标是股东价值最大化。企业利润最大化、股东利益最大化、社会价值最大化的统一就是好企业。那么，一个好的城市就是城市价值最大化。看一个城市，什么叫好？什么叫不好？什么叫高层次？什么叫低层次？这里有三个衡量标志：

一看这个城市是不是具有强大的经济实力。这种经济实力如果用指标来衡量的话，第一看GDP总量，第二看人均GDP，第三看GDP密度，即地均GDP。也就是不仅看人均GDP有多少，也要看面积和GDP间的关系。比如在国外看高新技术开发区，不是看高新技术开发区有多大，而是看高新技术开发区的资本密度和GDP密度有多大。即每平方公里吸引多少投资额和生产多少GDP。第四看GDP增长率，第五看GDP贡献率，即朝阳GDP总量占全国GDP的多少，或者说占到北京市GDP的多少。朝阳区应该成为北京市经济发展的火车头，但是火车头是有指标的。你的GDP是不是能够达到北京市GDP总量的15%—20%，这是火车头的一个重要标志。当然还有其他指标，但这是一个硬指标。所以城市价值的高低在很大程度上取决于你是不是具有强大的经济实力。

二看这个城市是不是具有更高的生活水准，能不能保证城市居民有更高的生活质量。党的十六大报告有一个非常精彩的结尾“共同创造我们的幸福生活和美好未来！”全面小康的终极目标是提高人民的生活质量。

三看这个城市能不能创造更多的就业机会和发展机遇。城市是为人服务的。“以人为本”就是一切活动的最终目标是为人所服务。城市最大的功能就在于为人提供更多的就业机会和更大的发展机遇。朝阳区和别的区、北京市和别的城市到底有没有差异？差异在什么地方？最终就看你的就业机会和发展机遇有多少。这个指标是可以计算出来的。比如你能够提供多少高层次的就业机会。举个例子，我们把朝阳区所有的白领数加起来，和某一个区白领数相比，哪一个数更大？数量越大，表明提供的就业层次和发展机遇就越多。再把所有白领的工资加起来，和另外一个区所有白领的工资总数相比，哪一个总量大，那么就业机会和发展机遇就多。所以，创建学习型城区更重要的是有利于实现朝阳区的城市价值。

三、有利于提升朝阳的综合竞争力

看一个城市能不能实现城市价值，主要是看这个城市有没有竞争力。一个城市有没有竞争力体现在以下五个方面：

一是有没有实力。就是上述的五个 GDP。

二是有没有能力。首先是集聚能力，尤其人才、资本、信息等稀缺资源和要素能否聚集到朝阳。其次是扩张能力，即辐射的能力；再次是流通能力，吸纳外部资源和输出资源怎么样；最后是增长能力。这四种能力综合起来就是城市能力。

三是有没有活力。城市不仅要有能力，还要有活力。举个例子，用职业企业家的数量来衡量。比如朝阳，看城市是不是有活力，可以看城区内职业企业家有多少。所谓职业企业家是指：一是企业家必须来自于市场，而不是来自于政府，也就是该企业家是从市场上来的，而不是政府任命的；二是职业企业家必须有一定的教育背景和知识积淀，暴发户不行，他不会给城市带来活力；三是必须有一定的经济规模，不是个体户的概念，也不是小型资本家的概念。这样的企业家才能叫职业企业家。职业企业家人数的多少直接关系到这个城市有没有活力。

再讲一个概念叫城市的居住者结构。也就是说，看一个城市，不要看城市有多少富人和穷人，而是要看这个城市有多少中产阶级。用十六大的话来说，就是中等收入阶层。如果这个城市中等收入阶层的数量是持续不断增长的话，那么这个城市一定是有活力的。如果这个城市居住者结构是两头很大、中间很小，那么这个城市一定是一个衰退的城市。

四是有没有潜力。除了城市的活力，还要看城市的潜力，有潜力才有发展的后劲。比如说城市化率、工业化率、信息化率、知识发展、城市功能、可持续发展，等等。

五是有没有魅力。城市魅力是非常重要的竞争力内容。比如城市品牌。如果给朝阳做一个定性的分析，我认为实力很强，水平较高，活力、潜力都不错，但是魅力相对差一些。朝阳品牌需要进一步的提升，品牌是最大的城市价值。举一个例子，一亩地在一般品牌状况下是6000元，但是如果品牌价值高，那可能会是10000元。品牌是最大的投资吸引力，品牌是最大的投资环境。朝阳不是在优化发展环境吗？品牌是最大的投资环境。如果把品牌搞好了，那么这是最大的财富。

提升城市品牌就是要增强城市的开放度，增加城市的知名度，提升城市的美誉度，提升城市首脑的影响力。领导是最大的生产力。领导的品牌是最大的投资环境。昆山是全国最优秀的投资环境城市之一，是最大的台商集聚地。昆山的投资环境从哪里来？举两个例子。据新闻媒体说，每一位台商几乎都和市长、市委书记共进过早餐。每一位台商都有市长和市委书记的手机、办公室电话、秘书电话和家里电话号码。这就是服务。服务最重要的不是我有什么，而是你要什么。只要你需要的，我都可以为你提供，而且随时可以为你提供。这叫大规模定制，个性化服务。也就是量体裁衣，为你提供切实的服务。最好的投资环境就是盈利环境。也许我什么都没有，也缺少优惠政策，但我们能让企业盈利，创造一个盈利环境，以实现企业利润最大化。

三

2001年5月，江泽民主席在亚太经合组织人力资源能力建设高峰会上指出，“构筑终身教育体系，创建学习型社会”。党的十六大报告明确提出，“要形成全民学习、终身学习的学习型社会，促进人的全面发展”。最近中央领导在多个场合讲学习型社会的重要性。中央领导指出，“我们要全面建设的小康社会是全民学习、终身学习的学习型社会，建设学习型社会很大程度上要靠学习型政党来导向、来推动”。教育部公布的中国人力资源报告，也提到创建学习型社会的重要性，而且要把中国建设成世界最大的学习型社会。这些背景都说明了创建学习型社会的重要性。

从上海第一个提出创建学习型城市，到目前有38个城市的市委、市政府提出创建学习型城市，如南京、常州、苏州、杭州、大连等在创建学习型城市方面走在了前面。这些城市都是经济发展快、城市功能强、整体素质高的领先地区和改革开放的排头兵。它们都在为可持续发展增加动力，都把建设学习型城市作为一项基础性、战略性、创新性的系统工程来抓。

为什么要创建学习型城市，概括起来讲有三大理由：

一、创建学习型城区是适应城市转型的需要

我们国家用了20年时间，从落后的、封闭的、计划的经济体制，向开放的、现代的、市场的经济体制转型。在转型过程中，如何来认识当前城

市面临的历史方位，也即怎样把握中国21世纪头20年的重要战略机遇期？回答这个问题，必须基于两个判断：一是世界向何处去，二是中国向何处去。这两个基本判断，有利于更进一步认识创建学习型城区的重要性和迫切性。

对于世界向何处去，我们的判断是三个基本不变：一是和平与发展的时代主题基本不变；二是世界多极化和经济全球化的发展趋势基本不变；三是科技进步日新月异和综合国力竞争日趋激烈的世界环境基本不变。这三个基本不变得出一个结论，就是形势逼人，不进则退。

对于中国向何处去，我们的判断是三个新阶段：一是以全面建设小康社会为标志，加快社会主义现代化建设进入新阶段。二是以加入 WTO 为标志，中国的改革开放进入新阶段。如果说前20年中国是以改革促开放，那么在未来的20年，尤其是在中国加入 WTO 后10年的适应期，在很大程度上是以开放促改革。三是以党的十六大为标志，党的建设、政治文明和人的全面发展将进入新的阶段。这三个新阶段意味着小康社会是市民社会，小康社会是一个学习型社会，全面小康在很大程度上要靠城市化来实现。

这个结论还意味着我们国家正在经历从计划向市场的体制转型。这种转型大概也可分为三个阶段：

第一个阶段（1978年开始），以党的十一届三中全会为标志，以农村联产承包责任制为核心，最大限度地解放了人和人的劳动力。这是一次个人转型。

第二个阶段（1992年开始），以邓小平南行讲话为标志，以建立现代企业制度为核心，进行企业转型。在此过程中，国有企业基本得到了改造，民营、外资、股份企业等多种所有制结构的企业大量出现。这是一次企业转型。

第三个阶段（2001年开始），以中国加入 WTO 为标志，进入城市转型期。这一次和前两次不一样，这次转型是以政府职能转变为核心，以WTO为标志，以全面建设小康社会为目标，以构建新的城市治理结构为主体。在第一次转型期，只有一个声音就是政府。那时政府起主导作用，当时的社会治理结构就是政府主导。在第二次转型期，主导社会的是两种声音：一是政府，二是企业。企业和政府基本上形成一个对等的、互动的良性结构。在第三次转型期，从现在开始到今后很长时间内，将有三种力量主导社会：一是政府，二是企业，三是社会组织，即NGO或者叫非政府组织。政府、企业和社会将形成一个良性的、互动的、全新的城市治理结构。这种结构是以工业化、城市化、信息化相互对接为主要途径，这种转型意味着中国将实现第二步战略目标，为实现现代化打下良好的基础。

二、创建学习型城市是适应城市竞争的需要

我们处在一个竞争时代。竞争面前人人平等。竞争时代有三大定律：一是赢家通吃。谁是赢家，谁就有更多的资源，就能吸引更多的财富。二是快鱼吃慢鱼。现在已经不是大鱼吃小鱼、小鱼吃虾米的时代，而是快鱼吃慢鱼。竞争要靠速度。比如前些年上海市颁布了一个条例，从某固定时间起，1吨重的卡车不能进市内。就在条例生效的第一天，日本0.9吨的卡车运到上海。这就是快鱼吃慢鱼的案例。学习型组织有一个著名定律，即“如果学习速度小于变化速度，就等于死亡”。也就是要求学习的速度要大于或起码等于变化的速度。三是以小搏大。规模大不见得好、资源多也不见得好。中国东部、中部、西部，最穷的地方资源最多。在知识经济时代，资源多往往成为一种负担。因此，不在于规模的大小，而在于质量的高低，在于内涵的多少。学习型城区的建设，在很大程度上是加速内涵的增长，以小搏大。学习型并不是包治百病，它是一个支点，一个加速器，一个增长极。如果利用好这个支点，就能四两拨千斤。

目前，尤其是中国加入 WTO 后，中国的城市面临两个方面的挑战。

一是 WTO 和全球化加速了城市竞争，使城市的风险在不断增加。WTO 打破了原来城市的秩序。原来的城市是封闭的，它的生产要素、资源要素是不流动的，它的结构是超稳定的。但是 WTO 以及全球化的规则使生产要素、资源开始流动。这种资源的流动增加了城市结构的不稳定性。最近奥委会有关人员找我，想了解在北京的跨国公司总部向上海迁移的原因，是不是投资环境出了什么问题。我想，现在是一个竞争时代，竞争不仅与自身的能力有关，重要的和对手的能力有关，更重要的是与整个竞争的态势有关。对跨国公司来说，是全球战略，什么地方可以实现成本最小、利益最大，它就会到什么地方投资。因此，优化投资环境，不仅要注重自身建设，更重要的是研究对手。所以，WTO 使城市的风险不断增加。要使生产要素从超稳定结构转化为动态的平衡，是比较难的。不仅要关注今天会怎样，更应该关注明天会怎样。城市是否能够形成一个新的动态结构十分重要。中国的城市有个非常值得关注的动向，就是深圳正在走向衰退，深圳开始从成长型向衰退型转折，并会出现一个拐点，这个拐点就意味着原来资源要素从开始的输入到现在的输出，城市的风险不断上升。尽管她的市长、市委书记讲深圳是坚强的、有魅力的，但是市场是最无情的。

二是城市在吸引稀缺资源的时候，面临的竞争者会越来越多。总体来讲，国际资本和国际社会是一个资本过剩、社会财富过剩的市场，它必然要流向一些国家，但流向谁，却是不以人们的意志为转移的。当流向中国的时候，是流向长三角、珠三角还是大北京？流向北京的时候是流向朝阳、海淀还是宣武，那就看谁最具有投资吸引力。在城市面临的竞争者越来越多，竞争越来越激烈的态势下，怎么应对，怎么优化投资环境，这是我们面对的一个大问题。

这里，我讲四点意见：一是全球化。一定要建立零距离竞争的意识。

不要以为上海离北京很远，实际上对跨国公司来讲，北京、上海、广州、乌鲁木齐的距离是一样的。二是专业化。一定要进行产业分工。专业化意味着战略定位，要找到你自己的制高点。三是个性化。一定要找差异，你的特点是什么？你的差异在哪里？找出与别人不一样的地方。四是人性化。以人为本，提升你的品质。这是应对两大挑战的唯一出路。

我们再来看一看当前城市竞争的基本态势是什么？

刚才讲到，朝阳区现在正处于加速成长期的后端。就是说，城市的发展不是一年上一个台阶，它的发展模式是平台扩展。就是在量积累到一定程度，一个质的飞跃，然后再进行下一周期的平台扩展。现在朝阳区的发展是从平台扩展的加速成长期到了平台扩展的成长关键期，接近于质的飞跃。我们预测，朝阳区大概还有3—5年就会有大的质的飞跃。这时候在能力和动力方面一定要加速它成长，让它跃过去。能力和动力越强，飞跃的幅度就越大。这需要找到一个拐点。所以，这时我们要认识自己，更要认识别人，看看整个中国城市竞争的态势是什么。

我们把中国城市竞争的基本态势归纳为五个趋势：

1. 从市场竞争转向战略竞争。战略是制高点。现在不是打战役，而是攻克制高点。城市的人力、财力、物力是非常有限的，我们要先攻下"上甘岭"，找到朝阳区的制高点。北京在党代会报告中提出要构建首都经济的模式。我个人认为，首都经济这四个字，意味着三个方面的含义。一是整合中央资源。既然是首都，那就不是北京。二是整合全国资源。首都不是北京的首都，而是全国人民的首都。三是整合国际资源。不仅包括中国，也要辐射世界，而不是仅限于北京的范围。朝阳区也不例外，应该在首都经济的框架内，跳出朝阳看朝阳，去整合中央资源、全国资源、国际资源。另外，战略意味着学会放弃。战略不是什么都能干，战略是干你能够干的事情。战略不是你应该干什么，而是你能够干什么。没有能力干的事情，再好也要放弃。战略意味着领导者一定要有市场预见能力、战略决策能力和资源整合能力。领导应有三只眼，第一只眼是眼界，要看得宽；第二只眼是眼光，要看得远；第三只眼是眼力，要看得深、看得准。

2. 从人才竞争转向模式竞争。原来比谁的人才多，现在讲资源的整合模式。原先是比谁的资金多，现在是比谁吸引资金的机制好。机制和模式是决定一个城市竞争成败的关键因素。盈利模式、发展模式很关键。长三角城市群为什么厉害？因为他们奇迹般创造了“苏南”模式、“杭海”模式、“昆山”模式、“温州”模式。北京有模式吗？朝阳区发展的模式是什么？这个问题是需要研究的。

3. 从资源竞争转向知识竞争。原来认为资源就是竞争优势，谁垄断的资源多，谁就能在竞争中取胜。现在变了，现在强调知识的价值，强调学习力，强调创新。学习力是把知识资源转化为知识资本的能力，是把人力资源转化为人力资本的能力。学习力、创新力是唯一持久的竞争力。

4. 从权力竞争转向规制竞争。原来是谁有权、谁的权力大，谁的竞争优势就强。现在的赢家是规则的制定者。谁能制定游戏规则，谁就是赢家。举一个例子，比如房地产，为什么房地产的赢家总是那些人呢？王石、冯仑、潘石屹等，因为他们学会了制定规则。在竞争社会中，要么改变自己的坐标系，要么改变别人的坐标系。跟在别人后边跑是永远也不可能当第一名的。别人已经跑了五圈，你才刚上跑道。要当第一名，只有改变游戏规则，掉转头，你就是第一名，别人跑得越远，离你的距离就越远。

5. 从对抗性竞争转向合作性竞争。合作性竞争强调共赢，不是你死我活，你赢我输，而是双赢、多赢和共赢的模式。对长三角、珠三角、大北京城市群发展的战略来做一个比较，重新认识一下我们现在所处的历史方位。

先讲长三角城市群。

从竞争角度来讲，长三角是北京真正的对手。长三角现在已经具备国际化的竞争优势，被国际誉为第六大世界城市圈。为什么这样说呢？因为，它具有六大特点：

1. 有强大的经济实力。长三角覆盖15个城市（地市级以上），土地面积只占全国土地面积的1%，人口只占全国总人口的6%，但是它创造了全国GDP的18%。2001年，财政收入的贡献率占到了全国的1/4。拿其做一个标准比较的话，朝阳的GDP能不能占到北京GDP的18%？朝阳的财政收入能不能占到北京的1/4？具有这样的实力才能叫龙头、排头兵、火车头。

2. 有超级经济巨人群。长三角有一个超级巨人是上海。上海的GDP总值去年是5000多个亿。还有五个大巨人：苏州、杭州、无锡、宁波、南京，它们的GDP每年都在1000个亿以上。还有五个小巨人：绍兴、南通、常州、嘉兴、镇江，它们的年GDP在500个亿以上。它们组成一个超级经济巨人群。

3. 最具有活力和潜力。根据初步统计，到2001年底，江浙沪的三资企业有70000多家，世界500强有400多家进入长三角，其中上海有184家跨国公司的总部和地区总部。它的合同利用外资超过1500多亿美元。

4. 具有持久的竞争优势。长三角之所以能够在全国领先，就是因为它能够不断创造经济发展新的模式，比如说温州模式、苏南模式、昆山模式，最近又创造了杭海模式。就是杭州和海宁在土地重组中的新型合作模式，这个模式在某种程度上值得借鉴。杭州现在要扩展自己的地盘，海宁是一个县级市，不归它管。现在用行政的方法去划拨土地是不可能了，那就用市场的办法——买地。杭州用市场的方法买了海宁3000亩地，我既然能买你3000亩，我就能买你30000亩，既然能买你30000亩，那我就有可能把整个海宁市买下来。杭海模式某种程度上来讲，将拉开中国经济版图重构的序幕，或者说，拉开城市并购的序幕。除此之外，中国经济实力最强的

35个城市，有10个位于长三角，全国百强县有50%位于长三角。1999年到2000年，两年之内江苏省消灭了1.5万个村庄，大大加快了城镇化，而且打破了原来的“诸侯”经济，现在长三角的区域一体化战略基本形成。去年15个城市的首脑在上海开会，制定了推进长三角一体化战略，总的精神是两句话：战略看上海，决策靠自己。像南京、宁波、苏州、杭州这样的大城市都主动和上海整合，他们的领导展示出了前所未有的战略眼光、眼界和眼力。

5. 长三角的市场体系基本形成。江浙基本形成了轻纺市场、小商品市场，上海基本形成了资本市场、资金拆借市场、期货市场、技术市场、劳动力市场、房地产市场、消费品市场。北京去年提出了现代服务业、现代制造业，但是缺少的是现代市场体系。你有现代制造业的市场体系吗？有产业分工吗？北京是政治中心、文化中心、国际交往中心，在这三个中心的框架内，可以建立现代制造业吗？这个问题需要论证。现代制造业基地放在什么地方？如果大北京的战略构想不能实现的话，现代制造业是一句空话。这是竞争中一个很重要的问题。

6. 推动持续竞争优势的一个重要动力就是世博会。上海的世博会和北京的奥运会将会成为推动中国经济发展的两大引擎。但是这两大引擎是有差别的。有人做了这样一个比较偏激的预测，世博会是上海的起点，奥运会是北京的终点。怎么样来研究奥运，是北京应该为奥运服务？还是奥运应该为北京服务？每一个朝阳人、每一个北京人、每一个中国人都应该思考这样的问题。奥运会应该为中国服务还是中国应该为奥运会服务？大家会说是相互的服务，但是在相互服务中应该有主导。这要看站在一个什么样的角度和立场去看这个问题。

再讲珠三角城市群和大北京战略。

珠三角在前期发展中领先于长三角，但这几年有所落后。然而最近有两个大的动作，必须引起我们的重视。一是大佛山城市圈的构建。佛山把顺德和南海两个县级市改成了区，大大增强了城市实力。大佛山将会成为珠三角第二大城市。二是今年年初，董建华先生发表演说，要进行粤港澳一体化的合作。如果在珠三角的基础上，能够以佛山、深圳、广州、珠海、澳门、香港、台湾为支柱推进东南亚自由贸易区，那她的竞争力就大了。我们国家现在要做好四个自由贸易区的构架。一是中国东盟自由贸易区，它的直接受益者是广西和云南；二是东南亚自由贸易区；三是东北亚自由贸易区；四是中亚自由贸易区。自由贸易区的建立标志着一个国家最大限度地融入全球化。我们两年前就提出了大北京战略的构想，土地面积17万平方公里，人口6000多万，涉及10个城市，并以京津保、京津塘两个三角形为轴心呈伞形扩展，但直到现在还没有实质性的推进。从竞争力态势分析，长三角是主动整合型，珠三角是被动适应型，大北京是停滞对抗型。

我曾在一个场合为大北京的战略问题提出了五点意见：1. 建议北京市委书记兼天津市委书记。市场不行，就得用行政来推动；2. 天津机场改为国际机场。北京机场不要进行重复建设；3. 京津唐、京津保之间建立悬磁浮轨道交通；4. 开发南北京。中国是东西问题，北京是南北问题。北京一切问题的根源是由南北发展不平衡造成的。朝阳有中央商务区，海淀有高新技术开发区，现在还缺少中央政务区。如果把南部北京开发出来，把二分之一以上的部委搬到南边，包括北京市委、市政府，南部的经济一定能够带动起来。上海的10年发展中，如果把浦东的发展去掉，就没有什么增长。北京的增长从哪里来，要从南部北京的开发中来；5. 用市场化和行政推动相结合的方式整合廊坊地区。必须看到，大北京战略是至关重要的。中国城市的竞争是以城市群为龙头，以城市为单元，以企业集群为主体，以产业扩充和产业升级为重点，以国际商务为核心，以提升城市竞争力和城市价值为目标的区域性全球化发展模式。

三、创建学习型城市是适应经营城市的需要

北京召开的第五次城市工作会议，主题是经营城市。经济全球化、区域一体化、新型工业化、信息化和城市现代化，这五种力量正推动中国进入一个经营城市的时代。原来讲经营城市就是卖地，经营土地就是经营城市，市长就是CEO。企业家是经营企业的，市长是经营城市的，这种观念有待进一步商榷。我认为，经营城市的核心理念叫政府创造环境，企业创造财富，市民创造文化。经营城市是通过政府创造环境，将优秀的资源交给优秀的人去经营。经营城市还要重点抓好三个方面的关键环节：1.是能力的再造，是指提高集聚能力、辐射能力、流通能力和增长能力；2.是制度的再造。重点是政府职能转变。建立现代政府治理结构，彻底改变政府在社会发展中无所不包、无所不干、无所不能的多重角色。政府要干很少的事、正确的事、简单的事。很少的事是什么，概括地讲，叫“三公四政”。“三公”是公共产品、公共设施、公共服务。“四政”是行政、财政、市政、民政。其他的事由社会和企业去做。有人说，政府不管哪行呀，否则就会重复建设。从某种意义上讲，重复建设约等于市场经济，没有重复建设哪来的市场过剩？没有市场过剩，就没有竞争，没有竞争又哪来的市场经济？但政府要制定规则、维护公平、披露信息、实行监管。现在的政府往往把简单问题复杂化，而不是复杂问题简单化。简单化包括六个字：取消。看取消了多少东西；减少。减少环节，减少手续；简化。这是根本。政府的不适当介入，会垄断很多资源。由于政府的很多东西并非来自市场，因此就无法让优秀的人才去经营市场，效率就很低。政府应该建立有限政府和廉价政府，政府也是有成本的，人力、财力、物力是有限的。转变政府职能，根本上是四个化，即强化宏观调控职能，弱化政府管制职能，分化市场干预职能，转化社会服务职能。我们的政府往往是前门紧，后门松。

门槛很高，很难进去。一旦进去，就什么都不管了。所以一定要建立小政府、大社会的体制，通过制度的再造来转变政府的职能；3. 是环境的再造。根本上是经营环境的再造。投资环境就是投钱，而经营环境是为了实现盈利，优化投资环境或者叫经营环境，主要是八个方面：一是市场环境，创造一个公平竞争的市场环境；二是政务环境，政务是否公开，机会是否平等；三是法制环境，关键是诉讼的效率和执法的公平；四是服务环境，能够按照投资者和消费者的需要提供个性化的服务；五是人才环境，不仅要吸引大量人才，还要创造把人培养成人才的机制；六是创新环境；七是文化环境；八是信用环境。创建学习型城区主要是适应上面所说的三个需要，这三个需要给朝阳什么启示呢？我想应该是，创建学习型城区，建设服务型政府，弘扬新奥运精神，塑造 CBD 文化。努力打造商务朝阳、奥运朝阳、生态朝阳、数字朝阳和信用朝阳新形象。

四

必须说明的是，学习和学习型不是一码事，不能把学习型简单地理解成学习。如果是这样，我们根本没有必要创建学习型社会，因为两千年前中国就是一个具有学习传统的大国。那么，学习型究竟是什么？先从学习型不是什么谈起。学习型不是传统意义上的学习，不是一般模式的教育，也不是一种学习形式，更不是一种什么“运动”。学习型包括以下一些内涵：1. 学习型是社会发展形态层次上更高级的社会形态，在农业经济条件下，表现为农业社会；在工业经济条件下，表现为工业社会；在知识经济条件下，表现为学习型社会；2. 学习型是更适应先进生产力发展的组织管理模式，是从经验管理到科学管理，再到学习型组织管理的机制和模式；3. 学习型是与体制创新相适应的社会制度，创新是学习型社会发展的灵魂，体制创新必然推动社会持续变革，变革是学习型社会的本质特征和基本任务；4. 学习型是21世纪人们新的生活方式。从上述意义来讲，学习型社会有三个基本标志：一是创建学习型社会是为适应社会发展而进行的一场促进人的全面发展的思想解放运动；二是创建学习型社会是为进一步解放先进生产力的体制创新；三是创建学习型社会是适应全球化背景下竞争和环境变化而进行的持续的社会变革。

建设学习型城区是创建学习型社会的重要内容。它具有四个基本理念：1. 学习社会化。或者叫全民学习，即工作学习化，学习生活化，工作、学习、生活一体化；2. 教育终身化。1996年联合国教科文组织在一份报告中说，终身教育是打开21世纪光明之门的钥匙。教育终身化就是要构筑基础教育、高等教育、职业教育、继续教育一体化教育体系，使人们在终身学习过程中学会认知、学会做事、学会共处和学会生存；3. 知识便利化。学习应该是在开放的学习系统中，自由、快乐地学习，通过自由学习加速知识流动。只有知识流动，才能知识共享。知识怎样才能流动和共享呢？只有我知道的知识，你不知道，而你知道的知识，我却不知道，在这样的条件下，知识才会流动和共享。如果这些知识你我都知道，那还流动什么？共享什么？因此，知识便利化强调每个人都是知识的使用者、接受者、传播者和提供者。知识便利化是以精简、弹性、扁平化的制度环境为基础的；4. 人才资本化。中国是一个人口大国，把人口资源转化为人力资源，再把人力资源转化为人才资本，最终实现人才价值，这就是人才资本化的过程。这四大理念反映了一个目标，就是树立全民学习理念，构筑终身教育体系，形成学习型社会的制度环境，促进人的全面发展。

建设学习型城区是一项基础性、战略性、创新性的系统工程，根本是如何抓住关键环节，这就是建设学习型城区的三大支柱，即提升学习力、增强创新力、提高竞争力。

学习力是建设学习型城区的根本。学习的本质在于提升学习力。学习力是把知识资源转化为知识资本的能力，是知识总量、知识质量、知识流量和知识增量的综合效应。一个人、一个城市乃至一个国家的学习力，不仅要看它的知识总量，看学习内容来源的宽广程度和组织与个人的开放程度，也要看它的知识质量，看学习者的综合素质、学习效率和学习品质，还要看它的知识流量，看学习的速度和载体的知识输入和输出以及吸纳和扩展知识的能力，更重要的是看它的知识增量，看学习成果的创新程度以及学习者把知识转化为价值的程度。离开学习力谈学习型城市创建就失去了根基。

创新力是建设学习型社会的灵魂。什么是创新？我理解有三个层面：1. 创新是自我否定。有没有创新，关键看是否敢于自我否定。社会就是在否定和自我否定的循环中一浪高过一浪。没有自我否定，就没有创新；2. 创新是“照虎画猫”。这是一个比喻的说法。我曾讲过，照猫画虎就不是创新，照虎画猫才是创新。创新是需要标杆的。在创新中要找到的标杆一定是“老虎”，而不是“猫”。因为，你照猫画出的老虎，无论如何都会像猫而不像虎，而照老虎画出的猫，一定像老虎；3. 创新是资源整合。什么叫资源整合？我来讲一个故事。在美国农村住着一个老头。老头有三个儿子。大儿子、二儿子住在城市，三儿子和老头住在农村。有一天，一个人到老头家里对老头讲，我想把你的小儿子带到城市去工作。老头不同意，说我两个儿子在城市工作，就留下一个小儿子和我相依为命，你为什么要把他带走？那个人说，我给你小儿子在城市找一份工作？老头说那也不可以。那个人又说，我给你儿子找一个对象呢？老头说那也不可以。那个人又说，我给你儿子介绍的对象是洛克菲勒的女儿，这样可以吗？这时老头考虑了一下，洛克菲勒是世界首富、石油大王，可以考虑。过了两天，这个人找到洛克菲勒，说我想给你女儿介绍一个对象。洛克菲勒想，我是世界首富，还用得着你给我女儿介绍对象吗？这个人说，假如我给你女儿介绍的对象是世界银行的副总裁，你愿意吗？洛克菲勒认为这还是可以考虑的。又过了两天，这个人又找到世界银行的总裁，对他说，你现在要立即任命一位副总裁。总裁想，我有这么多的副总裁，为什么现在还要再任命一位？这个人说，假如你任命的这个副总裁是洛克菲勒的女婿，可以吗？这时总裁答应了。所以资源的配置和整合，就是如何让农民的儿子，当上洛克菲勒的女婿，还要当上世界银行的副总裁。这就是创新。

竞争力是建设学习型城区的出路。城市竞争力是一个复杂的概念，是由城市实力、城市能力、城市活力、城市潜力和城市魅力五大要素组合而成的系统合力。如果讲它的特征，可以概括为以下几点：1. 城市竞争力是一种系统合力。它不是现象上的种种比较优势，不是作为城市要素的种种资源，也不是局部或环节的能力或城市职能活动，而是资源要素及其运作水平的有机集合；2. 城市竞争力是获取持续竞争优势的一种组织力量，是组织系统高度有序的、用于开发和配置资源的一种机制；3. 城市竞争力是抗衡或超越竞争对手的一种力量。其竞争者是现实的，或者是潜在的。竞争力的强弱或大小，不仅取决于城市自身，还与对手的竞争态势以及与总体竞争态势相关；4. 城市竞争力是以资源在全球的流动为背景的；5. 城市竞争力是以实现城市价值为最终目标的。一个城市的价值主要表现在两个方面：一个是城市形态高级化，这决定着城市的价值取向；另一个是城市价值最大化，主要看这个城市能否产生更强的经济实力，能否提供更高的生活水准，能否为个人带来更多的就业机会和发展机遇。

创建学习型城区是一个完整的城市价值链体系。创建学习型城区的过程，就是一个提升学习力、创新力、竞争力的过程。抓住这三大支柱，就抓住了创建学习型城区的根本。

五

最后，我为朝阳区建设学习型城区提五点建议：

一是转变政府职能，建立服务型政府。创建学习型城区的第一大任务，就是转变政府职能，建立服务型政府。服务就是指市场需要什么，就能提供什么，这是个性化的服务。优化投资环境的最好办法就是创造服务环境，而创造服务环境的根本途径就是建立服务型政府，而建设服务型政府的前提和关键是彻底转变政府职能，转变政府职能的一个很大的依托就是创建学习型城区。

二是构筑多元平台，抓好龙头项目。建设学习型城区，首先要有学习的平台，而且要更加多元化、立体化。在构建平台的过程中，重要的是要抓好龙头项目。要紧紧抓住三个“头”做文章。一是潮头，要永远站在创建学习型城区的潮头上。朝阳区能够在北京，甚至在全国的城区中率先提出创建学习型城区，就是站在了创建学习型社会和学习型城市的潮头上，起到带动的作用。二是龙头。抓住了龙头，龙身、龙尾才能摆起来。一定要下功夫，把龙头项目找出来。三是要抓好拳头，把品牌打出来。这样的话，建设学习型城区就能见到实效。

三是关注三大亮点，树立品牌效应。朝阳区在建设学习型城区过程中有三大亮点值得我们关注。一是“一把手”工程。“一把手”工程是建设学习型城区的突破口，如何抓好“一把手”工程，发挥各个单位“一把手”的作用，创造“一把手”工程的模式和经验，值得我们思考。二是抓好窗口行业。要打造商务朝阳，建立服务型政府，就必须抓好窗口行业。尤其是直接和消费者、投资者相关的窗口行业。重点是提高窗口行业执政人员的能力。三是抓社区。对一个城市来讲，一定要紧紧抓住社区不放。社区将会成为中国城市结构的重要支柱，它是中国政治文明和民主建设的一个最大的阵地。物质文明、政治文明和精神文明中，其中政治文明和精神文明的重点在社区。朝阳区具有建设现代社区的良好条件，有好的基础和优势，那么在社区建设的问题上，要通过社区教育构建社区网络，通过社区网络带动社区发展与改革。士祥书记讲要抓好四个教育体系，四个教育体系的建立在能不能通过社区作为突破口来推动。要紧紧抓住这条线不放，何况朝阳区还有全国最有影响的社区学院。社区学院在建设学习型城区的过程中，应该发挥它独特的作用。

四是建立学习机制，强化创新模式。通过机制的建立，一定要搞出朝阳创建学习型城区的模式。要有示范作用，有品牌作用，有推广作用。现在是战略竞争，要抓制高点，而制高点的关键是制定游戏规则。

五是注重特色培养，实现舆论先导。一定要打出我们的特色，在培养特色的同时，一定要实现舆论先导。政府工作有一个特点，像母鸡下蛋，下完蛋再叫，现在市场经济要求下蛋之前先叫，下完蛋以后再叫就晚了。先叫的鸡才是好鸡，当然前提是要会下蛋。

创建学习型城区是每一个人新的生活方式，也是每一个干部和市民享有的权利和应尽的义务。区委、区政府创建学习型城区是下定决心的，也会下大功夫的。衷心祝愿朝阳区在创建学习型城区的过程中能够有影响、有经验、有成果、有效益、有品牌，完成区委、区政府预定的目标，最大限度地实现朝阳的城市价值。

农村城市化的方向和内涵[①]

我带来两种方法，一种叫“望远镜观察法”，另一种叫“放大镜观察法”。我们先用望远镜观察一下朝阳，看看我们看到了什么。从更高、更远、更广阔的范围来看，用望远镜的方法来观测，我们看到的是朝阳的区域国际化、城市现代化、农村城市化。那么，什么是农村城市化呢？我们再用放大镜观察法来看。它的本质，最重要的一点就是用城市化战略的眼光来观察农业、农村和农民问题，站在城市化战略的角度发现问题、思考问题、研究问题和解决问题。这是我们创建学习型城区面对的最大一件事情。士祥书记讲，要“想问题、抓落实、找规律”，那么，问题是什么，落实怎么抓，规律在哪里？在农村城市化过程中，领导干部观念陈旧，是加快改革、加快开放、加快发展最大的障碍。而这一切都是由于缺乏知识、缺乏本领所造成的，是因为缺乏武装、缺乏包装所导致的。农村城市化的过程，既要有理论的、知识的、思想的武装，还要有市场化的、工业化的、城市化的包装。前一阶段我们搞调研时，来广营的赵万友书记讲基层干部最缺乏的是理论。我们的基层干部尤其是农村的广大干部，忙于低头拉车，不会抬头看路。学习型地区、学习型乡村的建设告诉大家不能光低头拉车了，该到了抬头看路的时候了。我们的干部尤其是农村的干部不仅要敢想

① 作者2003年8月1日在北京市朝阳区建设学习型地区、乡、村动员大会上的主题演讲。

敢干，而且还得听懂会干。这里讲“听懂”，是指能理解中央、市委、区委的精神，“会干”是指能够科学、主动、创新性地工作，不是盲干、傻干、愣干。从这些工作、这些问题都能够看到区委、区政府为什么要把建设学习型城区纳入今年工作的三大任务来抓，看到建设学习型城区的重要性、必要性和紧迫性。我围绕农村城市化谈五个方面的认识。

把握时代特征

观察朝阳问题，就是要跳出朝阳看朝阳。学习型城区建设的本质就是学会用知识战略来扩展资源的整合半径，内外联动，上下结合。关键是把握时代特征，在时代的大背景下构建自己的坐标系。怎么把握时代特征，我们应该把眼光看远一点。不管是哪一级的领导，哪怕是最基层的领导，也必须有“三只眼”，即眼界、眼光和眼力。眼界就是要看得宽，要有开放的思维、开明的思路；眼光就是要看得远，要站在时代的潮头，找准发展的制高点；眼力就是要看得准、看得深。这“三只眼”是领导的水平，是领导决策的重要依据。把握这个时代，尤其是进入21世纪以后，最本质的应该把握两个基本规律，回答两个关键问题。这两个基本规律，一是竞争。这是一个竞争的时代。竞争就是在战场上和对手的较量。农村的特点是分散，城市的特点是集聚，它要把稀缺的资源，如人才、资本、人流、物流、信息流集聚在一起。有没有竞争能力，首先看有没有集聚能力。竞争时代的游戏规则是“赢家通吃”。二是合作。这个时代又是一个合作的时代。经济全球化、区域一体化、农村城市化，这些“化”最后的根本就是一个合作化。上海现在是世界第六大国际都市圈，但是上海的领导讲，我们有什么呢？我们的 GDP 贡献率仅占全国 GDP 的5%，和国际大都市的15%—20% 的距离还相差很远，所以我们必须联合，和江苏、浙江、长江三角洲15个城市联合起来，形成区域一体化，打造世界第六大国际都市圈。现在这个时代，赢得竞争的关键就在合作。一切问题就是在竞争中合作，这是一个“竞合”时代，是指导农村城市化一切工作中最基本的规律。士祥书记不是说找规律吗？这就是规律。

把握时代特征还要求我们必须回答两个问题。一是世界向何处去，二是中国向何处去。这是两个大问题。世界向何处去，我们的回答是“三个基本不变，一个基本结论”。三个基本不变：一是和平和发展的时代主题基本不变；二是世界多极化和经济全球化的发展趋势基本不变；三是科技进步的日新月异和综合国力竞争的日趋激烈的世界环境基本不变。这三个基本不变得出一个基本结论：形势逼人，不进则退。对于中国向何处去，我们的判断是三个新阶段：一是以全面小康为标志，加快社会主义现代化建设进入新阶段；二是以 WTO 为标志，中国改革开放进入新阶段；三是以十六大为标志，党的建设、政治文明和人的全面发展进入新阶段。这三个新阶段告诉我们中国要在与世界的互动中发展，全面小康的最大障碍不在城市，而在农村，告诉我们全面小康要靠城市化来实现。所以，能不能全面小康，要看农村能不能城市化。一个是经济的问题，一个是社会的问题，一个是人的问题。这三个问题关系到全面小康，关系到农村城市化的本质。朝阳区是北京市的一个大区，常住人口加上外来人口大约有350多万。350万是一个什么概念呢？它不是一个一般意义上的城区，而是一个特大城市。一个来广营乡的面积相当于一个澳门大，一个南磨坊乡的年 GDP 就达40多亿。研究朝阳不能离开这些现实。再给大家讲一组数字，到2002年年底，我们国家的城市化率是37.7%。也就是说中国大约2/3的人口是农民。在未来20年内，如果按照城市化率每年增加一个百分点计算，每年约有1300万农村人口涌向城市。到2020年，城市人口将增至8亿—9亿。这意味着除小城镇解决2亿—3亿人外，中国还必须有200个能容纳300万人口以上的特大城市，或300个能容纳200万人口以上的特大城市，如果不能从战略上加快推进新的城市运动，解决上述问题是根本不可能的。况且，这么多人涌入城市，必然带来就业、教育、社会保障、社会服务等一系列社会问题，必将引发“大城市病”。现有的基础设施，有限的城市功能，传统的管理模式，已难以支撑如此庞大的人群。但，这又是一种必然，是一种不可阻挡的趋势。因此，城市化战略是中国重要战略机遇期的重中之重。全面小康要靠城市化来实现。城市现代化必须先行一步。这说明中国最大的问题是农业、农村和农民的问题，这是中国最现实的国情。

把握中央精神

当前，全国人民正在掀起学习“三个代表”重要思想的新高潮。那么，这个“新”字，究竟新在什么地方？最近李长春同志有一段讲话，他说：要把学习运用好“三个代表”重要思想作为一种政治责任、一种精神追求，要不断提高运用“三个代表”重要思想指导实践、解决问题、研究工作的能力，要坚持立党为公、执政为民的这个本质，要用人民群众满意不满意、赞成不赞成、高兴不高兴、答应不答应来衡量我们的一切决策。要细心研究群众利益，围绕人民群众最现实、最关心、最直接的利益来抓落实。

那么，什么是政治责任？什么是精神追求？水利泰斗、两院院士、三峡大坝设计师、90高龄的张光斗先生在接受中央电视台记者采访时，主持人问他的人生观、价值观是什么，他说，第一要做有益国家的事，第二要做有益老百姓的事，损害国家和老百姓的事我不干。他说，现在我们所享受的物质和精神财富都是前人创造的，所以我们每个人在有生之年要为后人干点事情。这就是政治责任和精神追求的缩影。

什么是立党为公、执政为民？刘淇书记、王岐山代市长来朝阳望京调研时提出了基层干部要到“三个地方”去。市委、市政府召开全委会，要求区县干部、各级领导干部要到最困难的地方去、到群众意见多的地方去、到工作推不开的地方去。对涉及群众利益的问题早发现、早处理、早解决，牢牢把握维护稳定工作的主动权。群众利益无小事。各级领导要把群众的呼声、群众的意愿作为指导工作的第一信号，要把关心和服务群众作为各级领导的第一职责，要把群众的评价作为衡量领导政绩的第一尺度。我们的各级领导尤其是我们的基层领导，办事情、做工作、搞决策不能光看要求是不是来自上头，还要看呼声是不是来自下头；不能光看自己办的事情有没有兴头，还要看群众是不是有想头；不能光看办了事情自己有没有甜头，还要想一想不办这件事情群众会不会吃苦头。这六个“头”，孰重孰轻，孰大孰小，孰先孰后，是衡量各级领导干部真学“三个代表”还是假学“三个代表”的重要标志。敢不敢到最困难的地方去，敢不敢到群众意见多的地方去，敢不敢到工作推不开的地方去，也是衡量领导干部是真学“三个代表”还是假学“三个代表”的试金石和分水岭。

围绕这些问题，在建设学习型城区、加快农村城市化过程中还要正确认识和处理好六个方面的关系：

一是改革、开放、稳定三者的关系。改革、开放、稳定这三件事是中国大棋盘上最关键的三个棋子。领导干部尤其是基层领导干部要把这三个棋子摆对、摆好、摆正，不然你的帽子、你的位子就保不住。不管什么时候，都要把稳定作为头等大事，放在重要位置，牢牢掌握维护稳定的主动权。

二是经济体制改革、政治体制改革和社会体制改革的关系。对 SARS 的反思得出最基本的结论是三个失衡：一是经济与社会发展失衡，过去我们太注重经济了，忽略了社会发展；二是城乡发展的失衡；三是人口、环境、资源的失衡。这是最大的问题，也是制约全面小康最大的障碍。我们在座的都是农村干部。我也生在农村、长在农村，我想为我们农民说几句话。中国现在最大的问题，表面上看是收入差距，比收入差距更严重的是城乡差别。收入差距导致的是贫富分化，而城乡差别导致的却是身份歧视。贫富分化使社会失去公平，它会加剧社会的不稳定，而身份歧视使社会失去平等，它却在维系社会的“超稳定”。这种“超稳定”的背后是等级的存在、不平等的国民待遇和天差地别的利益分配。多少年来，农民在这样一个失衡的城乡二元结构的夹缝中生活。所以，光靠经济发展不能解决城乡差别。经济体制改革、政治体制改革和社会体制改革必须是协调发展。在经济体制改革取得举世瞩目的成果之后，大家总在讲要加快政治体制改革。实际上，比政治体制改革更现实、更成熟、更紧迫的是社会体制改革。它关系到老百姓的方方面面，和老百姓生活密切相关。尤其是人口与就业体制改革、教育体制改革、社会保障体制改革、社会服务体制改革、文化体制改革，这些都是我们面临的农村城市化过程中最紧迫的改革问题。

三是物质文明、政治文明、精神文明三者之间的关系。建设学习型城区要和物质文明相结合，优化发展环境；建设学习型城区要和政治文明相结合，强化基层党建；建设学习型城区要和精神文明相结合，深化文明城区建设。尤其是在朝阳区荣获全国文明城区之后，一定要抓住建设学习型城区这个契机，使文明城区建设再上一个层次、再上一个台阶。

四是新北京、新奥运和新朝阳三者之间的关系。从表面上看，新北京、新奥运、新朝阳是一个概念，实际上它是首都经济、奥运经济、CBD经济。怎样认识这三者，一要把握首都经济、奥运经济、CBD经济的制高点。制高点就相当于蒙古包中间的支撑物，支撑物越高，中间的空间越大；二要找准结合点。首都经济、奥运经济、CBD经济共同的特点就是现代服务业，大力发展现代服务业，把现代服务业作为农村城市化过程中的一个产业支撑，在这个基础上形成农村城市化过程中的产业链；三要抓好切入点，农村城市化要和新型工业化、城市化、信息化进行对接，要把政府职能转变作为重要的突破口。

五是优化发展环境、建设学习型城区、深化改革开放三大任务之间的关系。我们要坚定不移地把建设学习型城区作为推动优化发展环境和深化改革开放的重要抓手，作为解决问题和推动工作的出发点和落脚点，作为实现“三化”“四区”过程中发现问题、思考问题、研究问题和解决问题的方法。

六是农业、农民和农村的关系。这三件事看起来是一码事，实际上它们既存在联系又有区别。我们怎样用工业化、城市化、市场化、信息化的眼光和农业、农民、农村进行对接、转轨、互动，怎么建立联动机制、长效机制是一个值得研究的大问题。

把握农民需求

农村城市化是发展的必然，这是不能改变的。没有农村城市化就不可能实现全面小康，全面小康建设就是要靠农村城市化来实现。但是，在农村城市化过程中必然带来很多负面的效应。比如农民的失业问题、农民的社会保障问题、农民的教育问题、农民生活方式的转变问题、农民的合法权益被侵犯的问题，这些问题都是农村城市化过程中产生的负面效应，怎么样把负面效应转化成正面效应，需要我们每一个干部、每一个党员认真思考、分析和解决。

从农民的需求来讲，我讲四句话：尊重农民意愿，维护农民利益，把握农民需求，解决农民问题。什么是农民意愿？什么是农民利益？尊重农民的意愿就是稳定农民政策，政策的稳定度是衡量是不是尊重农民意愿的最直接的标志。农民最关心的是政策，政策的稳定直接关系到农民的利益。

最近，国务院召开全国进一步治理整顿土地市场秩序电视电话会议，就清理整顿各类开发区用地，加强土地管理做出部署。要求实行最严格的土地保护制度。各地区、各部门要坚决贯彻中央部署，严格执行土地管理法规，重点解决各类开发区违法、违规占地等突出问题。继6月13日央行发布121号文件之后，中央此次又要求“实行最严格的土地管理制度”，明确显示了政府通过规范房地产业进行国民经济周期调整的决心。完善土地产权与征地制度，重视民生，不仅仅是为应对经济周期变动而做的临时性政府调控，而有着社会、经济、政治的多重指向，蕴藏了重建房地产业秩序、重构社会利益格局的潜力。土地市场不规范一直是引发房地产泡沫危机的一大“祸首”。它引发的不只是经济风险，更值得关注的是社会风险。由于缺乏健全的配套措施，土地流转成为腐败渎职的重灾区，这种不规范最直接的后果就是农民和原住户的利益得不到保障。据北京有关人士消息，温家宝总理赞成对农村实施休养生息政策，认同逐步减免乃至最终取消农业税负的思路。专家透露，政府有望在2010年前后基本取消农民税收负担，统一城乡税制。温家宝表示：“谁要是把税费改革弄清楚了，可以给他一个博士学位，这项改革太复杂了！”“明末清初有个思想家叫黄宗羲，他提出一个‘定律’：每次税费合并后都抬高了下一次农民负担的门槛。我想我们不能陷入这个怪圈，一定要跳出来，要下大力气减轻农民负担，今后每一年中央都要在这方面进行投入”。温家宝强调，农村税费改革后的农民负担要比改革前有较大幅度的减轻，做到村村减负，户户受益。国务院计划明年统一取消农业特产税。中国农业税制度改革的总体思路是：按照建立公共财政体制和现代税制的要求，逐步减少以至完全取消专门对农民设置的税制体系，使农民作为纳税人取得与其他社会成员平等的纳税地位，逐步统一城乡税制。市委、市政府讲基层干部要到“三个地方”。因为，大凡这些地方，往往困难最多、问题最集中、矛盾最棘手、涉及面最广、影响也最大，也是群众最关心的地方，因而越是这些地方，就越需要干部尤其是领导干部深入实际，调查研究，解决问题，维护稳定，促进发展。

中国发展这么多年，最重要的经验就是稳定。如果没有这种环境，没有稳定的大背景，什么事情都干不成。各级领导要牢牢掌握维护稳定的主动权，具备驾驭复杂局面的能力。我们讲党建，干部要有五个能力，第一个就是驾驭复杂局面的能力。农民是中国最大的弱势群体，农民现在最缺的是利益代言人，谁代表农民说话呢？这个问题处理不好，麻烦会很大。

在建设学习型城区的过程中，结合农村城市化，怎么把握农民需求，也是一个大问题。在农村，最根本的问题是干部的“头脑”问题，最难的问题是农民不爱学的问题，最紧迫的问题是解决农民的实际需求问题。这种需求我想有四个方面：一要提高农民素质；二要转变就业观念；三要学习实用技术；四要转变生活方式。农村城市化过程中最根本的观念问题是两个“革命”：一是楼道革命，农民上楼表面上住进楼房，但生活方式照旧，垃圾杂物乱堆乱放；二是街道革命，没有上楼的农民习惯了在街道上乱堆乱放。如果农民能把楼道革命和街道革命这两个“革命”完成了，生活方式大的问题就解决了。学习型街乡、学习型农村的建设应该从这两个方面抓起。

农民最关心的是三大问题：一是失业、就业和创业问题。二是社会保障问题。三是教育问题。农村城市化过程中，农民最大的苦恼就是失去了土地。最近，浙江出现中国首批350万失业农民。如果农民没田可种、没工可打，就可以到政府指定机构进行失业登记。每月还可以获得400元的社会统筹保障。6月30日出台的全国第一个农民失业标准——《浙江省城乡统筹就业试点工作标准》，已让浙江10个市县350万失业农民有了实实在在的保障。这无疑是社会的一大进步。按说本来是好事，但问题的另一方面，承认农民失业，就要解决农民的就业问题，给失业农民待遇，就要增加社会保障支出。这又必须依靠经济发展提供就业岗位和财源保障。据说，北京新型合作医疗已全面启动。农民也可像城镇职工一样，看病按比例报销。从先行试点大兴区经验看，每位农民一年自掏30元，看病最高可报50000元。农民问题是各级领导最头疼的，叫“四个不得”，即怪不得、急不得、松不得、等不得。过去，老人家讲，严重的问题是教育农民。在建设学习型城区过程中，更严重的问题是教育我们的干部学会善待农民。

把握政府角色

传统意义上的政府是一个无所不能、无所不包、无所不干的政府。政府应该干什么，尤其是在农村城市化过程中，政府承担什么样的角色至关重要。农村是自治组织，进了城市社区又是自治组织，这是政府面临的最大挑战。农村干部面对的一方面是农村自治组织，一方面是社区自治组织，政府和自治组织是引导和被引导、指导和被指导的关系，不是领导和被领导的关系。现在很多干部没有战略眼光、没有超前思维，再用旧的管理方式恐怕不能长期适应农村城市化的需要。

那么，政府该干什么。我想有三件事：一要干很少的事。什么是很少的事？归纳起来叫“五公”“四政”，“五公”是指公共产品、公共设施、公共服务、社会公共生活和公共安全；“四政”是指行政、财政、市政和民政。政府只管这些，其他的交给市场和社会去做；二要干正确的事。什么是正确的事？一般说来，制定规则、披露信息、维护公平、实行监管；三要干简单的事。简单的事可以概括为六个字，取消、减少、简化。一切不合理的政府管制都要取消；行政审批尽量减少；审批手续和环节尽可能简化。非典之后，政府有关部门出台了一项“新政策”，对在京就读的外地人口实行“外省市在京就读批准书”，没有北京市户口的外地人员，他们的子女在北京上学，要到居住地街道办事处办理“批准书”。这个“批准书”很复杂，要提供很多证明、证件、手续，最主要的一条要提供户口所在地派出所出具的证明。那么，你回当地派出所去开这个证明，当地派出所说，你在北京工作十多年了，我们怎么知道你在那里的情况，我们没办法给你开。如果要我们开，那你得先让北京的派出所给我们开一个。这是一件对于老百姓很难办，但又不能不去办的事情。这就叫政府管制。如果为群众着想，这样的管制我看还是不要的好！

转化政府职能，是农村城市化过程中最紧要的一个问题。从理论上讲叫“四化”，即强化宏观调控职能、弱化政府管制职能、分化市场干预职能、转化社会服务职能。从实际看，农村城市化涉及的问题很多，比如资产处理、土地征用及补偿政策、农民安置，等等。朝阳区农村城市化步伐很快，现在已有5个乡同时设立了地区办事处，正在向城市化逐步转轨和对接，这是个好经验，是农村城市化中的创新，在全国有典型意义和推广价值。

把握学习本质

学习型城区是现代文明城区的更高形态，是更先进的城市发展模式，是提升城市形象、提升城市价值和提升城市竞争力的重要载体。学习的本质是提高学习力、创新力和竞争力。什么是学习力？学习力是把知识转化为价值的能力，是知识总量、知识质量、知识流量和知识增量的综合效应，一句话，就是一个人、一个组织对知识的占有、使用、传播的能力。什么是创新力？创新是干前人没有干过的事情，是在没有路的地方走出路来。创新是对市场需求的兴奋和敏感，是自我否定，是打破原有秩序，是伤筋动骨的改革。创新也是“照虎画猫”，是资源整合，第一模仿就是创新。人无我有，人有我新，人新我优，人优我变是创新的基本规则。什么是竞争力？竞争力是一个综合概念。对城市而言，它包括城市实力、城市能力、城市活力、城市潜力和城市魅力。它是这五个力的集合。不管是学习力、创新力还是竞争力，最根本的问题就是学会发现问题、思考问题、研究问题和解决问题的方法，怎样学比学什么更重要。

从现实的角度讲，我们要把建设学习型城区与农村城市化联系起来、结合起来。一要贴近实际、贴近生活、贴近群众；二要学会想问题、抓落实、找规律；三要读好书、交高人、见世面；四要走出去、请进来，内外联动；五要边学习、边转化、边促进。一方面，要树立大学习观、大开放观、大发展观、大朝阳区；另一方面，要结合实际、实事求是、实实在在、扎扎实实、落到实处。按照士祥书记的讲话，建设学习型城区，要想问题、抓落实、找规律，力戒形式主义；边学习、边转化、边促进，务求实效。

建设学习型街乡、农村是一个非常艰巨的、长期的、基础性的任务，它关系到朝阳区乃至首都的发展。作为担负农村重任的各级领导一定要抓住这个契机，通过建设学习型城区的各项实践，提高我们的执政能力，促进城市形象提升、经济发展提速、干部群众素质提高，为打响朝阳品牌，实现现代文明城区做贡献。

城市战略与学习型城市的创新模式[①]

非常荣幸来到常州和大家共同学习和交流关于建设学习型城市的一些体会。到目前为止，全国已有50多个城市提出建设学习型城市。在这么多城市提出创建之后，我们发现了一些问题，主要是三个方面：一是真学还是假学；二是实实在在地学还是形式主义地学；三是短期行为学还是能够建立一个长效机制学。归根到底，如何避免形式主义和短期行为是创建学习型城市过程中大家最关心也是最担心的一个问题。对常州创建学习型城市我们关注已久，昨天到今天我们与宣传部领导、指导委员会领导、各个牵头部门领导交流之后，最大的感受就是“实”，实实在在的“实”。把这个“实”字概括起来讲，一是结合实际；二是实事求是；三是实实在在，不摆花架子，不搞形式主义；四是扎扎实实，一步一个脚印；五是落到实处；六是见到实效。

今天上午市公安局领导交流经验以后，对我震动很大。用两句话概括：一是了不起，二是了不得。为什么说了不起和了不得呢？朱局长讲，公安局三大任务：打击、服务、保障。通过创建学习型公安机关确立了三个观念：人民至上的观念，人权至上的观念，法治至上的观念。公安机关的职能实现了三个根本转变：一是从专政向服务转变；二是从特权

① 作者2003年8月12日在常州市创建学习型社会专家报告会上的主题演讲。

向人权转变；三是从人治向法治转变。举一个例子，朱局长讲刑事执法，说可抓可不抓的，不抓。讲行政执法，一不准擅自检查；二不准说不行。讲交通执法，一般情况下不准扣照、不准罚款，声音要低下来，态度要好起来。通过建设学习型机关能够把很多行政部门、政府部门的职能转变过来，是很了不起、很不容易的一件事。这是实实在在的东西，是老百姓关心的东西。

"三个代表"的本质是"立党为公，执政为民"。什么是执政为民?李长春同志有一个讲话，他说：要把学习运用好"三个代表"重要思想作为一种政治责任、一种精神追求，要不断提高运用"三个代表"重要思想指导实践、解决问题、研究工作的能力，要坚持立党为公、执政为民的这个本质，要用人民群众满意不满意、赞成不赞成、高兴不高兴、答应不答应来衡量我们的一切决策。要细心研究群众利益，围绕群众最现实、最关心、最直接的利益来抓落实。这是衡量我们真学"三个代表"还是假学"三个代表"最重要的一个标志。公安局的这个创建，就是真学"三个代表"最具体的体现。

最近，常州在搞"新机遇，新跨越"大讨论。常州人需要进一步增强信心，振奋精神。去年5月，我在大连召开的建设学习型城市论坛上讲了一个观点，我说"十年之内看苏州，十年之后看常州"。为什么这样讲?我们要站在更高的角度把眼光放得远一点来看。学习型城市教给大家发现问题、思考问题、研究问题、解决问题的方法，塑造每一个人必须具有"三只眼"：第一只眼，有眼光，看得远；第二只眼，有眼界，看得宽；第三只眼，有眼力，看得深，看得准。有这"三只眼"，对问题才能看得透，才有解决问题的能力。

用望远镜观察法认识常州

大家都是常州人，太了解、太熟悉常州了，习惯于站在常州看常州。今天要跳出常州看常州。用望远镜的方法看一看能看到什么。我看到的是两点：一是经济全球化；二是区域一体化。认识常州、理解常州、发展常州必须在经济全球化和区域一体化这两个大背景下进行。究竟什么是经济全球化？它的本质概括起来讲，一是世界市场。经济全球化告诉你的是一个世界市场，我们面对的不是常州的市场、长三角的市场，也不是中国的市场，而是全球的市场。二是国际规则。我们遵循的市场游戏规则，是国际规则，不是常州的规则，也不是某一个领域制定的规则。那么世界市场和国际规则这两大特点告诉我们，现在的竞争是国际竞争。在国际竞争这个大的格局下，是以城市群为单位进行竞争，是城市群和城市群的竞争。对我们国家来讲，正在形成三大城市群，即长江三角洲城市群、珠江三角洲城市群和大北京城市群。我想围绕三大城市群谈几点认识：

先谈一谈长三角城市群。长三角城市群是以上海为龙头，由江浙15个城市（后又增加一个台州）共同组成的。现在的长三角已经成为世界第六大国际都市圈。长三角城市群归纳起来讲，具有五大优势：一是强大的经济实力；二是长效的联动机制；三是持久的竞争优势；四是开放的市场体系；五是一流的执政水平。

珠三角现在落后于长三角，但是有四个动向值得注意。一是大佛山的形成。佛山把顺德和南海撤市改区了，就像常州把武进撤掉一样。当时把武进划成区以后，我的心里震动了一下，感到常州这个动作预示着在10年后常州将变成一个1000万人口的大城市。我讲一组数字，到2002年年底，我们国家的城市化率是37.7%。说明中国大概有4.6亿城市人口，

8亿多农村人口。按照城市化率每年增加一个百分点计算，到2020年，我们的城市化率就是58%左右，也就是说城市人口将增至8亿—9亿，要求必须有200个能容纳300万人口以上的特大城市，或300个能容纳200万人口以上的特大城市，现在根本不可能。所以像常州这么大的城市不能翻一倍，要解决这样的问题，可能得翻一倍半，人口就在1000万左右，要做好这个准备。二是深圳提出国际化。深圳国际化是珠三角大发展的一个重要信号。三是深圳和香港一体化。温总理专门就香港和内地的合作问题，搞了一个CEPA协议，这说明香港和内地的经贸关系更加紧密。四是德江书记在广州要推行的不是珠三角城市群，是大珠三角城市群，或者说是泛珠三角城市群，建一个华南都市圈。珠三角的这些动向值得我们注意。

再看大北京，当然差了一点，还提不上一体化，但有三大契机。一是京津合作。一旦北京和天津合作，很“可怕”。现在是北京吃不了，天津吃不饱。它俩在对抗，没有竞争力。但是，一旦合作起来就非常有竞争力。二是奥运会。北京能不能利用2008年奥运会这个契机打造一个新的奥运圈。三是北京、天津、河北有一个交叉的地方是廊坊。廊坊地区的开发如果按照特区模式进行，中央再给政策，那么就会成为京津冀最大的一个支点，会拉动整个大北京的建设。从区域一体化，尤其是从长三角区域一体化来看，我们要看到长三角区域一体化基本形成了共同市场，一定要把常州放在这个共同市场中去考察、去认识，不要孤立起来看。必须看到现在的稀缺资源，比如人才、资金这样的要素正在向长三角集聚。据调查，现在的大学生和研究生毕业以后有1/3的人愿意首先选择到长三角地区工作，有1/4的人愿意在北京工作，而愿意到深圳工作的人只有1/9。所以看一个城市的发展要看一个城市的形态，不要看经济总量。比如深圳现在的GDP3000多亿，全国排第三，但是深圳是一个衰退型的城市，常州GDP

只有700多亿，但它是一个成长型的城市，而且常州的城市发展进入了高速成长期。

我们把城市分为三种类型：一是成长型；二是停滞型；三是衰退型。我认为常州是成长型，而且现在基本上进入高速成长期，但是常州有的时候是“尾灯战略”，叫“灯下黑”现象。为什么这样讲？我把这个“灯下黑”现象概括成三个问题：一是硬件不硬，软件不软；二是能力不够，动力不足；三是政府不强，市场不活。什么叫“硬件不硬，软件不软”？我概括为“一高一低、一快一慢、一多一少”。“一高一低”即现代制造业基地战略定位高，公共事业和配套服务的建设档次低，二者的矛盾比较突出；“一快一慢”即工业化发展速度快，城市化建设速度慢，工业化和城市化之间的矛盾也比较突出；“一多一少”即基础设施的“欠账”多，老旧城区改造少。从能力和动力来讲，整合能力不够。整合就是借鸡生蛋，借风行船，借光照明，这三个“借”字常州有差距，如果和苏州、无锡比，可能就差在这三个“借”字上；什么叫“能力不够，动力不足”？WTO以后，我们说“狼”来了，“狼”都哪里去了？要整合国际资源，第一要学会“引狼入室”，常州引来多少“狼”呀？第二要“与狼共舞”，能不能与狼共舞呀？第三要“狼狈为奸”，狼是前腿短，狈是后腿短，结合在一起就是优势互补，这叫整合。所以，常州建设现代制造业基地还要在整合上下功夫，在整合上有大动作；什么叫“政府不强，市场不活”？我们把城市分为政府主导型和市场主导型。尤其在苏南这样的地方，是市场主导的经济，为什么市场不够活？民营经济、外向型经济还有差距。所以，怎么样进一步发展民本经济，发展民间资本，发展民营企业是最紧迫的任务。怎么样进一步盘活国有资本，激活民间资本，用活金融资本是关键。

用放大镜观察法解读常州

我们再用放大镜观察法来看常州。归纳起来讲叫“一地三城”。“一地”是现代制造业基地，“三城”是学习城、数码城、大学城。对“一地三城”我想从三个角度来认识。

一、从“世界岛”理论来认识常州

经济全球化是一个世界市场。在世界市场格局下，每一个城市是一个岛，这个岛集聚、辐射、流通、增长的能力和世界市场的每一根神经都密切相关，每一个动作都会牵扯到世界市场的动作，这就是“世界岛”理论。那么，运用“世界岛”理论我们要看一看常州提出现代制造业基地能不能形成。从世界市场看，我们已经观察到，全球产业正在进行产业梯度转移。全球制造业由于价格下降、成本上升，从欧洲转向美洲，从美洲转向亚洲，从东南亚转向中国、转向内地，现在正在由东亚向长三角、内地转移。这个产业梯度转移趋势，世界制造业东移中国大的趋势不能改变，但是制造业东移中国，不等于就是要转移到常州。不是你提出来制造业基地，制造业基地就会转移到你这里。能不能成为制造业基地，关键要看两点：一看有没有承接制造业基地的条件；二看有没有承接制造业基地的能力。要成为跨国公司的加工厂，现在不是愿不愿意，而是有没有资格。举一个例子，我们不要和苏州比，也不要和无锡比，我们和江西的南昌比。南昌市委、市政府今年正式提出要建设现代制造业基地，认为南昌最具条件、最有能力。它有什么条件呢？南昌市委书记讲有五个优势：1. 区位优势。南昌区位最好，好在南昌是长三角、珠三角、闽东南三角的交汇点；2. 市场优势。以南昌为中心，建立了一个6小时经济圈，在这个6小时经济圈内拥有4.5亿人口，每年拥有12万亿工业品的消费潜力；3. 低成本优势。水、电、气、土地、人力资源在周边是最低的；4. 投资环境优势。投资成本最低，回报最快，效率最高，信誉最好；5. 生态环境优势。南昌是周边地区唯一的生态花园城市。除了这五大优势，南昌在现代制造业基地方面还有五大能力：1. 工业项目园区化；2. 资源配置市场化；3. 企业主体民营化；4. 企业竞争集群化；5. 产业发展链条化。可以看出，现在是一个竞争的时代，常州不仅是跟苏州、无锡竞争，更重要的是在全国范围、世界范围内的竞争。但是不要怕，常州的优势是任何城市都代替不了的。南昌讲得很好，逻辑非常严密，但是有一条，假设和前提是错误的。听了以后非常振奋，但是干不了。因为长三角、珠三角、闽东南三角和南昌没有形成一个共同市场，不是区域一体化，不可能互动。要素资源没有互动性，就不可能形成优势。但是动向要看到，要看到人家的信心。

二、从“中心—边缘”理论来认识常州

我们不要总把常州作为边缘，总想到是长三角的边缘，怎么就没有想到自己是长三角的中心呢？你要把自己确定为中心，别人都是边缘，用自己的中心去整合边缘。如果把自己认为是边缘，当然别人是中心了。只有当你认为自己是中心的时候，他人才是边缘。为什么常州创建学习型城市会搞得这么好，重要的一条是我们掌握了游戏规则的制定权，通过“中心－边缘”理论要认识常州现代制造业基地的问题。常州的制造业要有三个基础、五个转变。这三个基础是产业基础、产品基础、技术和人才基础。五个转变是：1. 从国有企业向民营企业转变。我们大中型企业中，国有企业的比重还是比较高的，这个国字一定要改成民字；2. 从企业集群向产业分工转变。制造业讲的是产业链，是一个产业链条。制造业不像小商品以企业集群为主，制造业不仅讲企业集群，而且讲产业分工，看是不是形成产业链；3. 从工业体系向市场体系转变。要形成具有常州独特的、开放的市

场体系，要整合南京城市圈、苏锡常州城市圈，包括上海、长三角城市群的市场体系；4. 从本土化经济向外向型经济转变。常州现代制造业有两根“软肋”：一是民营经济的发展；二是外向型经济的发展。把这两点搞上去，常州就上一个台阶。5. 从常规发展向跨越式发展转变。

三、从“增长极”的理论来认识常州

看一下产业战略、产业选择。无论是“世界岛”理论，还是“中心－边缘”理论，最后都要落到一个增长极上，要看是否形成一个经济增长极。增长极就相当于蒙古包中间的支撑物，这个支撑物的高度决定了蒙古包的面积。支撑物越高，面积就会越大。所以增长极非常关键。用增长极的理论来看现代制造业基地对“现代”怎么理解。从制造业的角度讲“现代”，一方面是这个东西越新越好，另一方面是技术含量越高越好。但是在现代制造业发展过程中，还不能完全按照字面上的含义去理解。制造业是一个劳动密集、技术密集、资本密集相结合的产业，是一个产业配套、产业分工的产业链。我们要在产业链上下功夫。一个非常重要的问题是制造业是一个非常长的产业链条，这个链条有一个互动过程，就是一个产业链条推动另一个产业链条，在层层推进的过程中，推动产业升级，在产业升级的过程中，会用第一次的投资引起第二次的投资，这叫再投资现象。因为它是产业链，一个环节和另一个环节要配套。但是，在整个制造业的环节中，有两个环节非常关键：一是现代制造业产业链条最薄弱、最要害的环节是什么？二是能引起这个产业链条核心竞争力的环节是什么？然后把这两个环节交叉，看这个交叉点是什么？这个环节就是人才和技术。这既是制造业核心竞争力的焦点，又是产业链条最薄弱的环节。所以，抓住技术培养人才，抓住人才发展教育，抓住教育来整合职业教育，使职业教育形成产业，使制造业的投资通过职业教育的产业能够引进再投资现象，这样就形成了增长极。所以，职业教育、技术人才、技能人才的培育，职业教育是产业链。这个链条的延伸就是制造业产业链条中的“长板”。

再比如，现在规划大学城。我们的整个职业教育战略、建设学习型城市基础已经形成一个浓厚的气氛和良好的条件，但是要深入下去，形成增长极。企业竞争中有一个木桶理论：一个木桶能装多少水，不是由长板决定，而是由短板决定的。长板再长，短板如果很短，水还是会流出来。所以很多企业、产业都在补短板。但是，常州绝对不能补短板，常州要做长板。职业教育是制造业里面的一块长板，要继续把这个长板做长，然后用这块长板去整合别的地方的长板，做成一个新木桶，装得水就更多了。学习型城市建设就是要通过知识战略扩展资源的整合半径，知识战略就是“长板”。这是建设学习型城市解决问题的落脚点。

通过两种方法和三个角度观察常州实现现代制造业基地的战略，我感到必须具备五个条件：

一是产业战略。什么是战略？战略不是说你应该干什么，而是不应该干什么。战略就是学会放弃。常州要想真正地发展，在战略上必须认识到这一点。什么叫竞争优势？一个企业家请我讲课，一下飞机就说，你看我的企业怎么样，这些广告牌都是我的，医药、化工、农业、工商，各个行业，非常齐全。我说，你还差一个军工，你再搞一个军工就全了。大家讲品牌战略。什么是品牌？品牌就一句话，干一件事，说一万遍，让十万个人知道。所以常州最紧要的是产业的选择。

二是人才市场。要把常州的人口资源变成人力资源，然后把人力资源变成人才资本。在制造业上有一个误区，有一个错觉，总认为制造业将来要转移到劳动力成本比较低的地方去，实际是错的，现在是什么时代？是一个资源流动的时代。制造业在常州，青海、甘肃的劳动力不是来了吗？

劳动力是可以流动的。所以劳动力不是制约你的根本因素，关键是能把人力资源变成人才资本，通过人力要素的集聚，最后使人才资本化。

三是竞争环境。我们提出优化发展环境。优化发展环境就是“一高一低”：投资成本要成为洼地，政府服务要成为高地。把这“一高一低”解决了，就好办了。现在有一个时髦的讲法叫经营城市，经营城市的本质就是政府创造环境，企业创造财富，市民创造文化。政府是创造环境的，为什么我讲公安局了不起，公安局讲不准罚款，不准擅自检查，不准说不行，这就叫“环境”。

四是联动机制。作为长江三角洲15个城市之一，常州在建设现代制造业基地的过程中，如何能够和长三角共同联动，这是一个关键问题。常州现代制造业的贡献和对长三角的贡献密不可分。从城市的观点看，有四个功能：一是集聚功能；二是辐射功能；三是流通功能；四是增长功能。这四大功能和长三角建立一个长效互动的机制最为关键。一是“抓大放小”。常州人的观念是“迈小步，不停步，年年有进步”；要把“小”字去掉，要“大战略，大开放，大发展，大跨越”。别人已经上了跑道跑了三圈了，你才上跑道，怎么能跑得过别人，一定要迈大步。二是改变规则。牢牢掌握规则的制定权，别人在跑道上跑了三圈了，你才上跑道，能成为冠军吗？不可能。怎么办？改变游戏规则，掉转头不就是第一名了吗？要学会改变坐标系，学会迈大步。

五是城市文化。学习型城市建设和先进文化形态的创建相结合，这是一个全新的课题，对常州文化要进一步的梳理。按照现代制造业的要求重新梳理，通过城市文化、市民精神讨论最后梳理出一个具有人性化、个性化的文化形态。通过对常州现代制造工业基地的认识，我感到常州要实现跨越，最大的问题是人的问题，最大的差距是认识的差距，最大的恐慌是知识的恐慌，最大的危机是本领的危机，最大的失误是决策的失误，最大的障碍是观念的障碍。把这六个“最大”解决了，常州的新跨越就上去了。学习型城市的建设要紧紧围绕这六个“最”，解决好这六个“最”。

用学习型城市发展常州

一、关于学习型城市的四大理念

从常州建设学习型城市实践来看，全民学习和终身教育这两个理念已经深入人心，形成了浓厚的学习气氛。但是后两个理念还需要进一步深化。第三个理念是树立知识共享理念，推动知识便利化。什么是知识便利化？每一个人都要成为知识的享有者、传播者、接受者和使用者。便利化的前提是共享，怎么样才能知识共享？首先是知识的分工，专业化分工，我学的东西你不知道，你学的东西我不知道，然后我把知道的知识流动到你那里，知识不就共享了吗？知识共享的前提就是知识流动，知识流动的前提是知识分工，通过知识分工进行知识流动，在知识流动的过程中进行共享。学习的过程是一个从专到通再到专的过程，就像读书一样，从薄到厚再到薄。学习型人才最终看专业化，而不是看是不是通才。看一个人不是看你懂什么，而是看你不懂什么。当领导一个重要的指标，首先要学会不懂，除了会当领导什么都不应该懂，有些领导是什么都懂。领导是政治家、战略家。懂也要装不懂，不要不懂装懂。第四个理念是树立人才价值理念，推动人才资本化。学习型社会通过构筑终身教育体系，促进人的全面发展，实现人的自由的、个性化的、全面的发展。但是发展的落脚点是实现人才价值。

二、关于学习型城市的三大模式

一是大连模式。我们把它总结为环境革命、学习革命、新城市革命三位一体模式。20世纪90年代大连从一个老的、旧的、破的重工业基地变成一个生态型、环保型城市，进行了一次环境革命，用环境革命塑造了城市品牌。孙春兰书记到大连后，提出了“创建学习型城市”，以学习革命打造人才高地。今年大连又提出大大连建设，以新城市革命再造空间优势。所以我们把大连模式叫作“三驾马车两个轮子一起转”。这“三驾马车”，一是环境革命，二是学习革命，三是新城市革命；在这“三驾马车”运行过程中，两个轮子一起转，一个是创建学习型城市，一个是建设服务型政府。

二是朝阳模式。北京市朝阳区在今年2月份提出三大任务，即优化发展环境、建设学习型城区，深化改革开放。3月18日到22日朝阳区四大班子的20多位领导来常州学习，3月27日正式启动创建学习型城市工作。4月9日，区委、区政府正式下发文件。朝阳区把建设学习型城区作为优化发展环境和深化改革开放的重要抓手。区委书记李士祥讲，建设学习型城区，要“想问题、抓落实、找规律，力戒形式主义”，“边学习、边转化、边促进，务求实效”，这是他对建设学习型城区提出的最基本的一个要求。我们总结朝阳模式为三个结合高标准创建学习型城区，即建设学习型城区和物质文明相结合，优化发展环境；建设学习型城区和政治文明相结合，强化基层党建；建设学习型城区和精神文明相结合，深化文明城区。

三是常州模式。我把常州模式叫作学习力、创新力、竞争力长效联动模式。归纳为三条：

第一，用机制来激发社会学习力。我们总结为五大机制、六个结合。五大机制：1. 党政一把手总负责的推进机制；2. 领导干部带头学习的示范机制；3. 上下互动社会参与的组织机制。昨天张部长介绍，什么叫内外互动？从外部看，动员大会、层层推进会、理论研讨会、经验交流会；从内部看，例会制度，联席会议，内外联动，上下推广；4. 激励和约束相结合的动力机制；5. 三位一体资金投入的保障机制。政府拿一块儿、社会拿一块儿、自己拿一块儿，建设学习型城区要用钱来保障。我问一个企业，一年拿多少钱呀？他说不算差旅费要拿100多万。六个结合：即一把手总负责和部门一齐抓相结合；思想发动和行政推动相结合；长期规划和近期安排相结合；集中学习和紧张学习相结合；组织全民学习和重点抓好六支队伍相结合；构筑大众学习平台和建设人才高地相结合。

第二，用整合增强组织创新力。在整合问题、创新问题上，我认为常州是"三贴近，五创新"。"三贴近"就是贴近实际、贴近生活、贴近群众。像小巷访谈、谈心亭、新市民夜校、科普楼道、文化长廊，都是贴近群众、贴近生活的生动事例。学习型城市评价看三个指标，知晓率、参与率、满意率。钟楼区的"新市民夜校"很了不起，它是为外地的民工创办的，能把民工叫新市民，不容易！作为一级政府能够提出来你不是外来人口，外来人口和新市民这是多大的差别！多少年来对农民、农民工的歧视，现在能尊重他的权利、身份，就这一点足以说明学习型城市的实效。

常州建设学习型城市还体现在五个创新上：1. 理论创新。常州有很多经验，把经验再提升一步就是理论。比如学习型机关、学习型系统就是常州创新出来的；2. 载体创新；3. 制度创新。我记得李全林书记三次大的报告，一个主题就是"变革·创新·发展"；4. 管理创新；5. 文化创新。即建设学习型城市如何和先进的文化形态相结合。

第三，用知识战略来提升城市竞争力。通过三大战略实现三个提升。1. 学习城知识战略；2. 数码城知识战略；3. 大学城知识战略。通过三大知识战略实现三个提升：1. 提升城市形象；2. 提升城市价值。实现城市价值最大化，一看城市有没有更强大的经济实力；二看城市有没有更高的生活水准、生活质量；三看城市能不能为个人提供更多的就业机会和发展机遇。3. 提升城市竞争力。通过“学习城、数码城、大学城”知识战略的实现最后推动常州城市形象提升、城市价值提升、城市竞争力提升。

关于常州建设学习型城市的落脚点

我想谈一点个人的看法，就是用知识战略来塑造常州核心竞争力。实际上就是怎样发展职业教育？建设学习型城市怎样和现代制造业基地进行对接和融合是我们要研究的问题。首先，以现代制造业这个战略目标为参照系确立“大开放观、大学习观、大教育观”。现在是常州大学城，将来要办成大学常州城，常州处处是大学，处处是学习基地，处处是技术人才、技能人才的培养基地。不光是搞一个大学城，大学城只能容纳7万人，一个7万人的规模和350万人的规模相比，还差很远。常州重要的问题是把350万人中多大的比例培养成技术人才和技能人才来适应现代制造业基地的需要，把常州350万人中多少人要培养成长三角地区、现代制造业基地的双栖人才，要为跨国公司培养多少人才。其次，常州的教育战略应该以职业教育为核心构筑终身教育体系。我们讲金台市现在还很落后，和昆山、江阴、太仓相比还有差距，那么金台能不能率先迈开大步，把金台市办成职业教育基地。再次，以解决就业和提升就业能力为导向，全面推进城乡教育一体化。最后，使职业教育更加市场化、社会化、产业化和国际化。在确定常州职业教育培养目标的时候，我们把着眼点不能放在常州，要放在长三角地区，要放在整个制造业东移以后，在中国这个范围内怎么去为中国的制造业培养人才。常州的职业教育基地不应该是常州的基地，应该成为长三角的基地、全国的基地、世界跨国公司的基地，让所有的劳动力首先集聚到常州，经过常州职业教育的培养，再辐射到全国，这样常州的教育产业就发展起来了，就能够通过制造业进行教育产业链的带动，通过制造业拉动第三产业和现代服务业的发展。这样，城市产业结构、产业支撑就能找到一个制高点、一个增长极。

城市价值体系和城市学习能力①

在国内，创建学习型城市已有一段时间了，大约有超过100个城市市委、市政府正式发文提出创建学习型城市。在理论上，为什么要创建学习型城市似乎没有问题了，但在实践中还是有不少疑问，特别是创建学习型城市究竟能带来什么好处，还不甚清晰，以至于在创建中稀里糊涂，或流于形式，或短期行为，有的甚至一哄而上、一哄而下。解决这些问题，还是要从城市发展动力学的角度去破题。我谈三个问题：一是城市发展的价值取向；二是城市发展的动力机制；三是学习型城市是城市发展的动力源。试图以此对为什么创建学习型城市再作一些本源性的阐释。

城市发展的价值取向

城市发展的终极目标是价值最大化。价值是城市发展的愿景。那么，什么样的城市是价值最大化的城市呢？我曾做过一个比喻：一流城市经营“形”，这里的“形”是指有形的物质和无形的精神高度融合的城市品牌；二流城市经营“人”，这里的“人”是指以人为本及其人的全面发展；三流城市经营“市”，这里的“市”是指经济繁荣所带来的GDP 增长、财政收

① 作者2007年7月10日在新疆克拉玛依“第五届全国学习型城区论坛”上的主题演讲。

入增长和居民收入的增长；四流城市经营“城”，这里的“城”是指快速城市化所带来的城市扩张及其人流无序膨胀；五流城市经营“官”，这里的“官”是指“官本位”主导下的行政审批、市场干预、政府管制、行业垄断甚至权钱交易等行为。当然，这只是一个比喻。反过来我们来讨论城市价值取向。我个人的观点，在城市发展的价值取向上，以下三点尤为重要。

一是城市品牌。品牌是城市价值最大化的集中体现。从品牌的外在特征看，品牌是一个符号，是一个形象，是一种文化，它具有知名度、美誉度、忠诚度和联想度。从品牌的内在价值看，它至少有四个层面的内涵，即宜居、宜业、宜资和宜游。宜居指的是人居环境，宜业指的是就业环境，宜资指的是投资环境，宜游指的是旅游环境。什么是环境？环境是一种高品质的生活空间和发展空间。因此，一个品牌城市必然是一个宜居、宜业、宜资和宜游高度融合的高品质的价值空间。

二是城市生活质量。生活质量是城市价值的核心。一个城市价值是否最大化，不仅要看这个城市是不是具有强大的经济实力，而且要看这个城市能不能更有效地提高老百姓的生活质量以及更多地为它的居住者提供就业机会和发展机遇。生活质量是老百姓的生活状态和生活预期，体现在“衣食住行”“生老病死”“安居乐业”等方方面面。经济发展模式决定生活质量，政府公共服务提升生活质量，城市文明程度影响生活质量。因此，我们提出“生活质量是检验城市价值的唯一标准”。科学发展观的核心是以人为本，构建和谐社会需要人文关怀，生活质量是以人为本和人文关怀最重要的体现。站在人的高度，从生活质量出发，规划城市、建设城市、管理城市，让发展的成果惠及全体人民，这是中国城市发展最重要的价值导向。

三是城市竞争力。城市竞争力是实现城市价值最大化的过程及其状态。所谓城市竞争力，是指一个城市在经济全球化和区域一体化背景下，与其他城市比较，在资源要素流动过程中，所具有的抗衡甚至超越现实的和潜在的竞争对手，以获取持久的竞争优势，最终实现城市价值的系统合力。城市竞争力是一个开放复杂的城市价值链系统，其本质是建立高度区域一体化的全球资源配置机制和城市形态演化模式。一个城市的价值链包括其价值活动和价值流。价值活动是城市价值创造过程中实现其价值增值的每一个环节，包括城市实力系统、城市能力系统、城市活力系统、城市潜力系统和城市魅力系统。价值流是一个城市以相应的平台和条件吸引区外物质、资本、技术、人力、信息等资源要素向区内集聚，通过各资源要素的重组整合来促进和带动相关产业升级和扩充，并将形成和扩大竞争优势向周边和外界扩张和辐射，在资源要素高效、规范、快速、有序的流动中实现价值，再在循环往复中不断扩大规模和持续增长，从而提升城市竞争力。城市价值链模型将城市的资源配置机制和价值创造过程描述成一个价值链体系，并将城市的各资源要素有机地整合起来，使它们形成相互关联、协调发展的整体，按照层次结构逐级提升，推动城市实现价值最大化和城市形态由低级向高级演化。更重要的是，竞争不只是发生在城市之间，而且发生在城市各自的价值链之间。提升城市竞争力，一方面必须实现价值链的分解战略，分解价值链创造过程的各个环节，弃劣保优，保留其中的最优环节，做好做强。另一方面，必须实现对价值环节进行市场整合。只有对价值链体系中的各个系统实行有效分解与整合，才有可能获得真正的竞争优势。

城市发展的动力机制

发展像一辆在高速公路上奔驰的汽车。汽车能不能跑得快，取决于这辆车上的发动机。发动机是汽车行驶的内在驱动力。城市发展也是如此。因此，从某种意义上讲，城市发展完全取决于它的动力机制。一般地讲，城市发展的动力机制有六大支撑，即规划引导发展、园区带动发展、环境促进发展、管理服务发展、文化提升发展和稳定保障发展。以下我们逐一阐释。

一是规划引导发展。规划是城市发展的第一动力。规划是城市战略的实现载体。最好的城市是先规划后建设的城市。中国的一些城市之所以出现种种问题，一个重要的原因就是先建设后规划，边建设边规划，甚至只规划不执行，导致了城市建设的无序开发和城市破坏的不可逆转。城市建设的不可重复性决定着城市规划必须具有先导性和前瞻性。对于快速城市化来说，规划比建设更为重要。如果规划滞后，或者规划不到位，即使再高标准的建设、再高水平的管理、再快速度的发展也无济于事。城市是讲功能的。城市功能是由城市结构决定的。而规划直接影响甚至决定着城市结构的合理性和科学性。城市规划的不科学必然导致城市结构的不合理，城市结构的不合理必将导致城市功能紊乱，城市功能紊乱又将导致城市神经错乱，城市的神经错乱又会导致城市的管理混乱，管理混乱的直接结果导致城市决策者和管理者决策行为的随机性和随意性，这种随机性和随意性在城市规划中又表现为短期行为和现实利益，反过来又加剧了城市结构的更加不合理，以至形成一个恶性循环的怪圈。如果把城市化比作一辆火车，那么城市规划就是铁轨。火车头的动力越足，轨道的刚性就要越好。从这个角度讲，城市规划是城市发展的起跑线，我们不能让城市输在规划的起跑线上。必须强调，城市规划不是“纸上画画，墙上挂挂”，而是在定性研究、定位研究、定量研究和定策研究基础上所制定的城市战略，这个战略既描绘出城市发展的愿景，也划定了城市发展的底线。

二是园区带动发展。园区是城市发展的模式选择，是产业集群的平台支撑。从城市经济学的角度看，产业不仅要讲结构，更重要的要讲集群。产业集群的形成必须依赖完善的公共设施和良好的制度环境，而这些又必须以园区作为重要载体。因此，园区不仅成为产业集群的实现载体，也是城市经济的模式选择。从城市经济的发展模式来看，园区一般可分为经济开发区、高新技术开发区、中央商务区（CBD）、中央政务区（CLD）、中央休闲区（CRD）、文化创意产业集聚区、保税区、现代物流园区、总部基地、临空经济区，等等。园区模式决定着城市的功能定位和空间布局，也决定着城市经济的增长方式。

三是环境促进发展。环境是产业赖以生存和发展的条件，是人自由而全面发展的价值空间。环境建设既是城市发展的重要动力，又是提升城市功能的重要举措，也是构建和谐社区的重要标志。让城市环境更加优美，秩序更加优良，管理更加优化，服务更加优质，文化更加优秀，是环境建设的重中之重。因此，环境建设应着力在三个方面下功夫：1. 改善生活环境，维护群众利益。重要解决好“城中村”拆迁、老旧小区改造、拆除违法建设和城乡接合部综合整治工作；2. 整治市容环境，提高管理水平。真正做到标本兼治，建管并重，既注重过程，又注重结果；既讲求成本，又讲求效果。寓管理于整治中，在整治中体现管理，在管理中实现整治；3. 优化发展环境，促进和谐建设。一手抓硬环境，一手抓软环境。以建设服务型政府为着力点，实现“软环境”的“二次革命”，切实提高政府的执行力和公信力。做好环境建设，首先取决于人，取决于良好的精神状态，取决于科学的工作方法。环境建设工作认识要深化，标准要细化，任务要量化，责任要硬化，监督检查要公开化。

四是管理服务发展。城市是一个复杂的开放的巨系统。全球化浪潮正在淹没城市之间的界限，城市资源及其要素的流动性增强，尤其是人流、物流、资金流、技术流、信息流速度加快。这种要素的流动性给城市资源的重新整合和市场化配置创造了条件和机会，同时这种外部力量迅速并且出乎意料的变化也给城市产业、市场、资本、人才、贸易带来波动，增强了城市的不确定性。而这种不确定性的后果使城市内部的无组织力量增加，从而破坏了城市超稳定结构的适应性，使“静态型”的城市结构变得脆弱，城市的不稳定风险不断上升，城市管理的难度不断增强。特别是在中国大中城市进入“非稳定状态”的危机高发期情况下，流动人口的管理和城市灾害及其危机处理系统的建立两大关键性问题必须引起我们的关注。因此，加强社会管理和科学管理，尤其是数字化城市管理应当提上议事日程。

五是文化提升发展。文化是城市发展的灵魂。文化是城市历史的传承，也是城市品质的再现。一个失去历史感和文化感的城市，一个失去自然和人性的空间，再多的高楼大厦，再多的草坪绿地，也会给城市带来伤痛与遗憾，也会让人感到孤独和迷惘。而现在，中国的很多城市在人们的记忆中逐渐消失了。城市要发展，要旧城改造，要消灭危房，但更重要的是要学会尊重自然、尊重历史、尊重城市、尊重市民，这些尊重的背后是文明的传承，是城市文化所折射出的个性的魅力。

六是稳定保障发展。应当看到，改革发展丰硕成果的背后正隐藏着种种复杂多变的不稳定风险。由于这些风险具有一定的潜伏期和高度不确定性，在特定环境和条件下一旦爆发，很可能导致非常态扩散和放大，尤其是以下五种不稳定因素正处于从潜在风险向公共危机转化的临界点：1. 贫富差距正在进一步扩大；2. 社会深层次矛盾日益凸现并有激化的趋势；3. 社会治安形势严峻；4. 官与民的冲突成为各类冲突之首并且极易放大为社会危机；5. 非传统安全问题和人为制造的危机正成为公共安全的主要威胁。这五点必须引起全社会的广泛关注，尤其是引起政府的高度重视。

学习型城市是城市发展的动力源

学习型城市是通过提高组织的学习力，把资源转化为资本，以获取和保持持续的竞争优势，不断提升城市价值的状态和过程。这个概念包括以下含义：1. 学习型城市是一种不断进步的状态和不断进化的过程；2. 学习型城市是一种获取和保持持续竞争优势来源和稳定性的自组织力量；3. 学习型城市是资源转化为资本的知识激活机制；4. 学习型城市是以提升城市价值为共同愿景；5. 学习型城市是以提高组织学习力为动力，不断推动学习社会化、教育终身化、知识便利化和人才资本化。围绕这个概念，学习型城市要重点解决三个方面的问题。

一是城市竞争优势和学习力。从发展的角度看，城市竞争优势取决于两个层面：1. 比较优势。即区位优势、资源优势、成本优势等；2. 未来潜能。即后发优势，也就是未来潜在的发展能力。这两大优势如何变成竞争优势，关键在转化。而转化的关键是知识的激活机制，知识的激活源于创新，创新源自学习循环，即学习力—创新力—竞争力。因此，学习型城市建设要把握以下几点：1. 通过团队建设建立和扩展合作秩序；2. 通过提升学习力扩展资源整合半径和增强资源整合能力；3. 通过制定或改变游戏规则来保持和获取竞争优势的来源和稳定性。

二是城市形象和市民素质。城市形象是城市品牌的外在体现，市民素质是城市形象的重要标志。一个城市的形象、素质和价值，最终是由这个城市的人的形象、素质和价值决定的。考察一个城市，如果用简单的方法，一看垃圾，二看厕所，三看无障碍设施和服务。这些城市细节所折射出的恰恰是一个城市的市民素质、文明程度、道德水准和社会风尚。学习型城市所追求的正是提升城市形象、提升市民素质、提升城市价值的状态和过程。学习型城市所关注的是这个状态和过程使人的生存和发展环境能不能得到更好的改善，人的综合素质、道德水准和文明程度能不能得到更好的提升，人的权利能不能得到更充分的尊重和行使，人的价值能不能得到更大限度的实现以及人的多样性、个性化需求能不能得到更充分的满足。

三是终身学习计划和人的全面发展。我们所倡导的是一个全民学习、终身学习的学习型社会。学习不仅提升城市价值，也提升人的价值。终身学习是一个人生存和发展的必然选择，从学习型人才到学习型组织，也是学习型社会的内在要求和必然趋势。因此，要进一步深化对学习型社会的规律性认识：第一，读好书，交高人，见世面；第二，知识、能力、人缘、敬业四位一体；第三，贯通文理，贯通中西，贯通古今，贯通天人，贯通知行。

最后，对创建学习型城市我再提出三个需要研究的问题和四个方面建议。这三个需要研究的问题，一是创建学习型城市老百姓究竟能得到哪些实惠？二是创建学习型城市怎样才能不搞形式主义？三是创建学习型城市如何建立长效机制避免短期行为。四个方面的建议是：围绕需求抓内涵，突出特色抓载体，整合资源抓参与，把握规律抓创新。

第3篇 什么样的城市是最好的城市

城市战略与城市转型[①]

科学的发展观是未来城市发展的指导思想

对科学发展观的认识，关系到中国处于战略机遇期，或者是重要关口的基本判断。科学发展观是指导未来城市发展的最基本的原则。中国城市现在正处于一个临界点，背景是改革开放以来在取得举世瞩目的巨大成就的背后，还隐藏着一些潜在的矛盾和问题。这些矛盾和问题的根源，概括起来就是经济与社会发展的不平衡性。我们把这种不平衡性概括成经济与社会发展的失衡。这种失衡主要表现在三个方面："一长一短，一快一慢，一高一低"。也就是说，在改革开放的发展历程中，经济发展这条腿比较长，而社会发展这条腿相对比较短；企业发展与改革比较快，但政府的改革相对要滞后，比较慢；硬件投资比较高，而软件投资比较低。那么这"一长一短，一快一慢，一高一低"就形成在经济与社会发展过程中的不平衡性。这种不平衡性反映在临界点就有可能表现为经济繁荣背后的风险，如果把这些风险矛盾处理好，那么中国的城市就有可能进入一个快速的发展期。根据世界城市的发展规律，当城市的人均 GDP 超过3000美元的时候，城市的发展将会进入一个高速的成长期。尤其是特

① 作者2004年9月15日在中国城市论坛第一届北京峰会上的主题演讲。

大城市，人均GDP已经突破了3000美元，这就意味着中国城市发展已经进入一个高速的成长期。在这个成长期，这些矛盾有可能转化成问题。如果解决不好，问题就有可能转化成风险，而这种风险如果得不到控制，就有可能转化为危机。如果我们把这些矛盾、问题处理好，中国可能就会进入一个良性的、健康的、高速的成长期。在这样一个背景下，坚持什么样的发展观，就成为中国发展的关键。所以说，科学的发展观，是今后城市发展的指导思想。

优化空间布局，优化产业结构，优化发展环境，是城市中长期规划的核心内容

这“三个优化”，是我们对城市发展实践的再认识。

一是优化空间布局。主要是城市形态的变化，从过去的单一性转入多重性，从点状式的发展转变为组团式的发展。形象地说，过去城市的发展只是“摊大饼”，今后城市的发展可能要“蒸馒头”。从“摊大饼”到“蒸馒头”的转变，实际上是一个城市形态变化的基本趋势。

二是优化产业结构。城市的发展从产业结构来说，会逐步地从一产、二产向三产转变，这叫产业的升级。在产业升级过程中，服务业，尤其是现代服务业，将会成为城市发展的重要标志。因为在优化产业结构过程中将形成产业集聚，也就是在产业分工基础上形成的专业化、网络化、一体化的产业链条。在城市的产业集聚中，产业的链条越长，产业的投资和再投资的空间就越大，产业的集聚度就越高。产业集聚主要依赖以下两个因素成长：一是良好的制度环境，二是健全的公共设施。所以，优化空间布局带来的是发展环境的优化和社会事业的发展。而优化产业结构带来的是产业的优化和经济的发展。

三是优化发展环境。对一个城市来讲，我们倡导城市发展的基本理念叫“政府创造环境、企业创造财富、市民创造文化”。但是，往往在某些地方和某些城市，“政府创造环境”就变成了“优化发展环境”。实际上，优化发展环境的本质是政府创造环境，是优化政府的环境。

城乡统筹发展和社会事业优先发展，是城市发展的战略重点

对一个城市来说，发展的基本定位和战略是什么？尤其对中国城市，是走以小城镇带动大城市发展战略，还是走大城市带动小城镇发展战略？我们认为中国城市发展的战略概括起来应当是八字方针："抓大带小，以城带乡"。就是要重点抓好大城市的建设，以大城市带动中小城市，然后带动小城镇和农村城市化的发展，以城市的发展带动农村的发展。2002年年底中国的城市化率是37.7%，城市人口是4.6亿，农村人口是8亿。现在中国城市化的平均增长率每年是1%，每年大概有8000万—9000万的农民和非农人口要转变为城市人口。按照这个增长率来计算，到2020年，我们国家的城市化率大概是58%—60%。也就是说到2020年，城市人口将达到8亿—9亿。除了小城镇可以消化2亿—3亿之外，大概还有6亿人口要在城市消化。这6个亿的城市人口需要有200个能容纳300万人口以上的大城市，或者是300个能容纳200万人口以上的大城市。这样的一个城市规模和人口规模，对于目前我们的城市规模来说是远远不能适应的。再加上现代的城市管理和基础设施建设，都远远不能适应人口的快速增长。这也就是说，用小城镇的办法是解决不了农村城市化和城市发展问题的。所以我们的观点是要“抓大带小，以城带乡”。

城市发展的价值取向是什么？也就是说，究竟什么样的城市是比较好

的城市，什么样的城市是比较差的城市？我们过去判断城市价值取向，主要是看经济。那么未来的5年，在科学发展观的指导下，怎么来判断这个问题？对于企业来说，利润的最大化就是股东利益的最大化，而对于一个城市来说，城市的价值取向就是这个城市价值的最大化。判断城市价值有三个标准：1. 要看这个城市能不能创造更为雄厚的经济实力。怎么来判断经济实力？一是看经济水平。过去我们看经济总量，现在不单看经济总量，还要看人均，包括人均 GDP，它反映的是这个城市的经济水平；二是看人均财政收入，它反映的是这个城市的政府水平；三是看人均居民的收入，或者说人均纯收入，它反映的是城市的消费水平。把政府水平、消费水平、经济水平加起来，才是真正的城市水平；2. 要看这个城市能不能为老百姓提供更高的生活质量和生活品质；3. 要看这个城市能不能为老百姓提供更多的就业机会和发展机遇。这三个标准是判断一个城市价值取向的基本标准。

城市发展过程中如何治理城市病？大城市在发展过程中，普遍存在很多的城市病，比如交通堵塞，这个问题在北京比较突出。只要是城市发展，就会有这些问题。城市病有两个最基本的特点：一是有很长的潜伏期，这个潜伏期可能是10年，也可能是20年，甚至更长。所以，有很多问题我们没有看见，不等于就不存在。还拿交通堵塞为例，现在看到的交通堵塞并不是现在形成的，而是25年城市快速发展潜在矛盾的一个凸现。所以对城市病的潜伏期我们要有充分的认识。二是城市病一旦爆发，就会转移，像癌症一样。我们现在看交通堵塞，认为是交通问题，实际上它早已不是交通问题，它已经转移了。为什么交通越治理越堵塞，就是因为它已经不单纯是交通问题了。这两个特点提示我们：在城市发展中要根治城市病，超前规划是关键。

随着城市化的快速进行，农民问题已经变得越来越紧迫、越来越重要。

主要表现在：郊区城市化过程中出现的征地、拆迁的利益补偿问题，涉及农民就业和社会保障问题，农村城市化转型过程中集体资产的处置问题，农民承包土地的土地期权和产权改革问题，以及农民搬迁以后生活方式和就业方式的转型问题。这些问题是当前城乡统筹和社会事业优先发展战略中应该注意解决的。

以政府改革推动城市转型

我们强调城市转型，核心是政府转型。问题是政府怎么样转型？我们认为，政府转型应当围绕三个转变、一个目标来进行。这三个转变是：一要从优先经济发展向优先社会发展转变；二要从投资财政体系向公共财政体系转变；三要从控制型的行政体制向治理型的行政体制转变。这三个转变最后要实现一个目标：建立公共服务型政府。这个公共服务型政府，就是要从过去的无所不包、无所不干、无所不能的大政府，转变为一个有限权力、有限责任的小政府；从过去封闭的、官僚的行政体制的政府，转变为一个公开的、透明的政府；从过去不惜代价、不计成本的政府，转变为一个高效的、廉价的政府；从过去在某种意义上不讲信用的政府，转变为一个诚信的政府；从一个人治的政府，转变为一个法治的政府。

什么样的城市是最好的城市[①]

中国的城市正处于战略转型的关键时期。战略转型就是要从过去的经济增长转变为经济社会的协调发展；从过去的政府管理转变为社会管理；从过去的领导思维转变为执政思维。而这一切都必须在科学发展观和构建和谐社会两大治国方略的指导下，以城市化的快速推进为基础。随着城市化进程的不断加快，城市综合竞争力的不断增强和城市管理体制改革的不断深化，我们不仅需要用全面创新的城市管理来创造中国城市的最大价值，更需要以全面提升的生活质量来标明中国城市的全新高度。

我们以“创新城市管理，创造城市价值”为主题来讨论城市所有的前沿问题，揭示未来5—10年中国城市发展新的坐标。我们愿意和大家一起讨论一个共同关心的话题，那就是什么样的城市是最好的城市。为此，我们历经两年多时间，对中国100个城市做了大量的案例研究、数据分析和科学考察，并且通过新华网和中国政务信息网对70万网民做了网上调查。以此为基础，我们运用主客观相结合的评价体系，在国内首次推出了“中国城市生活质量指数”，编制了中国首部《中国城市生活质量报告》，并对中国大陆GDP排名前100位的城市进行了生活质量的排序。这些研究的核心，更进一步印证了生活质量是检验城市价值的重要标准。科学发展观的

① 作者2005年9月13日在中国城市论坛第二届北京峰会上的主题演讲。

核心是以人为本，构建和谐社会的关键是人文关怀，而生活是人文关怀和以人为本最重要的体现。从生活质量出发，来探索和揭示未来城市建设和发展的新的价值导向，是我们关注的议题。

那么，究竟什么样的城市是最好的城市呢？我们的研究表明：

最好的城市是先规划、后建设的城市

当前，中国城市之所以出现了种种问题，一个重要的原因就是先建设后规划、边建设边规划，甚至只规划不执行，这就导致了城市建设的无序开发和城市破坏的不可逆转。众所周知，城市建设的不可重复决定了城市规划必须具有先导性和前瞻性。对于城市化来说，规划必须先于建设。如果规划滞后，即使再高标准的建设、再高水平的管理也无济于事。

为什么现在大城市的交通越来越拥堵？交通拥堵作为城市化进程中一种典型的“大城市病”，它具备两个特点：一是交通作为一种基础设施，具有很长的潜伏期，有的是10年，有的是20年，甚至更长。二是在各种因素的诱导下，交通堵塞一旦爆发，就会转移。表面上看是一个交通问题，实际上已经转移为人、车、路一个交通堵塞的链条，甚至形成城市管理综合征。为了缓解交通，政府要不断地增加人力、物力、财力，如果不能把交通问题提到战略规划的高度来解决，即使政府不惜代价、不计成本也会收效甚微。曾培炎副总理曾指出，“规划的浪费是最大的浪费，规划的节约是最大的节约”。在城市化浪潮强大动力的推动下，中国城市化率从15年前的18.9%已经增长到2004年末的41.8%，平均年增长率为1.55%。今后15年，城市化率的增长率每年不会低于1%，如果把城市化比作一辆火车，那么城市规划就是铁轨，火车头的动力越足，就要求轨道的刚性越好。从这个角度讲，城市规划对中国是前所未有的机遇和挑战，我们不能让城市输在规划上。因此，城市只有先规划、后建设，才能从战略定位不准确、空间布局不合理、发展模式不集约这三大瓶颈中走出来，才能建设和发展一个“最好的城市”。

最好的城市是能够把握成长关键期的城市

城市的发展是有规律的。当人均GDP达到3000美元以上，城市化率达到40%以上，城市化进程就进入了成长关键期。目前，城市化水平以年率1%的速度快速推进，城市建设的力度在不断加大，估计每年的建设量按面积计算已占到全球的40%，中国每年消耗的水泥相当于全球的45%。仅上海的建设量就相当于整个欧盟。

英国是最早完成城市化的国家，城市化率从30%提到75%用了200年，美国用了100年，日本用了70年，韩国用了50年，而中国预计只用40年。用40年时间完成发达国家100多年的城市化过程，必然会带来城市化高速发展背后的一些问题。高速发展对于一个国家、一个民族，从历史的进程来说是一个重大的机遇。但是城市化会带来一种巨变，这种巨变在高速城市化进程中会带来一些“大城市病”，比如大城市“摊大饼”式的铺张，能源紧张，人口膨胀，交通拥堵，生态环境恶化，甚至出现贫民窟。现在中国很多城市陷入盲目的“平面蔓延型扩张”“圈地运动”“造城运动”“城市美化运动”，等等。数据显示，到2003年年底，大约有182座城市提出要建国际大都市的目标，过高的城市定位，一哄而上的开发热、CBD热，并没有真正认识和把握城市成长关键期的特征。相反，却造成城市功能的重复和浪费，进而严重影响到城市健康、理性和可持续的发展。所以，中国的城市化不能再走城市蔓延的老路，而应该采取更加紧凑的模式，以最小的代价获得最大的回报。

最好的城市是适宜人居住的城市

什么样的城市适宜人居住？那就要看这个城市能不能真正以人为本，能不能真正实现人文关怀，能不能最大化地满足居住者多层次、多样化、个性化的物质和精神需求，一切从生活质量出发，为居民创造更加优美的环境，更加优良的秩序，更加优化的管理，更加优质的服务和更加优秀的文化。我们认为，宜居是城市价值的最高体现，生活质量是城市价值的核心。城市生活质量的高低是衡量城市价值是否最大化的重要标准。一个城市有没有价值，价值是不是最大化，不仅要看这个城市是不是具有强大的经济实力，更要看这个城市能不能提高老百姓的生活质量，以及能不能为它的居住者提供更多的就业机会和发展机遇。生活质量是检验城市价值的唯一标准。

研究表明，城市发展水平是城市生活的基础，但城市发展水平高并不等于城市生活质量高，城市发展水平和城市生活质量不完全成正比关系，我们把影响中国城市生活质量的关键因素概括为12个方面，即“衣食住行，生老病死，安居乐业”。

衣，指收入状况。丰衣足食靠劳动、靠创造。收入的高低源于劳动的贡献和创造的价值；食，指消费结构。恩格尔系数成为衡量消费水平的重要标志；住，指住房条件。有房住、买得起，不仅取决于房价的高低，更取决于房价的收入比；行，指交通便利。交通是人和物低成本、快速、自由流动。便利的生活不在于是否有车，是否买得起、养得起车，而在于出行是否需要车，是否快速、自由和低成本。

生，指教育程度。一个人的成长、成才、成功跟他受教育程度成正相关。教育不仅仅是获取知识，更重要的是懂常识、长见识；老，指社会保障。社会保障不仅让老年人、失业者和弱势群体受益，而且要惠及社会各阶层，包括每个人；病，指生命健康。看病难、看病贵绝无幸福可言。健康是生活的全部。对于渴望健康的病人来说，看得起、看得快、看得好才是最重要的；死，指人均寿命。人的发展、生活的意义、生命的价值，归根到底取决于寿命的延长。

安，指公共安全。任何时间、任何地点、任何条件下，生命是不受伤害的，并且尽最大努力减少或避免非正常死亡；居，指人居环境。天是蓝的，地是绿的，水是清的，人是笑的，每一天都是快乐的；乐，指文化休闲。人的进步是全面而自由的，除了物质，可以轻松享受精神之美、艺术之美、人文之美；业，指发展机会。从就业到创业，从职业到事业，从企业到产业，一步一步选择机会就是选择人生。

最好的城市是与众不同的个性化城市

为什么现在的城市都是千城一面？研究表明，有两个重要问题必须引起我们的高度关注。一是盲人摸象。有的城市在过度城市化的过程中，盲目追求经济增长，盲目调整城市规划，盲目崇洋媚外照抄照搬国外模式，盲目上马形象工程，盲目滥用权力使城市变大变快变洋。这些盲目性实质上就是政府行为、长官意志造成的“权力审美”，其结果就是“大城市复制美国，小城市复制欧洲”。二是拔苗助长。有些城市不顾自己的条件、特色，不计成本、不惜代价，拔高城市定位，扩张城市人口，过度开发土地，大拆大建，肢解城市规划，这种所谓“现代化”式城市开发使我们无法看到这个城市的历史痕迹，也无法传承这个城市的文化风貌。一个失去历史感和文化感的城市，一个失去自然和人性的空间，再多的高楼大厦，再多的草坪绿地，也会让人感到孤独和迷惘。土耳其的一位诗人说，“人的一生中有两样东西是永远不能忘却的。一个是母亲的面孔，一个是城市的面貌。”现在，中国的很多城市在人的记忆中逐渐消失了。城市要发展，旧城要改造，危房要消灭，但更重要的是要学会尊重自然、尊重城市、尊重市民，这些尊重的背后是文明的传承，是城市文化所折射出的个性的魅力。

最好的城市是老百姓期待和向往的城市

城市归根到底是市民的城市，生活在城市的人究竟在想什么？他们的期盼是什么？前些年，我们通过新华网和中国政务信息网组织了一次关于“未来5—10年中国城市发展的十大愿景”的网上调查活动。经过15万网民的投票，最终评选出最期盼的十大愿景是：平价医疗、社会保障全覆盖、诚信、迁徙自由、扩大中等收入者、阳光政府、绿色生态、节水节能、宽容社会和防艾。这些愿景集中体现了市民对未来城市生活的向往，也是对城市生活质量提出的更高要求，更为关键的是为发展一个最好的城市提供了新的坐标。比如为什么平价医疗最引人关注？因为最大的不公是医疗。以至官方的结论认为，20多年的医疗卫生事业改革基本上是不成功的。为什么“诚信”的愿望如此迫切？因为我们这个社会缺少诚信以及缺少建立诚信的制度环境。为什么扩大中等收入者变成人们的期盼？因为在贫富悬殊、两极分化的社会结构中，贫富差距进一步扩大趋势正成为中国最不和谐、不稳定的因素。为什么节水节能从来没有像现在这样紧迫？因为全国660多个大中小城市，400多个城市严重缺水。2004—2005年间，水荒、电荒、煤荒、油荒接连不断，能源紧缺正成为制约城市经济社会发展的“瓶颈”。为什么预防艾滋病也会前所未有地接近普通老百姓的现实和未来？因为中国正接近艾滋病爆发的临界点。据世卫组织报道，中国艾滋病感染者居亚洲第二。2004年全国流行病学调查显示，中国内地有艾滋病毒感染者84万人，其中艾滋病人约8万人。北京从1998年开始艾滋病毒感染者以每年40.6%的速度递增。中国艾滋病疫情正处于由高危人群向普通人群大面积扩散的临界点。如果不采取有效措施，预计到2010年，中国艾滋病感染者将超过1000万人。防治艾滋病不仅是医学问题、伦理问题、社会问题，也是法律问题、经济问题，它已不是生活质量问题，而是威胁未来人类安全的大问题。艾滋病像一股无情的洪水正朝我们袭来。未来5年，如果我们不能把握绝无仅有的控制艾滋病的良机，我们将失去的不仅是生活，而是生命。

生活质量是检验城市价值的唯一标准[①]

一位美国经济学家预言，中国的城市化和美国的新技术革命是21世纪影响人类最重要的两件大事。中国的城市化不仅决定着中国的未来，而且也决定着世界发展的进程。为什么说中国的城市化不仅能够决定中国的未来，而且能够影响世界发展的进程呢？我们的研究表明，至少有三个标志，或者说是新时期的三大突破说明了这一点。

第一，人口突破13亿。2005年1月6日，中国人口突破了13亿，这意味着什么呢？众所周知，一个国家的人口规模、人口结构、人口素质直接决定着这个国家的经济结构、消费结构和社会结构。人口多、规模大、成分复杂、结构不合理、整体素质低、就业难、稳定压力大形成了新的历史条件下人口的基本特征。在未来20年到30年内，中国将迎来5次人口增长的高峰。包括人口总量增长的高峰、适龄劳动力增长的高峰、人口老龄化增长的高峰、流动人口增长的高峰以及在公共卫生领域艾滋病蔓延和爆发的高峰。如果说计划生育问题是基本国策的话，那么人口问题就是中国的战略，是中国发展的首要问题，是一切问题的总根源。所以，人口规模、人口结构、人口素质是制约中国发展的三大难题，也是三大变量。在这三大变量里面，核心是就业。

---

① 作者2006年9月20日在中国城市论坛第三届北京峰会上的主旨演讲。

第二，人均GDP突破3000美元。在人均GDP突破3000美元以后，意味着中国从低收入国家的行列开始进入中等收入国家行列。这样一个变化又意味着将给中国未来带来三大变化，导致两种前途。这三大变化就是随着人均GDP的变化，经济结构会发生重大变化，消费结构会发生重大变化，社会结构会发生重大变化。而这三个重大变化，又会导致两种前途。一种是如果我们能够处理好经济社会发展的关系，那么中国在未来的15—20年就会很快进入一个黄金发展期；如果不能够正确地处理经济社会发展的关系，那么中国可能就会进入矛盾凸现期。学者把这种现象叫作“拉美现象”。“拉美现象”概括起来主要有这样一些特征：一是特权政治和利益集团控制着国家的资源和经济，并且依附在特权之上；二是中产阶级发展不起来，其所占总人口的比例在15%—20%之间徘徊；三是多数人不能进入现代化。所以“拉美现象”也好，矛盾凸显期也好，意味着是一种多数人不能进入现代化的现代化，是一种有增长而无发展的现代化。

第三，城市化率突破40%。当城市化率介于30%—75%之间的时候，意味着城市化进入发展的快车道。当城市化率达到40%—60%的时候，就意味着城市化进入了城市的成长关键期。城市成长关键期既是城市化加速发展的时期，也是城市病的多发期和爆发期，尤其是人口无序膨胀、交通拥堵、资源能源紧张、生态环境恶化、城市边缘人的大量聚集，甚至出现贫民窟现象。那么，是不是城市化率越高，城市化水平就越高？也就是说，是不是城市化率越高越好？大家知道，20世纪90年代末中国的城市化率是18.9%，到2005年底，中国的城市化率增加到42.99%，平均年增长率为1.55%。未来15年，中国城市化率的平均增长率是会低于1.55%还是会高于1.55%？如果保守一点，按照平均每年不低于1.55%的增长率增长的话，中国多少年可以实现75%？我们的计算结果大概是30年。

英国是最早进入城市化的国家，从30%到75%用了200年时间，美国用了100年，日本用了70年，而中国按照目前的增长速度，将用30年的时间实现75%。可想而知，如果把中国的城市化比作一辆车的话，那么这辆车是在高速公路上开始驶入快车道。美国、英国用一二百年实现的事情我们要用30年的时间实现，也就是说人家200分钟跑完的路，我们要用30分钟跑完。按照中国经济增长水平以及城市化的承载力，中国的城市化最佳的增长速度应该是每年0.8%，而我们前15年的速度是1.55%。也就是说，这辆车本来应该跑80迈，现在跑了155迈，200分钟完成的路程要用30分钟完成，这两个数字会导致这辆车出现什么状况？这是我们应该深思和研究的问题。

上述三个突破，意味着中国的城市正处在战略转型期。如何实现又好又快的发展，或者说如何在构建和谐社会的大背景下建设和谐城市？这是一个非常值得关注的问题。因为它解决的是城市向什么方向和如何发展的问题。

我们认为，构建和谐城市必须从生活质量入手，生活质量是城市价值的核心，生活质量是构建和谐城市的出发点和落脚点。生活质量是检验城市价值的唯一标准，一个城市价值是否最大化，不仅要看这个城市是不是具有强大的经济实力，更要看这个城市能不能有效地提高老百姓的生活质量以及更多地为它的居住者提供就业机会和发展机遇。生活质量解决了构建和谐城市中“为了谁”“依靠谁”和“发展的成果惠及谁”的问题。生活质量是老百姓的生活状态和生活预期，我们把它归纳为“衣食住行”“生老病死”“安居乐业”12个方面。具体一点说，“衣”要看老百姓的收入状况，而不是看GDP的增长；“食”要看老百姓的消费结构，而不是看财政的收入；“住”要看老百姓的房子面积有多大，能不能买得起房；“行”当然是交通的便利度；“生”要看这个城市适龄劳动力平均受教育年限以及人的素质；“老”要看社会保障的覆盖率；“病”要看公共卫生体系以及医疗卫生条件；“死”要看人的平均预期寿命。“安”要看安全，尤其是要看公共安全的状况；“居”要看人居环境；“乐”要看文化、娱乐、休闲状况；“业”要看这个城市能不能为它的居住者提供更多的就业机会和发展机遇。那么，如何从生活质量入手构建和谐城市，我提出三个建议供大家研究和参考。

第一，经济发展模式决定生活质量。如果这个城市经济发展的模式是资源节约型、环境友好型、内需拉动型、循环经济型的，那么，这个城市经济的增长速度和生活质量的增长速度一定是成正比的。相反，如果这个城市是污染型、资源掠夺型、土地过度开发型的，那么，这样的经济增长模式与老百姓的生活质量就不可能成正比，甚至是成反比的。

第二，政府公共服务提升生活质量。政府公共服务的内容与老百姓生活质量的内容是相一致的。也就是说，政府提供公共服务越多，老百姓的生活质量就会越高。因此，转变执政方式，转变政府职能，从生活质量入手，加强政府公共服务是构建和谐社会的关键。

第三，城市文明程度影响生活质量。生活质量不仅是硬件，也是软件；不仅是物质，也需要精神；不仅需要政府提供好的公关服务，更需要市民自身素质的提高。所以，一个城市的素质，一个城市的生活质量，最终是由这个城市的人的文明程度所决定的。以文化促文明，以文明促和谐，这才是城市生活质量的最高目标。科学发展观的核心是以人为本，构建和谐社会需要人文关怀，生活质量是以人为本和人文关怀最重要的体现。站在人的高度，一切从生活质量出发，规划城市、建设城市、管理城市，让发展的成果惠及全体人民。这是未来城市发展最重要的价值导向。让我们更多地关注城市的发展，更多地关注城市化的进程吧！因为关注城市就是关注我们的未来。

中国城市的品牌价值[①]

由中国时代经济出版社正式出版的《中国城市品牌价值报告》，发布了2007年中国城市品牌价值排行榜。这是北京国际城市发展研究院近年来在城市发展领域取得的又一项研究成果。2002年，我们首次在国内创造性地提出“城市价值链理论”，据此开展了中国城市竞争力解决方案的研究；2003年，我们又针对性地提出了对城市定性、定位、定量、定策的“四定综合分析法”。基于这样的理论和方法，2004年在首届中国城市论坛北京峰会上，我们首次发布了《中国城市“十一五”核心问题研究报告》，提出了未来15年中国城市化发展（即坚持大城市优先发展、坚持社会事业优先发展和坚持政府优先改革）的战略重点；2005年在第二届中国城市论坛北京峰会上，我们首次推出了“中国城市管理进步奖”，倡导“管理改变城市”的理念，三年来先后有北京、重庆、青岛、深圳等21个城市获此殊荣，并逐渐成为中国城市管理领域最具影响力的非政府奖项；2006年在第三届中国城市论坛北京峰会上，我们又发布了首部《中国城市生活质量报告》，提出了“生活质量是检验城市价值的唯一标准”。今天，我们又推出《中国城市品牌价值报告》，并提出“中国城市正进入品牌价值时代”这样一个判断。

---

① 作者2007年9月11日在中国城市论坛第四届北京峰会上的主旨演讲。

做这样一个回顾，主要是想说明，无论是对城市竞争力的研究，对城市生活质量的研究，还是对城市品牌价值的研究，我们总是站在人的高度，围绕“以人为本”这条主线，倡导“城市，让生活更美好”的理念，探求中国城市发展的基本规律，揭示未来中国城市发展的价值导向。我们认为，城市品牌是城市价值最大化的集中体现。城市生活质量是城市价值的核心。城市竞争力是实现城市价值的重要动力。一个城市价值的最大化，不仅要看它是否具有强大的经济实力，而且要看这个城市是否能够更快地提升老百姓的生活质量，以及为它的居住者提供更多的就业机会和发展机遇。《中国城市品牌价值报告》提出的宜居、宜业、宜学、宜商、宜游五位一体的价值指标是城市品牌的本质特征，也是城市发展的价值导向。今天所发布的中国城市品牌价值排行榜、即将揭晓的“感动世界的中国品牌城市”以及颁发的“中国城市管理进步奖”正是基于上述目的。

改革开放28年来，中国城市经历了三个重要的发展阶段，呈现出五个方面大的变化。这三个阶段就是城市建设阶段、城市管理阶段和正在进入的城市品牌阶段。这三个阶段的演变过程正处于中国农村城市化的转型期、城市现代化的加速期和区域国际化的提升期。必须看到，中国的城市化率从1991年的26.94%到2006年底的43.9%，15年时间城市化率平均年增长1.13%，如果按此速度计算，到2020年，中国的城市化率将达到60%左右。换句话说，到2020年，如果按照中国人口总量14.5亿计算，那么60%的城市化率就意味着城市人口将达到或突破8.7亿，也就是说，在今后不到15年时间里，将会有3亿多农村人口向城市集聚。也意味着将有3亿农民需要解决就业或者需要城市提供就业岗位。这就是农村城市化转型期的基本特征。另外，以长三角、珠三角、环渤海三大城市群的崛起，以及成渝经济带、环北部湾经济带的形成为标志，意味着城市合作机制和区域一体化进程的快速推进。在这样的演变过程中，城市的结构、功能及其形态将出现新的变化：一是从经济快速发展转向经济社会协调发展；二是从生存型社会转向发展型社会；三是从政府管制转向公共服务；四是从城市竞争转向城乡统筹；五是从城市规模扩张转向城市品牌价值提升。这五大转向预示着中国城市正进入一个品牌价值时代。

但也必须指出，中国城市发展中还存在一些不容回避、更不容忽视的问题。比如经济快速增长与人口资源环境的矛盾、城市居民和社会公众物质文化需求日益提高与政府服务能力、服务水平、服务质量相对不足的矛盾，城市现代化、社会化、国际化进程不断加快与城市管理体制和运行机制滞后的矛盾等都还比较突出。特别是对大城市或特大城市来说，郊区快速城市化、人口老龄超前化、流动人口集聚过度化、就业方式多样化和群众需求多元化所带来的城市承载力和政府公共服务能力的形势还相当严峻。贫富差距、收入差距、城乡差距进一步扩大的趋势和城市贫困人口进一步扩大的趋势不容忽视。

从《中国城市品牌价值报告》提出的“宜居、宜业、宜学、宜商、宜游”指标体系综合分析看，“五宜指数”已成为未来城市发展的总目标，中国城市从总体上讲正进入一个品牌价值时代，并呈现五方面新的态势：一是宜居成为城市发展最核心的价值；二是北京、上海、深圳等一线城市品牌价值提升速度加快；三是沿海和内地城市品牌价值的差距正在缩小；四是经济发展水平对城市品牌价值的支撑进一步加强；五是重大体育、文化等节事活动对城市品牌价值提升影响较大。特别值得一提的是，从这次中国城市品牌价值排行看，北京在全国287个地级以上城市排行中名列第一，并成为全国最“宜业”和“宜游”的城市。这充分说明北京正以更加文明、更加和谐、更加繁荣、更加宜居的姿态走向世界。随着2008年北京奥运会的到来，城市发展与奥运盛会将比翼齐飞。品牌价值助力北京奥运，北京奥运放大品牌价值，北京不仅为中国、为全世界留下一份独特的文化遗产，而且北京在后奥运时代将迎来新一轮经济增长周期。

需要强调的是，宜居已成为城市发展的重要价值导向，也是大中城市普遍追求的首要目标。但也必须承认，宜居也是中国大中城市尤其是特大城市的一个普遍“软肋”。从报告分析看，人口无序膨胀、交通拥堵、环境污染、置业成本高、公共服务能力不足成为制约城市宜居最突出的问题，高房价是影响大城市宜居的一大通病。科学发展观的第一要务是发展，而城市发展的第一要务是宜居。宜居是城市发展的底线。

再过三百多天，我们将迎来举世瞩目的2008年北京奥运会。2008年奥运会不仅属于北京，而且属于中国，也属于世界。从世界选择中国开始，世界就选择了中国城市。如何让世界宾客体验中华文明、共享北京奥运，如何通过奥运这个世界舞台让中国城市走向世界，让世界了解中国城市，对每一个中国城市而言，既是难得的机遇，也是历史的责任。去年，在北京奥组委的支持下，我们启动了中国城市论坛奥运大讲堂公益活动。今年，我们又举办了“感动世界的中国品牌城市”评选活动，即将揭晓的29个感动世界的中国品牌城市正是奥运大讲堂公益活动的一个延续。虽然这29个城市仅仅是中国品牌城市的一个缩影，但通过这个活动旨在为中国城市共享北京奥运提供一个机会，搭建一个平台。在“同一个世界，同一个梦想”的感召下，通过我们的努力更多地为世界游客找“看点”，为中国城市找“亮点”，让北京奥运成为全国的奥运，让人文奥运成为人民的奥运。

中国城市化的十个新方向①

1949年到1978年，中国的城市化水平从10.6%增加到17.9%，29年提高了7.3个百分点，年均增长0.26个百分点；1978年到2007年，中国的城市化水平从17.9%增加到44.9%，这个29年提高了27个百分点，年均增长0.9个百分点，增长的速度是改革开放前的3.57倍。特别是1998年后，城市化率超过30%，标志着中国城市化进入加速发展期。

从城市规模看，1978年底，全国设市城市193个，其中人口超过100万的大城市仅13个。到2007年底，全国设市城市增加到656个，其中直辖市4个，副省级城市15个，地级以上城市287个。30年城市数量增加了463个，100万人口的大城市增加到117个，增长了12倍多。特别是以大城市为龙头形成的大城市群，成为引领中国经济社会发展的重要增长极。以长三角、珠三角、京津冀三大城市群为例，2007年，三大城市群以只占全国人口的25.5%、土地面积的6.3%，实现了全国GDP的46.5%、服务业增加值的51.3%、出口的77.9%、利用外资的93.7%和科技研发投入的57.5%。

特别重要的是，30年的改革开放推动了城市发展质量的显著提升。1991年，中国城市一、二、三产业比重为22.2∶49.8∶28.0，到2006年，三次产业比重为3.5∶50.7∶45.8。17年时间，第一产业比重下降了18.7

① 作者2008年10月19日在中国城市论坛第五届北京峰会上的主旨演讲。

个百分点，第三产业比重上升了17.8个百分点，尤其是以现代服务业为核心的第三产业的发展，对加快城市转型、优化城市功能、提升城市品质、改善生活质量起到了重要作用。

当然，这仅仅是城市发展的一个侧面。总的讲，改革开放30年是中国城市发生翻天覆地变化的30年。改革开放成为中国城市综合竞争力提升的重要源泉，而中国城市综合竞争力的提升又加速了中国改革开放的步伐。我们发布的《中国城市综合竞争力报告》，已充分证明了这一点。我们的研究表明，中国城市30年最显著的特点，概括起来就是：经济实力显著提升，创新能力显著提升，成长活力显著提升，投资潜力显著提升，人文魅力显著提升。这“五个力”和“五个显著提升”，不仅说明城市硬实力在不断提升，而且也说明城市软实力在不断提升。北京奥运会成功举办已经证明了这一点，深圳、大连、青岛、杭州、苏州的发展实践也证实了这一点。改革开放的成就是有目共睹的，中国城市的繁荣也是有目共睹的。因此，改革开放必须坚定不移，毫不动摇。

我们也必须清醒地认识到，中国城市的发展还面临很多难题。比如人口的无序膨胀、交通拥堵、资源能源紧缺、生态环境恶化、城市边缘人群的贫困化趋势，等等。再比如城市集中度严重不足，“摊大饼”现象普遍存在，城市密度与效率的认识偏差，城市边缘破碎化和容积率平均化现象还很严重，等等。这些问题有的是实践方面的，有的是认识方面的，重要的是认识上的。这些都是制约中国城市化进程的瓶颈和障碍。

当然，中国城市化的潮流是势不可挡的。新一轮的思想大解放必然加速中国改革开放的进程，也必然推进中国城市化的进程。

我个人预测，中国城市未来30年将呈现十个方向新的趋势：

第一个趋势，城市人口突破10亿大关，住房和就业成为城市两大难点。到2025年，中国的城市化率将接近66%，城市人口达到9.15亿，2030年将突破10亿。城市化的加速发展，将迎来人口规模增长高峰、适龄劳动力就业高峰、人口老龄化高峰、流动人口增长高峰，以及艾滋病蔓延和爆发的高峰。

第二个趋势，人口超过1000万的巨型城市将达到20个，交通拥堵、资源紧缺、环境污染成为大城市的痼疾。北京、上海、广州、深圳、天津、武汉、重庆、成都首先进入巨型城市行列。

第三个趋势，城市群成为中国城市化的主导，长三角、珠三角、京津冀三大城市群贡献率超过70%。到2030年，沿海三大城市群集聚财富的能力将占全国总量的74%。

第四个趋势，流动人口成为中国城市化加速发展的主要驱动力。到2025年，中国将新增城市人口3.5亿，其中流动人口将超过2.4亿。从流动人口趋势看，内地流向沿海、农村流向城市、中小城市流向大城市是人口集聚的基本特征。

第五个趋势，现代服务业主导城市经济，中国城市实现从“工业经济”向“服务经济”的战略转型。从国际经验看，未来中国城市将按照三个70%的趋势向前推进：一是服务业增加值占GDP的70%；二是服务业从业人员占就业人口的70%；三是服务业比重占三产比重的70%。

第六个趋势，城乡经济社会发展一体化新格局基本形成。特别是户籍制度、土地制度、社会保障制度、金融制度、公共服务制度改革成为加速城乡一体化的重要引擎。制度的改革与开放，将使农民享有进城自主权、进城农民与城市人同等的待遇权以及逐步完善的城乡均等的公共服务。

第七个趋势，中产阶级成为城市主流，公民参与意识增强，城市民主化进程加快。

第八个趋势，临空经济成为未来城市发展的重要增长极。2020年中国民航机场将达到244个（2006年底为147个，其中东部41个，中部25个，西部69个，东北12个)，比2006年新增97个，将形成北方、华东、中南、西南、西北5个区域机场群。2020年后全国80% 以上县级行政单元都能够在地面交通100公里或1.5小时公里内享受航空服务，所服务区域人口占全国总人口的82%，GDP 占全国总量的96%，临空产业及空港新城建设成为新的城市增长极。

第九个趋势，环保和生态成为宜居城市的首选。一个宜居的城市必须具有五大特点，即繁荣、开放、多元、包容和可选择。但城市宜居还必须解决三大难点，就是交通拥堵、环境污染和高房价。生态城市成为21世纪城市发展的最佳模式。

第十个趋势，城市可以预见和难以预见的风险与多种安全威胁增多，城市完成多样化应急任务和城市治理任务繁重而艰巨。未来30年，不仅是城市的加速发展期和成长关键期，同时也是城市病的多发期和爆发期。特别是当前五种不稳定因素正在演变成为城市的潜在风险：一是贫富差距进一步扩大；二是社会深层次矛盾日益凸现并有激化趋势；三是社会治安形势严峻；四是官民冲突加剧；五是非传统危机和人为制造的危机正成为城市安全的主要危险。这是我想特别强调的，也是政府和社会必须高度重视的。

房地产发展给中国城市带来什么[①]

房地产是最为敏感、最为关注、最为复杂、最为重大的一个问题。最为敏感是指可以预见和难以预见的风险不断增多，稍有不慎，后果无法设想。某位学者说话稍有偏差，就会引起非议，甚至还得道歉，即使是某个人在不适当的时间说了正确的话，也会造成难以预料的后果；最为关注是指关注的人群数量多，规模大，成分复杂，持续时间长。焦点是房价，重点是政策导向；最为复杂是指房地产把政府、开发商、百姓的利益交织在一起，但协调和平衡政府、开发商、百姓利益的难度却越来越大；最为重大是指房地产涉及面广，与经济、金融千丝万缕，影响至深，更关乎民生，关乎经济持续增长，关乎和谐社会建设。之所以说是一个问题，是指房地产的发展正在探索还没有答案。在党的十七大报告第八部分“加快推进以改善民生为重点的社会建设”一章中提出，“努力使全体人民学有所教，劳有所得，病有所医，老有所养，住有所居”五大目标，接下来的“六项措施”却对应的是前四个目标，唯有“住有所居”没有具体措施，这很值得我们深思。

---

① 作者2008年7月6日在中国·无锡房地产高峰论坛上的主题演讲。

房地产是推动城市化加速发展的重要动力，是国民经济持续增长的重要支柱之一

从改革开放30年的实践看，房地产对区域经济的拉动作用是明显的，对地方财政收入的贡献是巨大的。房地产对地方经济增长和地方财政的贡献率一般在20%—50%之间，有的地方高达70%；从今后看，房地产仍然是经济持续增长和地方财政收入的重要来源，也是加快城市化进程的重要动力。党的十七大报告指出“加快转变经济发展方式”主要有三条：一是由主要依靠投资、出口拉动向依靠消费、投资、出口协调拉动转变；二是由主要依靠第二产业带动向依靠第一、第二、第三产业协同带动转变；三是由主要依靠增加物质资源消耗向依靠科技进步、劳动者素质提高、管理创新转变。这三条的核心是扩大国内需求特别是消费需求。国内最大的消费需求是什么？消费产业、第三产业中的支柱又是什么？我看其中很重要的方面是房地产。

从城市化进程看，中国城市化已进入加速期。2006年底中国城市化率已达到44%。按照五普人口统计13亿计算，44%就意味着目前中国已有非农人口5.7亿。如果按照城市化率年均增长率1%左右计算，到2020年中国城市化率将达到60%左右。按照2020年中国人口总量14.5亿计算，2020年中国的非农人口将达到8.7亿。意味着13年内中国将有3亿人口从农村户口变为城镇户口。这3亿人如何从农村户口变为城市户口？最主要的途径，2/3的农村人口大约也就是2亿多人，是大中城市的近郊区通过政府征用土地后变成城市户口。如果这些失去土地的农民平均每人按3分土地计算，2亿多农民大约有多少土地？这么多土地用来干什么？最多的用途还是盖房子。可以肯定地说，房地产仍然是今后推进城市化进程的重要动力。

从城市发展趋势看，人口向大城市集聚是城市化的主流，其中流动

人口是重中之重。按照目前的趋势，到2025年，将有大约10亿中国人居住在城市。届时有200多座人口超过100万人的特大城市，其中包括10个超过1000万人的超级城市。流动人口将达到或超过2.4亿人，这2.4亿人又会主要集中在大中城市，住房和就业成为他们首要的需求。流动人口将成为推动城市化进程的主要驱动力。这2.4亿流动人口的住房需求再加上2亿非农人口的住房需求，就是未来中国房地产的新增需求，也是中国城市最大的消费需求。这种消费需求必将拉动房地产业成为未来中国经济持续增长的重要支柱。

科学、理性、正确地认识房地产发展的阶段性特征

特别强调的是，回归房地产价值，必须尊重城市发展规律。要以科学、理性的态度深化对房地产发展的阶段性特征的再认识，正确处理好以下几个关系：

宏观调控和市场调节的关系。历次宏观调控，首当其冲的是房地产，影响最大的也当属房地产。房地产是一个相当特殊的经济产物，这种特殊性主要表现在投资中有消费，消费中有投资。因此，哪些需要宏观调控，哪些需要市场调节，都需要我们用科学、理性、正确的态度去认识。比如房子的面积是70平方米还是90平方米，我看这是市场行为，完全是消费需求决定的，是市场调节的结果，不需要宏观调控，更不需要出台什么70/90政策来调节，因为即使70平方米，低收入者甚至中低收入者也买不起；相反，政府土地出让金的10%是否用于建廉租房，开发商是否具有35%的自有资金，倒需要宏观调控一下。重要的是，宏观调控惯用的金融政策和财政政策，更要考虑政府公共财政用多少资金建廉租房，金融政策对老百姓能否提供更大比例更长期限的购房贷款等。

收入与房价的关系。房价是大家非常关注的焦点。实际上，房价高低是市场行为。市场是由消费决定的，消费是由需求决定的，而需求又是多层次多样性多元化的。也就是说，房价的高低是由多层次多样性多元化的收入结构决定的。因此，科学看待房价重要的是看房价收入比。从收入结构和购买力状况看，高收入者、中等收入者和低收入者对房价的敏感是不同的。因为高收入者无论房价多高，他们也能买得起；而对于低收入者，无论房价多低，他们也买不起。因此，高收入者让市场来调节，低收入者必须由政府来负责。对于中等收入者，则需要政府通过宏观调控政策来解决。一方面应当千方百计提高中等收入者的比例，想方设法增加他们的收入；另一方面在金融政策特别是在房贷政策上应重点考虑，也就是房贷政策能不能降低首付、降低利息、延长还贷期限等，总之是让这些中等收入的人群能够贷得起款、买得起房、还得起款。如果天天出台很多政策，天天喊宏观调控，中等收入者还是买不起房，那出台的政策还有什么用呢？

经济增长和改善民生的关系。房地产是拉动投资和扩大需求的重要支柱。坚持扩大消费需求，加快转变经济发展方式，必须坚定不移地加快发展房地产。不仅要加快速度，更要为房地产企业提供良好的制度环境、政策环境和舆论环境。同时，房地产也是民生大计，关乎每一个老百姓的切身利益，特别是低收入者的直接利益。因此，政府要把解决低收入者的住房问题特别是通过廉租房建设解决低收入者住房问题纳入公共财政和公共服务的范畴。廉租房是一项国家战略，是完全的政府行为，是政府采购，不能把廉租房当成准市场行为或者半政府半市场行为。建设廉租房需要政府加大公共财政投入，公共财政投入多少是衡量一个地区和政府改善民生的重要标志。

后危机时代的十个新趋势和城市未来的五个新变化[①]

城市化正在改变我们的生活，并深刻地影响着中国发展的进程，也影响着世界发展的进程。到2008年底，中国的城市化率已达到45.6%，城市人口已达到6.07亿。到“十二五”期末，中国的城市化率有可能达到或超过55%。城市人口的增长将带来交通、环境、能源、就业等方方面面的变化，这些变化将改变城市的经济结构、消费结构、文化结构和社会结构。这些结构的变化又将引发新的能源革命、新的产业革命和新的生活方式革命，这三大革命必将成为未来城市发展新的增长点。基于这个判断，“十二五”期间将是城市发展的关键时期。这个关键就是，中国将进入城市化加速期、城市成长关键期和城市价值提升期，同时也是城市病的多发期和爆发期。

当前，国际金融危机深刻地影响着经济、社会和我们的生活，也深刻地影响着中国城市的发展。虽然国际金融危机还具有诸多不确定性，但这场危机必将会过去。我个人预测，中国经济必将率先复苏，并有望成为拉动世界经济复苏的重要引擎。后危机时代将呈现十个方面新的趋势：

---

① 作者2009年10月17日在中国城市论坛第六届北京峰会上的主题演讲。

一是世界经济“回归实业”。现代服务业主导未来经济，制造业成为未来竞争的源泉。

二是世界金融体系正在重建，世界经济政治新格局正在重新洗牌，中国有理由成为国际金融新秩序中的主角之一。以北京、上海为代表的中国城市将成为具有国际影响力的金融中心城市。“十二五”期间，中国金融中心的布局与定位必须统筹安排、准确定位、合理规划、科学布局，做到政府、企业、市场、社会“四位一体”，协同开发。

三是城市经济进入高成本时代。起码有十种成本，比如劳动力成本、土地（房价）成本、能源资源成本、环保成本、融资成本、人民币升值或贬值双重成本、税赋成本、安全成本、知识产权保护成本以及交易成本，成为制约城市经济特别是中小企业发展的障碍。到2025年，中国的城市化率将接近66%，城市人口将达到9.15亿，2030年将突破10亿。城市化的加速发展，将迎来人口规模增长高峰、适龄劳动力就业高峰、人口老龄化高峰、流动人口增长高峰以及艾滋病蔓延和爆发的高峰，这将增加城市公共服务的“高成本”。

四是通货膨胀与紧缩并存。在国际金融危机尚未见底的形势下，CPI、PPI双双下降，通缩格局不可避免；同时，货币投放量激增，房价逆势上涨，物价上涨预期日趋升温，通胀趋势正在逼近。这种通胀与通缩的两难选择正成为经济回暖的政策障碍。“十二五”期间，城市经济在保持一个相对合理的增长速度的同时，更为重要的是推进经济增长方式由粗放型向集约型转变，这是化解通胀与通缩并存压力，使城市经济实现健康、可持续发展的必然选择。

五是政府主导作用更加明显。全世界都以政府主导来应对这场金融危机，这既是对政府执政能力的最大考验，也是后危机时代政府干预市场的新动向。“十二五”时期，城市政府需要有较好的调控能力，在培育市场体制的过程中发挥主导作用：一要为经济回暖创造良好的硬件环境，整顿市场秩序，降低成本，提高效率；二要为市场提供稳定、规范、公正、透明的制度环境。国际金融危机的最大挑战是企业成本增加、利润减少，企业盈利环境被破坏。因此，要更加重视、鼓励和扶持中小企业发展，最根本的一点就是为中小企业营造宽松、和谐、可持续的盈利环境，绝不可以为了短期利益“杀鸡取卵”。

六是世界经济进入“低碳时代”。低碳经济成为新的经济增长点，低碳城市提上政府议事日程，生态文明建设带来继工业化、信息化之后又一划时代革命。特别指出的是，中国作为一个人口和经济总量很大的发展中国家，既需要一定的碳排放空间提高经济发展水平和居民生活质量，又要考虑到整个地球碳排放总量的限制，走低碳发展之路。尤其像北京、上海这样的特大城市，人口、交通、环境、能源等仍是制约其可持续发展的瓶颈，经济发展方式转型和生态文明建设任重道远，应率先建设低碳城市。

七是新兴市场国家在危机后占有更大发展先机和空间。特别是“金融四国”为首的新兴市场经济在世界经济格局的影响和实力将加速上升，并具备庞大的可供拉动的投资潜力。

八是世界主要发达国家消费率降低储蓄率提高，对于发展中国家来说依靠出口拉动增长已不现实。出口受制仍将持续、产能过剩影响经济回升、收入差距呈扩大趋势，成为制约经济回暖的三大瓶颈。

九是贸易保护主义加剧。随着全球经济衰退的持续，贸易摩擦日趋升温，美国对中国轮胎征收惩罚性关税案的结果可能引发其他国家或行业仿效，从而影响世界自由贸易的前景和世界经济复苏的进程。

十是国进民退导致中小企业发展陷入困难。一方面，民营企业在市场寒冬中难以抵御风险，进而濒临破产或转型；另一方面，国有企业不断通过政策优势和资金垄断加速国有化进程，从而使市场化民营化竞争愈加激烈。

还必须指出，“十二五”期间是全球经济复苏的关键时期，也是中国加快城市化进程的关键时期。这两个关键的重叠，标志着中国城市发展将进入一个新阶段，城市未来将呈现五个新变化：1. 城市发展开始从外延式扩张向内涵式发展转变；2. 城市软实力逐步成为城市发展的核心竞争力；3. 城乡统筹和城乡一体化成为城市发展的新格局；4. 综合配套改革实验区的示范意义进一步凸显；5. 城市群对城市建设与发展的作用进一步增强。

五大趋势预示中国城市新价值[①]

城市化将成为转变经济发展方式最基本的推动力量

“十二五”期间，中国的城市化率将突破50%，这意味着中国的城市人口首次超过农村人口。中国城市人口正以每年1800万左右的速度快速增长，预计到2030年，中国的城市人口将增加到9.1亿，流动人口超过3个亿。流动人口正成为中国城市化加速发展的主要动力。在这样的态势下，大城市化和大都市圈的拉动作用逐步强化，以上海、北京、香港建设世界城市为龙头，加速长三角、珠三角、环渤海都市圈的崛起和繁荣的趋势不会改变，沿海地区依然处于中国城市化的领先地位。大城市化成为经济结构战略性调整和扩大内需战略的重要支撑。

生活质量是城市内涵式发展和包容性增长的核心

我们特别注意到，这次党的十七届五中全会更加强调科学发展这个主题，把“更加注重保障和改善民生，促进社会公平正义”作为加快转变经济发展方式的根本出发点和落脚点。这将意味着更加重视人的尊严、社会

① 作者2010年10月29日在国际城市论坛2010年年会上的主旨演讲。

公正、和谐均衡的发展理念。不断提高人的生活品质，实现人的自由和全面发展，成为现代城市内涵式发展的重要标志。坚持社会公平正义，促进人人平等获得发展机会，建立以权利公平、机会公平、规则公平、分配公平为主要内容的社会公平保障体系，不断消除人民参与经济发展、分享经济发展成果方面的障碍，让经济全球化和经济发展成果惠及所有人，将成为现代城市包容性增长的价值导向。

文化软实力成为提升城市综合竞争力的重要标志

一个城市的综合竞争力不外乎来源于两个方面：一是现实优势，二是未来潜能。文化则是未来潜能的源泉。公共文化是城市市民的现实需求，也是公众的基本权益。文化产业是城市经济的重要支撑，也是战略性新兴产业的核心。文化精神是城市发展的灵魂。以文化促文明，以文明促和谐，是推动文化大发展大繁荣的题中应有之义。如何让一个城市，特别是让城市领导者能够像抓经济、抓稳定那样，投入足够的精力、物力和财力抓文化，并且像抓经济、抓稳定一样抓出效益来，抓出政绩来，这是一个迫切需要研究和破解的课题。

“大城市病”给中国城市发展带来风险和挑战

“大城市病”是大城市化的必然产物。中国城市正处于城市加速发展期、城市价值提升期、城乡二元结构转型期的关键点，这个关键点预示着中国城市正在进入“大城市病”的多发期和爆发期。“十二五”期间，更多复杂和不确定性因素给中国城市发展带来可以预见和难以预见的风险和挑战。人口无序集聚，外来人口“倒挂”现象和城市老龄化特征明显；交通拥堵严重，公共交通严重滞后于城市实有人口规模；能源资源紧张，大大超出了城市基础设施和发展要素的承载能力；生态环境恶化，土地掠夺性开发、空气污染、水资源短缺及水质下降现象日益加剧；房价居高不下，城市生活功能被弱化，并且正在拉低居民的生活幸福感；安全形势严峻，拆迁引发的官民冲突，无直接利益关系的群体事件或恶性事件，非传统危机、人为制造的危机及天灾人祸形成的新的“灾害链”，正成为城市安全稳定的主要威胁。这六大“城市病”将成为困扰城市可持续发展的难题。有效化解各种矛盾，有效预防潜在风险，成为未来城市的当务之急。构建人口均衡型、资源节约型和环境友好型社会，加快从“两型”社会向“三型”社会的战略转型，是“十二五”时期城市发展紧迫而现实的任务。

构建以社会公平正义为核心的现代社会治理模式是城市社会服务管理创新的关键

工业化、信息化、城镇化、市场化、国际化的发展趋势和多层次、多样性、多元化的社会需求，对传统的城市管理和社会服务提出新的、更高层次的要求。新的社会矛盾和新的社会现象为社会建设提出了新的更大的挑战。这些需求、矛盾和挑战，迫切需要通过社会建设推动政府转型。从发展趋势看，这种转型有三个基本导向：一是从“善政”到“善治”的转变，就是从一个好的政府转变为一个好的治理模式；二是从“发展型政府”到“服务型政府”的转变，就是政府把主要精力和主要工作放在保障改善民生和维护社会公平正义上；三是从“大政府”到“大社会”的转变，就是依法限制政府的权力，不断扩大公众的参与。这三个转变的过程，实质上就是一个社会体制改革的过程，或者说，是一个政治体制改革与社会体制改革互动的过程。五中全会强调，“必须以更大的决心和勇气全面推进各领域改革”。温家宝总理讲：“我们要通过深化经济体制和政治体制等全面改革，使整个体制更加适应现代经济发展和社会主义民主政治建设的要求，更加有力地推进社会公平正义，更加有利于人的自由和全面发展。”我们注意到，这段话的核心就是要深化包括政治体制改革在内的全面改革。而社会发展的重点，就是构建以社会公正为核心的现代社会治理模式，以适应现代经济发展和民主政治要求。这才是真正意义上的社会服务管理创新关键。

创新社会管理是城市治理的重要着力点[①]

加强和创新社会管理，是“十二五”乃至更长一段时期中国社会建设的头等大事。这件大事，最重要的着力点就是如何正确评估社会风险和有效化解社会矛盾。根据中央关于加强和创新社会管理的有关精神，我们组织开展了社会稳定风险评估指标体系的课题研究，并提出了初步建议。围绕这个课题，我讲三点意见，供大家参考和讨论。

五种不稳定因素极易诱发和放大为社会危机

应当看到，经济高速增长的背后正隐藏着种种复杂多变的不稳定风险。由于这些风险具有一定的潜伏期和高度的不确定性，在特定环境和条件下一旦爆发，很可能导致非常态扩散和放大，尤其是以下五种不稳定因素正处于从潜在风险向公共危机转化的临界点上：一是贫富差距正在进一步扩大，基尼系数超过0.5，逼近社会容忍线；二是社会深层次矛盾日益凸现并有激化的趋势，通货膨胀、社会分配不公、贪污腐败现象乃当前之首；三是社会治安形势严峻，无直接利益关系的群体事件或恶性事件呈现上升趋势；四是仇富、仇官、仇权的社会心态问题日渐突出，极易借助现代传

① 作者2011年9月15日在国际城市论坛2011年年会上的演讲要点。

播媒介迅速放大为社会危机；五是非传统安全危机正成为公共安全的主要威胁。特别需要强调的是，我国城市特别是大城市，从整体上已经进入了一个典型的危机频发期。危机事件呈现高频次、多领域、大规模发生的态势，突发性事件和天灾人祸形成的新的“灾害链”聚集效应和放大效应明显。加之我国城市安全基础薄弱，安全欠账多，预警机制不够健全甚至有很多领域出现空白，公共安全形势不容乐观。这一点必须引起全社会的广泛关注。

九大纠纷成为社会矛盾和社会风险的最直接因素

我们的研究表明，以下九类纠纷最容易引发社会矛盾，并且很可能转化成社会风险：一是征地纠纷；二是拆迁纠纷；三是物业纠纷；四是改制纠纷；五是医患纠纷；六是劳资纠纷；七是污染纠纷；八是借贷纠纷；九是外地人和本地人的纠纷。以民间借贷为例，2011年3月至5月，两个月内温州平均每天有近30起民间借贷纠纷发生，平均每天借贷纠纷金额达1000万元。而这种现象绝不止温州。民间借贷纠纷的背后究竟隐藏着一种什么样的社会风险，很值得我们警惕。

必须强调，我们对这九类纠纷的认识不能仅仅局限于一种社会现象。在这些现象的背后，折射出的是经济社会发展过程中更加复杂、更为深层的根源。当前，“五全两信”问题正成为社会公众关注的焦点。食品安全、药品安全、医疗安全、生产安全、网络安全成为引发社会矛盾最敏感的“导火索”，而政府失去公信，社会失去诚信又成为隐藏在这些“导火索”背后的“炸药包”。这一点务必引起我们的高度重视。

把社会稳定风险评估放到社会管理的首要位置

发展是硬道理，稳定是硬任务。无论什么时候，无论干什么事情，都必须坚持这两条。保持经济社会稳定、持续的发展，迫切需要把社会稳定风险评估放在社会管理的首要位置，作为社会管理的前置条件，并且依法纳入科学决策的程序之中，纳入政府绩效考核体系之中。我们认为，重点要做好以下三个方面的工作：

一是强化重大项目、重大政策和重大改革三大领域的社会稳定风险评估。正确处理好改革、发展和稳定的关系，确保发展的速度、政策的尺度、改革的力度与社会可承受的程度有机结合起来。在重大项目实施中更加注重维护人民群众的利益，在重大政策制定中更加注重促进社会公平正义，在重大改革推进中更加注重保持良好的社会秩序。

二是着力构建“四位一体”的社会稳定风险评估体系。围绕程序、政策、方案、诉求四个方面，对重大项目、重大政策、重大改革开展合法性、合理性、可行性和可控性评估。以程序评估为基础进行合法性评估，以政策评估为主体进行合理性评估，以方案评估为重点进行可行性评估，以诉求评估为核心进行可控性评估。评估的关键是知情，诉求的本质是利益。当前，群众缺乏知情权和表达权成为社会矛盾的新特征，这也是为什么会出现信“上”不信“下”、信“访”不信“法”、信“闹”不信“理”的根本原因。

三是建立健全五种社会稳定的长效机制。一是通畅的社会流动机制；二是合法的利益协调机制；三是有效的民意诉求机制；四是健全的制度保障机制；五是敏捷的安全预警机制。这五种机制的关键是构建一个以社会公平正义为核心的现代社会治理模式。通过制度设计，让穷人与富人、城里人与乡下人、当官的与老百姓、强势群体与弱势群体平等获得发展机会，并逐步建立以权利公平、机会公平、规则公平、分配公平为主要内容的制度体系；通过健全机制，让老百姓有“民意”可以与政府有效对接，有“民怨”可以与政府平等对话；通过利益调整，让有钱人有事干，让没钱人不闹事，让富人过得好，让穷人过得去。通过长效机制最大限度地激发社会活力，最大限度地增加和谐因素，最大限度地减少不和谐因素，这才是加强和创新社会管理最重要的着力点。

中国城市化进入高成本和高风险时代[①]

2012年是中国城市发展进程中的重要分水岭。这个分水岭的标志就是城市化率超过50%，确切地说是51.3%，城市人口首次超过农村人口。城市人口的快速增长，带来交通、资源、能源、环境、基础设施、公共服务等方方面面的变化，这些变化将改变城市的产业结构、投资结构、消费结构、文化结构和社会结构。而这些结构的变化，又引发新的能源革命、新的产业革命和新的生活方式革命。这三大革命必将成为未来城市发展新的增长点。基于这样一个判断，未来10年，将是中国城市发展的关键时期，也是城市基础设施建设的关键时期。这两个关键表明，中国城市发展已经进入加速发展期。快速城市化至少给城市基础设施带来三大挑战。

人口无序膨胀大大超出城市基础设施的承载能力

如果按照前10年城市化率平均增长速度计算，未来10年，中国城市化至少有10—15个百分点的提升空间。预计到2030年，中国城市人口将增加到9.1亿，流动人口超过3个亿。在这样的态势下，大城市化和大城市圈的

① 作者2012年4月16日在亚洲城市基础设施投融资高峰论坛上的主题演讲。

推动作用逐步强化，流动人口正成为中国城市化加速发展的主要动力。未来10年的快速城市化进程，将释放巨大的基础设施建设能力。

同时，由于城市人口快速无序膨胀，由此带来交通、住房、资源、能源、环境、公共服务等基础设施的巨大压力。从中国大中城市的现实看，人口无序集聚，外来人口“倒挂”现象和城市老龄化特征明显；交通拥堵严重，公共交通严重滞后于城市实有人口规模；能源资源紧张，大大超出了基础设施和发展要素的承载能力；生态环境恶化、土地掠夺性开发、空气污染、水资源短缺及水质下降现象日益加剧；房价居高不下，城市生活功能被弱化，并且正在拉低居民的生活幸福感。这些“大城市病”成为困扰城市可持续发展的难题。

工业化、信息化、城镇化、市场化、国际化五种力量推动城市基础设施建设进入高成本时代

尽管中国的人口城市化已突破50%，但基础设施城市化才刚刚开始。从城市体系看，第一级，以北京、上海、广州为核心的三大都市圈的基础设施需要与国际化接轨；第二级，以30个省会城市为核心的大城市基础设施需要与现代化接轨；第三级，以300个左右地级城市为核心的中等城市需要与城市化接轨；第四级，以3000个左右县（重点镇）为核心的小城市基础设施建设还远远没有开始。也就是说，中国城市基础设施建设远未完成，仍有巨大的提升和发展空间。

加快城市化进程，必须基础设施建设先行。从实践看，基础设施建设的投资强度、融资难度与可利用资源的不确定性，或者说，究竟有多少城市资源可用来偿还投资负债，如何确定负债的极限，成为困扰政府的难题。对一个城市而言，可利用资源的发掘及其对容量的判断，如何寻找新资源

包括无形资源，如何盘活老资源，如何通过竞争定价实现资源置换最大化，对基础设施投资至关重要。当然，创新融资平台，拓宽融资渠道，选择融资模式，完善融资体系，也是不能忽视的。

必须强调，城市基础设施建设将进入高成本时代。起码有10种成本，比如土地成本、拆迁成本、劳动力成本、能源资源成本、环保成本、融资成本、人民币升值或贬值双重成本、税赋成本、安全成本、交易成本，成为影响基础设施建设的重要因素。

城市基础设施整体上进入一个高风险期和危机频发期

城市化的快速发展破坏了传统城市的“超稳定结构”，全球化带来城市要素的快速流动，使城市结构变得脆弱以至风险不断增加。在这种背景下，中国城市安全呈现出四个特点：一是危机事件呈高频次、多领域发生的态势；二是非传统安全问题，尤其是天灾人祸组合而成的新的、灾害链成为现代城市安全的主要威胁；三是突发性灾害事件极易放大为社会危机；四是危机事件的国际化程度加大。

对城市基础设施来讲，巨大的投资吸引力和脆弱的基础设施承载力之间矛盾日益加剧。一方面，城市公共安全基础薄弱，地下管网设备老化，投资分散、功能单一、安全欠账多，尤其是城市基础设施的环境、生态安全功能和水、电、气、通讯服务设施的安全保障还不够充分，新城市灾害的防灾能力滞后。另一方面，重建设、轻管理，重硬件、轻软件，重预案、轻预警现象还比较普遍。城市应急机制建设还存在信息集成难、资源整合难、应急联动难、条块结合难的问题，体制不顺、条块分割、多头指挥、政出多门等问题还很突出。应对突发性危机，建立城市应急联动系统，是当前乃至今后一段时期城市基础设施建设一项紧迫而重大的任务。

公共安全是城市的战略问题①

对中国城市公共安全态势的基本判断

城市是一个集聚的产物。既是一个集聚财富的过程，也是一个集聚风险的过程。世界城市发展的一般规律表明，当人均GDP超过3000美元时，城市化进程将进入高速成长期，这个阶段恰好是“非稳定状态”的危机频发阶段。新的形势为城市安全提出两大课题：一是城市化的高速发展破坏了计划经济模式下传统城市的“超稳定结构”，城市人口和财富的快速集聚，对城市资源、环境、基础设施、城市管理提出了严峻挑战；二是全球化带来了城市要素的快速流动，这种人流、物流、资金流、技术流和信息流在全球的流动带来了城市要素的不稳定性和不确定性，从而使传统的城市结构变得失衡和脆弱，城市安全的风险在不断增加。

在这样的背景下，全面审视中国的城市安全，可以发现几个主要特点：一是危机事件呈现高频次、多领域发生的态势；二是非传统安全问题，尤其是人为制造的危机和天灾人祸形成的灾害链成为现代城市安全的主要威胁。由于非传统危机比自然危机更具有隐蔽性、不确定性、偶然性和突

---

① 作者2004年9月2日在“沈阳－东京中日论坛”上的主题演讲。此文被新华社及港澳台等多家媒体转发，受到国务院领导高度重视。曾培炎副总理对此做出重要批示，要求建设部针对此文提出的建议深入研究和落实。

发性，政府对人为危机缺乏相应的、完善的预警和救治，从而加重了危机发生后的破坏性；三是突发性灾害事件极易被放大为社会危机。城市规模越大，现代化水平越高，灾害的放大效应就越大。就像高速行驶的飞机经受不了飞鸟的撞击一样，越是有序化的组织越容易遭到破坏；四是危机事件国际化程度加大。我们正处于一个更加开放的环境中，特别是中国加入WTO后，中国的经济、文化和社会生活越来越多地融入世界，国际交往更加频繁，世界上任何地方发生的危机都有可能影响中国，而国内的任何重大危机事件也可能在世界上产生一定的影响。

必须清醒地认识到，在全球化、城市化和经济社会转型的大背景下，中国城市，特别是大城市，从整体上已经进入一个典型的危机高发期。传统与非传统的城市安全事故的出现日益频繁。加之中国城市安全基础薄弱，安全欠账较多，公共安全形势不容乐观。这一点必须引起全社会的广泛关注，尤其是政府的高度重视。

建设危机处理系统必须解决的关键问题

加强城市公共安全管理，必须以建设危机处理系统为核心，从“硬件”和“软件”两个方面着手。从硬件上讲，在全面城市建设和全面城市发展的大背景下，要正确认识和处理投资吸引力和基础设施承载力的矛盾。城市基础设施建设的重点应转向环境与生态安全，高度重视城市基础设施的安全功能。在继续完善水、电、气、通讯等服务设施安全保障的同时，加强地震、火灾、风灾、洪水、地质破坏、传染病及其他新城市灾害和非传统危机的防灾减灾和公共安全功能建设。从软件上讲，主要是尽快建立一套统一指挥、反应灵敏、协调有序、运转高效的城市公共安全管理系统。重点要在理顺体制、完善机制、健全法制上下功夫。

第一点，理顺管理体制是城市危机处理系统建设的首要问题。从中国大城市的实践来看，危机处理并不是技术问题，而是体制问题。危机发生后，政府的主要应急联动反应业务被统一到一个指挥系统和作业平台上，从而大大提高各部门的协同程度和应急反应速度，但同时也带来了许多体制方面的冲突。比如指挥关系与权力、责任的冲突。传统的管理习惯于垂直领导，其行政理念是对上级负责，而应急联动的快速反应需要扁平化管理，其运作理念是对事件负责。这两种管理结构的差异在指挥过程中出现了权责不统一的矛盾，往往出现看得见的管不了，管得了的看不见的现象。再比如应急联动不仅需要信息联动，而且需要资源整合。由于城市管理体制不顺，条块分割严重，条条不管块块，块块管不了条条，往往出现条块信息资源不能得到充分整合和有效利用。这一点在SARS危机中看得非常清楚。危机处理是一个高度复杂的系统工程。正因为体制问题的存在，才期望通过应急联动系统来解决这个问题。而应急联动的实现又必须依赖于从根本上理顺体制关系。这种理顺不能等到危机发生后，而是要在危机发生前，或者说是在没有危机时就要理顺。

第二点，完善长效机制是城市危机处理系统建设的核心问题。这个长效机制包括预警机制、信息机制、决策机制、专家咨询机制、组织协调机制、执行机制、法律机制、社会沟通机制、后备保障与社会救援机制以及善后处理机制。这些机制是城市危机处理系统的重要组成部分，一个也不能少。有了这些机制，危机情况下才能应急联动，才能快速反应，才能转化成职能明确、责权分明、组织健全、运行灵敏、统一高效的危机处理系统。作为一个快速发展中的城市，危机的出现是不可避免的。问题是，这个城市如何规避和控制危机以及危机发生后如何快速应对和处理。这就要看这个城市有没有完善的危机处理机制以及这个机制能不能在快速联动反应中发挥作用。

第三点，健全安全法制是城市危机处理系统的关键问题。危机是一个城市的非常之事。非常之事必须以非常之举来应对。非常之举又必须以非常之法作为其行为的依据。一个健全的安全法律法规体系应包括立法机构依据《宪法》或《基本法》而制定的《紧急状态法》及其他相关法律，以及由立法机构授权政府颁布的、有关紧急状态的法律法规。如果说应对“SARS”之战准备不足的话，法律法规的准备不足是一个重要的因素。目前中国城市还没有类似的紧急状态法，城市安全综合协调部门还没有明确的法律地位，在危机发生后组织的临时性指挥协调系统，依靠的主要是行政协调而不是法律机制，是领导权威而不是体制保障。尤其在目前中国条块分明、军地有别的特殊条件下，这种缺乏法律支持的行政协调在面临具有高度不确定性的大规模突发性事件时，其地位和处境就显得十分尴尬。需要说明的是，危机处理不仅需要法律支持，依法行政更是政府在危机事件应急处理中一个必须注意的问题。危机状态中公民的合法权益往往会被突发性应急举措所侵害。一旦处置失当，就为进一步放大危机埋下了新的隐患。由于危机状态具有高度危险性、破坏性，为最大限度地减少民众的生命和财产损失，法律必须赋予政府危机管理权，这种权力甚至包括政府在极端状态下实施的戒严、军管、宵禁等中止某些法定权利的行为。但是，政府在依法行使危机管理权时首先必须遵守合法性原则，必须在法律规定的权限范围内行事，不能误用和滥用法定权力。

最后，还必须强调一点，公共安全是一个城市的战略问题。说到底是一个科学发展观问题。实现以人为本，实现经济社会全面、协调、可持续发展，必须加强城市公共安全管理，加快城市危机处理系统建设，实现公共安全管理与城市发展同步战略，或者说公共安全优先于经济发展的战略。这个战略取决于城市决策者的认识，更取决于城市管理者的行动。

新型城镇化“新”在哪里[①]

一

2013年底，中央经济工作会议期间首次“套开”中央城镇化工作会议。这是十八大后首次召开的，也是改革开放以来召开的首次全国性城镇化工作会议。这次会议深刻阐述城镇化的新内涵、新价值、新思路，三个“首次”标志着中国城镇化正在转型，预示着中国城市的价值导向和发展趋势，并对未来中国经济社会发展格局产生深刻影响。可以肯定，新型城镇化将成为中国经济升级版的重要动力，成为未来10年中国发展的重大主题。概括起来讲，这个“新型”城镇化就是一个创新的、智慧的、绿色的城市区域体系。

二

新型城镇化是基于城市区域体系的城市群战略。所谓城市区域体系，是指以特大城市为核心，大中小城市、城镇、农村协调发展的新型城镇体系。它将破解城乡分离、城际分离、城域分离三大难题，重新塑造新型城

① 作者2014年2月19日在四川广安“低碳·智慧城市发展论坛”上的主题演讲。

乡关系、城际关系和城域关系。这三大关系所重构的城镇体系，本质就是城市群战略。

从2013年年底召开的中央农村工作会议看，提出到2020年3个“1亿”的目标，即解决约1亿进城常住的农业转移人口落户城镇、约1亿人口的城镇棚户区和城中村改造、约1亿人口在中西部地区的城镇化。对中央经济工作会议、中央城镇工作会议、中央农村工作会议的研判可以得出三个基本结论：一是“城市群作为主体形态”预示着中国城镇化规划将以城市群战略为核心全面展开；二是发展城市群成为破解“大城市病”，特别是人口过快无序增长、交通拥堵、空气污染、水资源短缺、高房价与“贫民窟”现象的必然选择；三是中西部城市群将成为未来发展的主阵地。

三

新型城镇化究竟“新”在哪里。或者说，什么是创新的新型城镇化？概括起来，创新的新型城镇化有五个新变化或者新趋势：

一是从土地城镇化到人口城镇化。2013年虽然常住人口城镇化率达到52.57%，但户籍人口城镇化率却仅为35.29%，这17个百分点之差反映出2亿多农民工未能在教育、就业、医疗、养老、保障性住房等方面平等享受城镇居民的基本公共服务。为此，中央城镇化工作会议提出“解决好人的问题是推进新型城镇化的关键”，强调“把促进有能力在城镇稳定就业和生活的常住人口有序实现市民化作为首要任务”。

二是从拼数量到提质量。淡化城镇化率考核，限制圈地、建楼、造城竞赛，转变外延式、粗放型、“摊大饼”式的发展模式，大力提高城镇土地利用效率，实现土地城镇化和人口城镇化协调发展。

三是从集中到融合。在城镇化过程中，人口向城镇集中、产业向园区集中、土地向规模经营集中是我们的经验。在此基础上，更加注重“三个融合”，即农村、农民、农业相融合、一产、二产、三产相融合，生产、生活、生态相融合。

四是从市长造城到市场育城。计划经济时代控制城市规模的方法被实践证明是失败的。中央城镇化工作会议传递出“十不准”信号，即不准违背自然规律蛮干、不准乱跟风大跃进、不准盲目大拆大建、不准一味求洋求异、不准造新城变“鬼城”、不准让市民成流民、不准一届政府一张图、不准再搞千城一面、不准“住上楼万事愁”和不准乱举债摊大饼，这“十不准”的关键是避免和遏制政府的投资冲动和政绩冲动。

五是从物的城镇化到人的城镇化。“要体现尊重自然、顺应自然、天人合一的理念，依托现有山水脉络等独特风光，让城市融入大自然，让居民望得见山、看得见水、记得住乡愁”，这是中央城镇化工作会议的新要求。多些自然风光，少些水泥森林。留住自然、留住文化、留住历史，才能留住记忆、留住乡愁。

四

什么是智慧的新型城镇化？用一句话讲，就是先进的理念、先进的技术、先进的模式的集合体。一个好的城市，一定有先进的发展理念、科学的发展思路、明确的发展定位和创新的发展模式。新型城镇化背景下的城市发展，是精明增长和精细管理下的城市发展，是信息化、数字化和网络化基础上的城市发展，是政府治理、社会治理、城市治理一体化和现代化过程中的城市发展。

大数据时代的新型城镇化，人们获取信息方式发生变化、交友或交往方式发生变化、生活方式发生变化、思维方式发生变化、人的价值观发生变化、社会组织形式发生变化，这些变化、交叉和叠加带来了多种秩序的重构，打破了现实社会交往中的时空阻隔和社会障碍，打破了传统组织的层级化结构，弱化了身份意识和自我认知，网络聚合效应改变着传统组织机构和社会管理机制，思维方式从因果性转向相关性。

由此，人与人沟通转向人与世界沟通互联，计算机和网络成为城市管理最基本并普遍使用的工具，数据整合、共享、开放和集成运用成为智慧管理的核心，数据膨胀和信息爆炸对社会发展和传统管理模式提出新挑战，城市价值链及其协同创新在城市管理中更具战略地位，个人生活的方方面面逐步纳入数字化，个人隐私和信息泄漏或被滥用成为管理忧患。可以判断，网络社会建设成为创新城市发展的必然选择，线上线下一体化成为城市战略管理的重中之重，构建网络空间秩序成为政府与社会的共同责任。智慧城市必将占领城市发展的制高点，“互相尊重、信息共享、传播正能量、文明和谐、维护安全、依法治理”成为网络社会共同遵守的新规则。

五

新型城镇化的落脚点是绿色的城镇化。这种绿色可以概括为生态、环保、节能、循环，核心是低碳。低碳已经不是一个新概念，而是即将到来的新的生活方式。低碳城市，本质上是城市发展模式的选择。未来的城市，特别是大城市和特大城市，最大的挑战是人口膨胀。人口膨胀必然带来能源危机。能源危机必然引发新的能源革命，新的能源革命必然带来新的产业革命，新的产业革命必然导致新的生活方式革命。这三大革命的核心必然是绿色、生态、低碳，这就是新型城镇化的新的发展模式。

对城市来说，创新发展模式必须坚持低碳战略、低碳规划、低碳产业、低碳文化和低碳管理的系统推进，坚持以低碳战略明确城市发展方向，以低碳规划优化城市发展功能，以低碳产业转变城市发展方式，以低碳文化凝聚城市发展动力，以低碳管理创新城市管理体系，将工业化、信息化、城镇化、农业现代化纳入生态文明轨道，从而构建宜居、宜业、宜学、宜商、宜游的低碳城市路线图，这才是最高价值的新型城镇化。

第4篇 文化是城市的灵魂

文化软实力和国际影响力①

关于国际城市高端形态的理解

世界城市是国际城市的高端形态。我理解这个高端形态至少包括四层意思：一是高端的社会形态，本质是人与人的和谐关系，是人的生活品质提升和人的全面发展；二是高端的发展形态，即先进的发展理念、科学的发展思路、明确的发展定位和创新的发展模式，本质是高端国际资源要素的全球化配置机制；三是高端的空间形态，可以分为全球性国际城市即高端形态、区域性国际城市即中端形态和国家性国际城市即低端形态三个层次；四是高端的意识形态，也就是开放环境、自由思想、独立精神、多元文化、创新价值。从本质上讲，世界城市建设的过程就是一个重新解放思想、深化扩大开放的过程。

关于世界城市核心功能的判断

控制力和影响力是世界城市的核心功能和重要标志。软实力是影响力

---

① 作者2010年7月18日在“2010北京文化论坛——建设世界城市提升首都软实力”会议上的演讲要点。

的核心。软实力的核心是文化问题，本质是人的问题。我们为什么要建设世界城市？一句话就是为了人。“不断提高人的生活品质和生活福利，促进人的全面发展和社会的和谐进步”，是北京建设世界城市的指导思想。北京与世界城市的差距不在于硬件，而在于软件。关键是软环境，核心是软功能，根本是软实力。

关于国际影响力的初步认识

影响力是一个国家或城市拥有主导和改变人的思维模式和价值取向的能力和权力。至少包括三个基本要素：公认度、话语权和软实力。

公认度，即对人或物的普遍认同和高度满意的程度，包括知名度、美誉度、忠诚度、偏好度和联想度等。

话语权，即平等参与国际化事务和平等配置全球化资源的资格，包括定价权、信息发布权、文化主导权、技术标准权、市场引领权和规则制定权等。

软实力，这是我想重点谈的问题。“软实力”概念的创始人美国学者约瑟夫·奈认为，一个国家在国际政治中获得其所期望的结果，有可能并不是通过利用军事力量或经济制裁胁迫他人改变，而是因为其他国家仰慕其价值观，模仿其榜样，渴望达到其繁荣和开放的水平，并愿意紧随其后，或者是该国在国际政治中设立了议程，吸引其他国家的参与。这种通过吸引而非胁迫的力量被称为软实力。

软实力主要来源于六种资源：一是文化，二是意识形态、政治价值观和政府公信力，三是制度模式，四是外交政策，五是信息渠道，六是国民素质形象。

从文化来看，只有那些具有高度包容性，并且为世界文化的发展贡献出重要力量的文化才可以成为软实力资源。

从意识形态、政治价值观和政府公信力来看，意识形态是一种特定的文化，更具体一点说是观念典型的文化。政治价值观是意识形态的核心和本质特征。政治价值观在相当程度上决定着制度，而制度也反过来制约着政治价值观。政府公信力是公众对执政团队履行其法定职责及对公众承诺的状况的满意度和信任度的反映。

从制度模式来看，只有那些具有创新性的、并且能被国内外广泛接受和实践的制度模式能够成为软实力资源。制度模式的创新能够使一个国家居于国际关系的主导地位，对其他国家产生较强的吸引力。

从外交政策来看，外交是一国政府出面通过信息和文化交流项目影响国外民众对本国看法和观念的一种公共形式。只有那些得到世界广泛尊重，从而有利于提高国家形象的外交政策才能够成为软实力资源。

从信息渠道来看，在信息社会里能够掌握信息渠道的国家往往比其他国家有着更大的话语权，并且由信息带来的软实力正处于越来越重要的地位。正如约瑟夫·奈和欧文斯所言："在科学技术飞速发展的世界，信息成为国际关系中的核心权利，信息权利作为软实力的核心正日益影响国际事务的变革。一个领导着世界信息革命的国家注定比任何其他国家都更有力量。"谁拥有世界上最发达的传播媒介系统，谁就拥有影响世界最有力的"武器"。

从国民素质和形象来看，国民素质是一个国家的人口质量，包括自然素质、心理素质和社会素质，突出反映在国民的民族性格、道德水准、公众素养和文明程度上。国民形象是国民素质的反映。

关于文化与人的问题

文化的本质是人的问题。软实力的本质是人的塑造问题。或者说，讨论软实力的目的在于世界城市需要塑造一个什么样的人。概括起来讲，与世界城市相适应的北京人的内涵包括三个层面：首都居民、大国国民和世界公民。从首都居民的内涵上讲，一是责任意识；二是文明风范；三是开放心态；四是包容品质；五是创新精神。从大国国民的内涵上讲，一是引领大势；二是顾全大局；三是坚守大节；四是深明大义；五是勇担大任。从世界公民的内涵上讲，一是世界眼光；二是国际思维；三是全球视野；四是人类胸怀；五是民族情义。

先进的城市文化与北京精神[1]

社会主义核心价值体系是兴国之魂。“北京精神”的提炼和弘扬，是推进社会主义核心价值体系建设的生动实践，对发挥好首都国家文化中心的示范作用，进一步弘扬社会主义先进文化都具有重要意义。

贯彻党的十七届六中全会精神，发挥首都国家文化中心的示范作用，打造中国特色社会主义先进文化之都，建设有世界影响力的文化中心，迫切需要有强大的精神动力和巨大的智力支持。以“爱国、创新、包容、厚德”为内容的“北京精神”，是首都人民长期发展建设实践的概括和总结，体现了社会主义核心价值体系的要求，体现了首都历史文化的特征，体现了首都群众的精神文化追求。

什么样的文化孕育什么样的城市精神

一位土耳其诗人说过，“人生有两件东西不会忘记，那就是母亲的面孔和城市的面孔”。母亲的面孔之所以不会忘记，是因为其中蕴含着无限的情感与依恋；城市的面孔之所以令人无法释怀，是因为其中承载着深邃的精神与文化。对一个城市来说，一旦有了自己的精神，就有了区别于其

---

① 本文刊发于2011年11月7日《北京日报·理论周刊》。

他城市的个性，就有了一种无穷的活力。人们认同、向往、憧憬一座城市，在很大程度上是为这座城市的精神气质所吸引。城市精神是一个城市独具特质的精气神。城市精神植根于文化、体现于人的行为、引领着城市的发展实践。一座城市的发展，离不开城市精神的支撑和依托。换言之，什么样的城市精神，决定着一座什么样的城市。

城市精神表现为一种城市特色。一个具有独特魅力、持续影响力和巨大吸引力的城市，就会拥有与众不同的精神文化特质。上海“海纳百川，追求卓越”的城市精神体现了一个国际大都市的鲜明特色；杭州“精致和谐，大气开放”的城市精神印证了这座素有“人间天堂”美誉的历史文化名城走向现代化的完美内涵。

城市精神蕴涵着一种价值导向。城市精神往往以国家、民族精神为基础，是一种意识形态的集中体现，蕴含着国家和民族的共同价值取向。新加坡精神是“国家至上，社会为先；家庭为根，社会为本；关怀扶持，尊重个人；求同存异，协商共识；种族和谐，宗教宽容。”这一表述博采了新加坡各民族价值观的精华，既规定了新加坡和谐、统一、繁荣、稳定的国家意识导向，更蕴含着促进新加坡长治久安的精神动力。

归根到底，城市是一种文化形态，城市精神是由城市文化所孕育和决定的。对城市文化的积淀与提升，是城市精神能够内化为一种发展要素的关键所在。不管是纽约、伦敦、新加坡，还是上海、杭州，这些城市都是借助历史文化传统来建构其城市精神，并以此不断推进城市发展。文化是这些城市拥有属于自己的精神气质的重要源泉，城市精神的形成是每一个城市经历、继承和凝练文化的过程。

对于北京来说，如果没有万里长城和元大都，这座城市就失去了中原农耕文化、西北草原文化和东北森林文化兼容并蓄的特色和个性；如果没有紫禁城和胡同、四合院，这座城市就缺少了京都文化的大气和平民文化的闲适。从2008年北京奥运，我们体会到了这座城市所独具的东方文化的传统魅力与国际文化的开放多元；从新中国成立60年到建党90年，这座城市见证了我们党团结带领全国各族人民创造出的思想文化新觉醒、理论创造新成果和文化建设新成就。可以说，北京的城市精神不能脱离城市的文脉，北京的城市精神源于传统、成于现代。

源于传统、成于现代，就是说北京既应该是中华优秀传统文化的忠实传承者和弘扬者，又应该成为中国先进文化的积极倡导者和发展者。北京独有的历史背景和人文传统给这座城市留下了抹不去的文化烙印。更为重要的是，要充分认识文化的时代性，任何一种文化都包含着现实的时代要素。北京精神的提炼与弘扬，体现了社会主义核心价值体系的要求，是北京文化时代性的集中体现，标示着社会主义文化的先进方向。

什么样的人造就什么样的城市精神

不论是城市的传统文化，还是时代的全新元素；不论是城市的地域特色，还是民族的精神追求，浓缩为城市精神的就是生活在城市的人的写照。亚里士多德说，“人们来到城市，是为了生活，人们居住在城市，是为了生活得更美好”。人是城市生活的主体，更是城市精神的培育者、塑造者和实践者。城市精神从本质上来说是塑造什么样的人的问题。

观察世界上诸多城市的发展，我们会发现，城市精神并不是孤立存在的，我们总能从生活在城市中的人所展现出来的精神气质和文化追求，实实在在地感受到一个城市的独特个性。比如在东京，人们的“干练、优雅、合作”就成为这个城市的精神。东京从战后的废墟中快速振兴，与其效率、简单、快节奏的“干练”，文明、信用、有礼仪的“优雅”是分不开的。而“合作”更是日本人从一个岛国环境中探索出的发展之道。香港城市精神的“刻苦耐劳、灵活应变、参与拼搏”，澳门城市精神的“博采众长”，正是“香港人”和“澳门人”的独特写照。

同样，讨论北京的城市精神必须把人作为其核心元素。北京自古就是多民族聚居区域。随着城市化、国际化进程的加快，不同民族、不同地区甚至不同国籍的人生活、工作在北京。这些社会群体的人格形象、素质能力和精神状态，共同构成了“北京人”的精神“剪影”。从本质上来看，与北京精神相适应的北京人的内涵应包括三个层面，即首都居民、大国国民与世界公民。

北京作为我国的首都城市，在生产方式、生活方式、发展方式等方方面面都具有一定的示范性。而其中最能体现北京城市内涵的莫过于首都居民的素质、礼仪与道德。也因此，北京被称为首善之区，成为中华民族几千年传统精髓及国人崇尚的最高道德境界的代表。这种厚德的思想境界既体现为传统的北京人重感情、重礼数的特点，更表现为当代首都居民的责任意识、文明风范、开放心态、包容品质与创新精神。

中国正在逐步走向世界舞台的中心，中国究竟能否真正崛起，能否赢得与大国地位相应的待遇，能否发挥与大国身份相应的作用，在很大程度上取决于国民是否具备大国意识。大国意识首先体现为一种“天下兴亡、匹夫有责”的爱国精神。北京作为大国首都，必须担当起自己的历史责任。“爱国”是北京精神的核心，体现在北京人身上，就是做好大国国民，即引领大势、顾全大局、坚守大节、深明大义、勇担大任。

随着社会主义市场经济的迅速发展，我国已经融入经济全球化的格局和潮流，北京有条件、也有必要在全球经济中承担更多新的职能。这就要求超越地区、超越国家、超越民族、超越意识形态、超越社会制度的界限，北京的城市精神要具有前瞻性、开放性与包容性，需要培养世界公民。从内涵上讲，世界公民就是要具有世界眼光、国际思维、全球视野、人类胸怀与民族情义，其本质就是北京精神的包容特征。

什么样的功能培植什么样的城市精神

城市功能的本质是选择什么样的发展理念、什么样的发展思路、什么样的发展定位和什么样的发展模式。而它的背后正是城市精神的再现。为什么创新是北京精神的精髓？深意正在于此。北京在发展理念上正面临着功能性转型的新要求，在发展方式上正处在战略性创新的新阶段。这种功能性转型的新要求，是指北京在城市快速扩张、人口过度聚集之后，产生了资源匮乏、交通拥堵、房价飙升等一系列“大城市病”，这就必然要求北京的城市功能加快转型。战略性创新的新阶段，是在文化成为我国面对未来长远发展的新视角、新战略的背景下进行的。北京具有文化历史悠久、文化资源丰富的特殊优势，把北京建设成为具有重大国际影响力的文化中心，以文化发展为核心对城市诸要素进行科学配制与优化，正在成为北京发展方式根本转变的重要影响因素。

以文化发展为核心，以城市精神为动力，优化城市功能，探索一种科学、可持续的城市发展模式，将为北京的城市发展注入新的活力。这种发展模式可以概括为“一圈两翼”。一圈就是“首都经济圈”。北京在推动“首都经济圈”发展过程中发挥作用，应体现大国首都的气度、胸怀和风范。两翼就是实施科技创新与文化创新“双轮驱动”战略。作为全国的科技中心与文化中心，实施科技创新与文化创新“双轮驱动”战略，是首都的优势所在，也是其职责所在。

随着“首都经济圈”写入国家“十二五”规划，京津冀一体化被上升为国家战略，北京作为国家的政治中心、文化中心、科技创新中心和国际交往中心，在推动“首都经济圈”发展进程、提升京津冀地区国际化水平方面，具有其他城市不可比拟的优势，必然发挥城市核心与城市极点的作用。所谓核心作用，就是要突出科技创新和文化创新功能，就是要强调国际交往和对外展示功能，为京津冀地区进一步推进全方位、多层次、宽领域的对外开放提供平台，为进一步提升京津冀乃至中国的全球影响力与国际竞争力创造有利条件。所谓极点作用，并不是过去那样强调北京对周边地区的“吸附性”，而是从过去注重功能集聚特别是经济功能集聚向功能疏解和辐射转变，北京应成为京津冀地区在更大规模、更大范围内对人才、资本、信息、技术、资源等要素进行优化和配置的重要载体，体现对“首都经济圈”巨大的引领、带动作用，进而推动整个区域成为全球经济、社会、文化活动的制高点。

北京应在科技创新上发挥关键性作用。科技创新是加快转变经济发展方式的重要支撑，实现创新驱动发展是首都建设创新型城市、服务国家创新战略的必然要求。北京深化实施“科技北京”战略，率先形成创新驱动的发展格局，必须抓住核心资源、核心人才、核心技术和核心的全球商业网络四大创新要素，通过产业园区的国际化、高端化、集群化、品牌化发展，增强科技创新能力、科技成果产业化能力，搭建创新资源平台，推进体制机制创新，成为具有全球影响力的科技创新中心。

北京应在文化创新中发挥导向性功能。北京作为国家首都，文化发展领全国风气之先，责无旁贷，使命光荣。北京能不能成为具有重大国际影响力文化中心的关键，一是能不能把古都风貌保护提升到城市发展的战略地位；二是能不能把文化创意产业作为城市发展的战略性支柱产业；三是能不能把国际文化交流作为城市发展的战略核心；四是能不能把世界级的文化设施或地标性建筑作为城市发展的战略制高点。这四大战略，既是北京文化创新的核心导向，也是推动首都文化大繁荣大发展的强大动力。

更为重要的是，北京城市精神的发力点是“创新”，而创新的关键点则在于科技与文化结合。科技创新与文化创新的互动共进是现代人类文明演进的显著特点。北京的“创新”之处，一方面，要用科技创新推动文化创新，形成科技创新和文化创新的联动协作机制，提高文化产品的科技含量和文化内涵，把科技创新优势转化为文化发展的强大动力和现实影响力；另一方面，要以文化创新引领科技创新，把增强文化创新能力摆上战略高度，构建有利于科技创新的文化生态，这才是创新精神的真正意义所在。

从文化古都到文化首都[①]

一

文化问题很重要，文化问题也很复杂。之所以说文化很重要，是因为中国发展的一切问题都与文化有关，当前经济社会深层次矛盾的根源也与文化有关。从马克思主义理论的角度讲，马克思主义在中国的成功，从建党、建国到改革开放有三次，第一次是马克思主义在政治上的成功，就是中国共产党夺取革命政权，建立新中国；第二次是马克思主义在经济上的成功，就是改革开放；第三次是马克思主义与中国先进文化相结合。如果这次能够成功，那么马克思主义中国化、时代化、大众化，才能成为指导中华民族复兴真正意义上的理论。这是“中国模式”的理论基础。之所以说文化很复杂，是因为我们很难准确地去界定它的范畴。比如我们探讨的文化，究竟是价值层次的，还是制度层次的；繁荣发展文化究竟要解决什么问题，是解放思想，还是重塑信仰；是提升软实力，还是扩大影响力；再比如，中国究竟需要什么样的文化，中国文化究竟怎么样去改革，等等，这些问题在短时间内很难做出回答。

党的十七届六中全会决议，从政治层面上讲是很重要的。但也有不足，

① 作者2011年12月1日在“首都文化发展国际比较学术研讨会”上的发言要点。

比如文化体制改革，过多强调国有文化单位改革等，实际上最重要、最首要的改革是国家层面体制的改革，包括文、广、新三部委的合并。中央不动，下面乱动。文化改革顶层设计也很关键。

对北京来说，十七届六中全会是首都文化大繁荣大发展的一个历史性机遇。特别是李长春提出“北京建设具有重大国际影响力的文化中心”这个主题，需要从战略高度认真研究。

二

北京建设具有重大国际影响力的文化中心，需要围绕“文化中心”这个主题深入研究五个方面的问题：

一是如何把握和认识首都文化发展的地位和优势，实际是回答经济发展与文化发展的关系问题。文化在北京应该说叫得很响，上上下下也都有共识，但它没有地位，起码还没有文化中心层面上的地位；首都文化资源丰富，但资源不一定就是优势，资源只有转化为价值才能变成优势。

二是如何把握首都在文化大繁荣大发展中的机遇，实际上是回答北京的功能和定位问题。从规律上讲，北京的功能定位只有一个，就是政治文化中心。政治中心是中央的事，那么北京就应该一心一意抓文化。文化中心建设是主功能，其他是次功能。

三是如何把握北京在文化发展中的先进方向，实际上是回答社会主义核心价值体系和开放、多元、包容的文化体系的关系问题。社会主义先进文化之都如何体现文化的创造性和文化的多样性，很值得我们去探讨。北京精神概括得很好，“爱国、创新、包容、厚德”，这八个字代表了国家精神，但能不能代表社会主义先进文化和北京文化的先进性，比如为什么没有北京文化的“首善”“民主”精神，这也很值得我们去探讨。

四是如何把握政府在文化发展中的定位，实际上是回答在文化发展中政府、市场、社会的关系问题。我们的政府太有权、太有钱、太强势，大包大揽，无所不能。发展文化政府是否也要大包大揽呢？从现实看，有这种可能。政府创造环境，市场创造财富，公众创造文化。公众是文化的主体，尊重公众的主体地位，尊重公众的首创精神，首都文化大繁荣大发展才是真繁荣、真发展。

五是如何把握和利用好国家发展文化的各种政策，实际上是回答如何整合资源与加强合作的问题。从过去的实践看，北京在整合首都资源、加强与中央部委、央企以及国家级科研院校合作方面很不够，对中央政策也利用得不够。表面上一堆资源，其实是“灯下黑”。北京作为国家的首都，国家的政治文化中心，要从“服务全国、整合世界”的视野来发展自己。靠“单干”不行，讨不到便宜，还得罪人。

三

北京建设具有重大国际影响力的文化中心，要突出在国际影响力上下功夫，最重要的是强化“四大战略”：

一是把古都风貌保护提升到中国特色世界城市建设的战略地位。北京的古都文化对世界具有唯一性，是稀缺资源。我们对古都风貌整体保护很不够，缺乏战略性认识。比如城四区合并，为什么不能保留“崇文”“宣武”区名呢？文化是历史的传承，文化的消失就意味着历史的断裂，这是一个历史的责任。再比如城四区为什么必须大拆大建，为什么必须对居民实行“梯度转移”，为什么不能就地安置、就近安置呢？文化的核心是人，人是文化的载体，没有了人，要那么多高楼大厦又有何用！

二是把文化创意产业作为中国特色世界城市建设的战略性支柱产业。

文化创意产业这些年发展很快，但没有形成体系，对首都城市功能的贡献也很有限。文化资源的优势远远没有发挥出来，也没有形成产业集群，没有品牌效应，谈不上战略性、支柱性，离重大国际影响力还有很大差距。杭州有一个民营企业，搞了一个剧目叫《宋城千古情》，一台节目带动了一个旅游产业。这个剧目一天演五场，每场3000观众，场场爆满。一张票280元，一年6个多亿。旅游公司2个亿，运营成本2个亿，公司利润2个亿，这就是文化产业。文化与旅游相结合，节目好，运营模式好，附加值高。连续演了十年，经久不衰。北京没有这样的剧目，值得借鉴，也值得反思。

三是把国际文化交流作为中国特色世界城市建设的战略核心。北京作为全国政治文化中心，应该在更高层次上推进文化的“走出去”和“请进来”，让北京成为古都文化和中华文化国际交流的重要窗口。北京的文化繁荣发展，不仅要满足本地居民的需要，更要适应和引导更广阔区域人群的需要，建立一种多元融合、开放包容的文化体系。

四是把北京世界级文化地标作为中国特色世界城市建设的战略制高点。作为文化地标，我们已经占据了制高点，比如长城、故宫、天坛，也包括国家大剧院、鸟巢等，但从影响力来说，我们没有占据制高点。这里原因很多、很复杂，有体制方面的，也有管理方面的。但这个问题不解决，建设具有重大国际影响力的文化中心只能是一句漂亮的空话。

奥运精神与社区文化[①]

在距北京奥运会开幕400天的特殊日子，奥运村地区正式启动奥林匹克社区创建工作，奥运村讲坛正式开讲，这标志着中国城市论坛奥运大讲堂走进奥运村。这项工作意义十分重大。它不仅是践行“绿色奥运、科技奥运、人文奥运”三大理念的重要载体，更重要的，它的创建对奥运村未来可持续发展具有划时代的里程碑意义。

那么，为什么奥运村地区要创建奥林匹克社区？奥林匹克社区究竟需要什么样的人文环境？奥林匹克社区应该倡导什么样的人文精神？围绕这些问题，我谈三点体会。

第一，奥运村是北京奥运会的历史见证和奥运城市文化遗产。从世界选择中国开始，世界就选择了奥运村。有句广告语说得好，伟大事件诞生伟大的生活方式。在这里，我要说，伟大的人民造就伟大的事件。在这片18.8平方公里的土地上，假如没有几千户洼里乡农民的搬迁，没有几百家企业拆迁，没有几万名奥运村居民对奥运的理解、支持、参与和奉献，就没有今天的奥运村，也不会有明天的“高水平、有特色”的奥运会。因此，一个伟大的事件总是和伟大的人民联系在一起。奥林匹克社区的创建就是要把这个历史性的、世界性的伟大事件扎根于人民的生活中，让人民群众

① 作者2007年7月4日在北京奥运村地区创建奥林匹克社区启动仪式上的主题演讲。

在奉献的同时也共享这个伟大事件带来的成果。通过奥林匹克社区的创建，不断丰富奥运村这一奥运文化品牌的内涵，使奥运村成为后奥运时代不朽的奥运城市文化遗产。奥运让城市更美好，城市让生活更美好。美好的城市、美好的生活需要我们自己去不断创造，这就是我们为什么要创建奥林匹克社区的最根本的动力。

第二，奥林匹克社区需要什么样的人文环境？简单地讲，叫“一二三四五”，即一项新规划，二元新建筑，三重新生态，四维新景观，五色新奥运。从农村城市化跨入区域国际化，奥运村的变化是翻天覆地的。从空中鸟瞰奥运村，景在城中，城在绿中，绿在人中，人在笑中。一项新规划开启了一个新时代。一项新规划延伸了老北京的历史文脉，也展现了新北京的现代风采。二元新建筑打破了“红线内国际化，红线外脏乱差”的尴尬，通过环境建设使红线内外整体协调，建筑外观规范清洁，独具特色的建筑和错落有致的生活空间不仅成为奥运中心区的标志性形象，也成为奥运村最为恒久的风景。三重新生态所体现的绿肺、绿轴、绿洲是绿色奥运的现实写照。街心绿地所展示的自然和生态赋予了生活一份宁静而不张扬、活力而不浮躁的气质。北辰东西路、大屯路、安翔北路、惠忠路、安定路、白庙村路、运动员村路等林荫大道仿佛绘出一幅“城市·自然”的怡人画卷。徜徉在林荫大道上，仿佛远离尘嚣，返璞归真。占地680公顷的奥林匹克森林公园和占地45公顷的中华民族园构成奥运功能区两片绿洲。驻足森林绿洲，可以享受自然所赐予人的自由、清新和愉悦。顺畅便捷的市政交通、规范统一的城市家具、整洁净化的建筑空间、品位高雅的环境艺术成为吸引世界目光的四维新景观。五色新奥运不仅给我们展示五彩缤纷的节日晚装、华灯如昼的道路照明、熠熠生辉的桥梁夜景、亦真亦幻的艺术景观，而且更重要的，它将以一个环境更加优美、秩序更加优良、管理更加优化、服务更加优质、文化更加优秀的社区环境迎接五洲宾客，将奥运村的崭新风貌展现在世界舞台上。

第三，奥林匹克社区应该倡导什么样的人文精神？从大的层面讲，奥林匹克精神的核心是倡导一种积极向上的生活哲学，推崇一种文化的影响力。奥运会的生命力在于广泛的大众参与，在于奥林匹克精神更加广泛的普及。北京奥运会提出的人文奥运表达了当代中国的人文关怀。它的精神实质是促进人的身心健康，创造新的人居环境，尊重和弘扬人的个性和尊严，重视和保障人的权利，满足人的多层次多样化物质文化生活需求，为人的全面发展服务。一句话就是以人为本。我们创建奥林匹克社区正是对奥林匹克精神的拓展与弘扬，我们提出的奥林匹克社区所蕴含的社区形象、志愿服务、社会管理、关爱行动、市民教育的内涵和奥林匹克主义所倡导的“使体育运动为人的和谐发展服务”的宗旨是一脉相承的。什么是社区形象？就是社区传统元素经过现代包装而焕发出具有文化内涵和生活品质的价值空间。这个价值空间，不仅仅是一栋栋高楼大厦，更是一个个多姿多彩的艺术集合；不仅仅是居住空间，更是一种高品质的生活方式；不仅仅适应地域文化，更多的是超越地域融入世界。什么是社区服务？就是一切从居民的需求出发，围绕居民最现实、最关心、最直接的利益想问题、抓落实、找规律。什么是社会管理？就是政府、企业、社会共同构筑社区文明行为模式，并通过社区展示这个城市居民生活的稳定、发展的多元性、机会的均等，包括平等、公开、非歧视的主人翁姿态，以及居民所张扬出的一种对社区的热爱、一种社会责任感、心理归属感、公共活动参与感和生活的幸福感。什么是关爱行动？就是关注、关心和关爱弱势的人、困难的人和需要帮助的人。让他们的身心和我们一样健康，让他们的生活方式和我们一样文明、祥和、积极向上。什么是市民教育？就是让每一个人的形象所包括的思想素质、道德水准、文明程度成为城市最好的名片。真正的奥林匹克社区是内在的、充实的、健康的、开放的。站在人的高度，高举奥林匹克的旗帜，让社区注入奥林匹克的思想和精神，进而改造我们的生活乃至整个城市的景观和文化，传播历史和沟通未来。我们所创造的奥林匹克社区，关注的不仅是社区本身，而是自己在这个时代的地位和作用。超越本位和利益的局限，成为社区文明的创造者和先进文化的传播者，进而成为城市文明进程的推动者，这才是奥林匹克社区的真正价值。

人文奥运是人民的奥运、百姓的奥运、生活的奥运。奥林匹克社区的创建是一个持续改进的系统工程。它不仅是目标，更重要的是过程；不仅是品牌，更重要的是参与；不仅是政府的责任，更重要的是社会的、公众的、我们每一个人的责任。正如《人文奥运朝阳宣言》所倡导的，“让我们从我做起，从现在做起，用我们的风采拥抱奥运，用我们的激情体验奥运，用我们的奉献诠释奥运，用我们的创造分享奥运”。让我们把智慧和力量更多地汇集到奥林匹克社区创建的行动中来吧。因为，奥林匹克社区的明天就是我们的未来！

北京古都风貌保护的文化价值[①]

一

北京是著名的世界历史文化名城，也是一座发展中的特大城市。危旧房改造与古都风貌保护既是世界城市建设中面临的两个重要任务，又是世界城市管理中面对的两个突出矛盾。从现实来看，危旧房改造与古都风貌保护还存在很多问题，特别是违法建设涉及面广、普遍性强、成因复杂、执法难、示范攀比效仿作用大、违法现象愈演愈烈趋势严重。在发展中如何统筹兼顾，既能通过城市管理保护古都风貌，又能通过危旧房改造改善居民住房条件，很值得我们从法律、政策和制度层面上进行研究。

二

纵观北京改革开放以来的发展历程，在古都风貌保护与危旧房改造工作方面存在以下主要问题：

认识不足。对北京历史文化名城的价值，特别是对古都风貌的整体保护认识不够，主要体现为“三重三轻”：一是重短期，轻长期；二是重利益，

---

① 作者2010年11月5日在北京市东城区古都风貌保护研讨会上的主题发言。

轻保护；三是重执法，轻效率。

规划缺位。一是经济社会中长期发展规划、空间规划、土地利用规划、环境保护规划、人口发展规划不配套；二是旧城改造与新城建设的规划不配套；三是历史文化名城保护的总体规划与控制性详细规划不配套。

资金有限。保护是一项长期性、持续性、整体性工作。历史文化街区开发和保护涉及范围广、内容多、成分复杂、人口密度大、拆迁安置成本高。在公共财政投入不足、社会筹措资金缺少政策的条件下，仅凭“就地平衡资金”的办法很难实现预期目标。

缺乏统筹。实际上，市、区政府、市规委、市建委、市文物局、市国土资源管理局、市园林局、市危改办等单位都从不同角度对历史文化名城实施管理和危改立项审批，但这种多元化主体的管理实际上导致行政管理职责不清、职能衔接脱节、相互沟通渠道不畅、协调机制缺乏权威、政策配套无法到位。

法律滞后。涉及保护性法律法规数量多、条文分散、程序复杂、各自为政、相互冲突、多头执法、权属不清、操作性差、执法难，立法严重滞后于现实需要。

三

进一步深化对危旧房改造与古都风貌保护的规律性认识。一是树立科学发展观和正确政绩观，充分认识“开发建设是发展，保护也是发展”，在改善人民居住条件的同时，十分注意保护好文物和历史文化遗产，保护好古都风貌，积极稳妥地推进旧城危改，探索适合北京古都风貌特点的危旧房改迁、开发、利用和保护方式与模式；二是危改工作必须坚持“五个确保”，确保每一个困难家庭享有基本生活保障；确保每一个困难家庭的子女享有基本教育；确保每一个困难家庭的患病者享有基本医疗救助；确保每一个困难家庭的老人和子女享有社会志愿服务和互助服务；确保每一个困难家庭享有法律援助；三是古都风貌保护工作必须坚持“五个优先”，即优先规划、优先决策、优先投入、优先评估、优先考核。

强化政府在危旧房改造和保护古都风貌工作中的主导作用。一是在古都风貌保护中，政府应当在行政管理、政策制定、资金投入、规划编制、实施监督等方面承担主要职责；二是在危改中，政府主要承担危改配套政策法规的制定、市政基础设施的改造和建设、对市场行为的监督等；三是无论危改还是保护，政府财政应当成为资金来源的主体。同时制定相关政策，多渠道筹集资金。引入市场机制也必须坚持以政府为主导，严把规划关，严格要求开发商按照保护要求实施改造；四是风貌保护区危旧房改造不宜搞一次性超强度开发。必须坚持“保护为主、规划第一”的原则，坚持“小规模、渐进式、多样化、微循环”的运行方式，杜绝在风貌保护区大拆大建，对旧城实行整体保护；五是专家决策咨询机制，加强规划的透明度，尊重当地居民的知情权，接受社会的评议和监督。

古都风貌保护与危旧房改造工作必须坚持“规划先行、政策配套、区别对待、分步实施”的原则。一是先规划，后改造。决不能边改造，边规划；只改造，不规划；只规划，不执行；二是底数要清、情况要明、政策要灵、体制要新；三是明晰房屋产权，推进平房产权制度改革和私房政策落实；四是积极制定公共财政投入主体框架下的资金多元化筹措政策；五是加大旧城人口外迁政策力度，疏解旧城人口压力；六是创新体制，明确职责，统筹协调。

加快立法，强化管理，遏制违法建设及其对古都风貌的破坏。一是明确行政许可，简化行政审批；二是明确执法主体，强化责任追究；三是强化公众参与方式，畅通民意诉求渠道，健全社会监督机制；四是关注弱势群体利益，完善社会救助与司法救济制度；五是抓紧制定地方性法规，明确管理权限，制定切实可行的认定标准、管理办法和处罚措施。

北京奥运文化遗产的保护与传承[①]

一

从国际上来看,2002年国际奥委会墨西哥全会把奥运文化遗产写进《奥林匹克宪章》，首次明确增加了涉及奥运会遗产的观念，指出国际奥委会以及主办国应采取措施促进奥运会为主办城市和主办国及其居民留下积极的遗产，包括场馆、基础设施、专业知识和经验方面的遗产。2002年11月14日，国际奥委会在瑞士洛桑奥林匹克博物馆举行了《奥运会遗产》研讨会。总结了1984—2000年奥运会在各个领域的遗产，从体育、政治、经济、社会、文化、环境、旅游、通信和城市规划等方面阐述和探讨奥运会遗产的相关问题，以改善今后奥运会的规划和组织。

概括起来，奥运遗产是指在奥林匹克运动发展过程中遗留下来的有关奥林匹克运动的物质财富和精神财富的总和，一般分为有形遗产和无形遗产。有形遗产主要包括奥运会徽、吉祥物、纪念品、奖牌、奖杯、奥运建筑景观、体育设施以及各种奥运的视觉艺术创造，如雕塑、绘画等；无形遗产则主要包括奥林匹克精神、奥林匹克主义、宗旨、格言、会歌等。

① 作者2009年4月1日在北京市政协继承奥运文化遗产研讨会上的主题发言。

二

中国最早提出北京奥运遗产问题，为奥运会遗产保护和研究打开视角的是何振梁先生。他在2001年莫斯科进行的2008年第29届奥运会申办陈述中，代表中国表示："北京的奥运会将为北京、中国和世界体育留下一份独特的遗产。"2007年1月在伦敦举行的《2007：关注遗产论坛》，北京奥组委官员做了题为："北京奥运遗产——规划与进展"的陈述，阐明北京奥运遗产工作的总体思路，提出实施"绿色奥运遗产、科技奥运遗产、人文奥运遗产、奥运城市遗产"的设想。北京奥组委还针对奥运会文化遗产制定了《第29届奥运会组委会关于筹备和举办奥运会期间有关文物和档案管理意见》。从北京奥运会来看，奥运遗产是指北京奥运会（包括残奥会）的举办所产生的具有普遍价值和延续影响的物质与精神遗产。有形遗产或物质遗产包括如奥运体育场馆设施、文化设施、相关城市基础设施和北京奥运会的口号、会徽、吉祥物等标志系统；无形遗产或精神遗产包括北京奥运会赛会组织制度、举办活动经验，以及具有深远影响的"绿色奥运、科技奥运、人文奥运"三大理念等。加强北京奥运遗产的保护与开发，才能更大限度地发挥北京奥运遗产的价值，实现北京奥运遗产的历史和现实使命。

三

北京奥运遗产的保护、开发和可持续发展问题已迫在眉睫。但是，从实际情况看，我们还存在一些差距，概括起来有以下几点：

第一，认识问题。

一是继承和保护奥运文化遗产首先要进一步提高各级领导干部对奥运

文化遗产的认识。如何解决领导的认识问题？怎样使领导把奥运文化遗产的保护放在与奥运筹备和奥运举办同等重要的位置，甚至更重要的位置，这是继承奥运文化遗产最重要、最核心、第一位的问题；

二是要把继承奥运文化遗产作为建设“人文北京、科技北京、绿色北京”的重要内容；

三是奥运文化遗产的保护首先是政府的责任。政府应该解决三个方面的问题：保护什么？谁来保护？拿什么来保护？比如说奥运会投入很大，但是奥运文化遗产的保护我们投入多少，这些可能还没有列入政府的财政预算。不仅没有列入，很可能在保护问题上经费还会层层削减。据了解，奥运博物馆的经费就一减再减，现在削减到了不能再削减的程度了。因此，作为奥运遗产保护首先应该强化政府责任，加大政府财政投入；

四是要进一步加强领导，健全组织，完善机制，统筹协调。我建议以北京奥组委为基础，成立一个“北京奥运文化遗产保护委员会”，把保护作为一项长期的、系统的、专业的工作去研究和实施。

第二，规划问题。

一是建立奥运文化遗产认证评估体系，实施奥运文化遗产评估鉴定。在此基础上，编制《北京奥运会、残奥会物质和非物质文化遗产保护名录》。没有名录，保护什么就无从谈起；

二是成立奥林匹克公园申报世界文化遗产委员会，制订申报方案，做好申报的准备工作。我认为，对奥运文化遗产的申遗就是一种最好的保护。奥林匹克公园作为一份独特的遗产完全符合世界文化遗产的相关规定。我在今年的“两会”上提交了这方面的一个提案；

三是制定《奥林匹克公园文化遗产保护规划》。把这个规划纳入北京“十二五”的专项规划里。现在已经是“十二五”规划的前期准备阶段，明年开始编制“十二五”规划。《奥林匹克公园文化遗产保护规划》应该纳入北京市“十二五”专项规划；

四是进一步加强奥运文化遗产保护的地方性立法，依法加强保护。北京市应该将奥运文化遗产的保护上升到立法的高度来认识和实施。

第三，抢救问题。

一是经验的抢救。对奥运文化遗产的保护，当务之急是抢救。奥运文化遗产最核心的内容是奥运的经验，也就是筹办举办过程中的很多经验。每一个人在奥运会的过程中，各自都有很多的经验。尤其是直接参与奥运的人员。对这些人参与筹办奥运的经验如何进行抢救，这是一个非常重大的问题。人的经验随着时间的流逝和环境的变化是会遗忘的。再过两年，好多事情都忘掉了，好的经验都没有了。能否对直接参与奥运的几千人甚至上万人的工作经验进行抢救？这种经验的抢救比任何东西都重要；

二是资料的抢救。特别是奥运工程、环境建设、场馆运行、外围保障、人文奥运五个方面的建设有大量的资料。一部分资料被送到了档案馆，但是还有更多的资料在民间、在各级地方政府、在各个职能部门手中。如何把这些资料尽快地收集起来，整理出来，进行研究和合理利用，这是一个既庞大又重大的任务；

在经验和资料抢救方面，我想强调，要更加重视市政协和各级政协学习文史委员会的作用和优势。政府能不能授权？当然我们也可以主动，但是政府授权很重要，可以把这个工作交给市政协和各级政协学习文史委员会去做。

第四，保护问题。

一是要增强保护第一的意识，更加体现奥运遗产的公益性。现在奥运会过后更多的是强调开发，实际上保护第一的意识更需加强；

二是要正确处理保护与开发的关系；

三是要充分发挥奥运文化遗产的教育功能、文化功能和多元价值。特别是要强调奥运文化遗产的非经济价值。从可持续发展的角度看，奥运文化遗产的非经济价值要远远大于它的经济价值；

四是要更加注重奥运城市管理经验的总结和长效机制的建立和完善。

第五，利用问题。

一是加强对奥运筹备和举办工作经验的研究和交流。现在我们还停留在总结上，对奥运工作筹备和举办过程中的经验的研究和交流远远不够。现在的经验仅仅停留在实践层面，并没有上升到理论的高度去进行研究、总结和交流。

二是进一步提高全民保护与传承意识，建立奥运文化遗产的全民参与和共享机制。如何使这个成果在全国甚至在全世界范围内进行共享？这方面非常薄弱。奥运会举办的时候有一个缺点就是它的封闭性，动不动就要保密。现在不保密了，公众怎么参与？奥运这么多资料都进档案馆了，如何进行查询和利用，很值得我们深思和研究。全民的参与和共享是对奥运文化最好的传承和保护；

三是注重场馆的合理开发，创新经营模式，加强奥运资产的管理；

四是加快奥运博物馆的建设和开放；

五是以奥运品牌战略提升首都的软实力。奥运会开完后，北京作为国际大都市，和世界上其他大都市相比，硬件上没有什么差别，但在软实力上我们还有差距。奥运会最大的财富就是它的文化遗产。如何把奥运转化成品牌，再把品牌转化成战略，这是我们需要研究的问题。在去年的一个会议上，我讲到一个观点，即北京市要实现2020年的目标，必须实施奥运品牌战略，构建高端产业体系，加快建设现代化国际大都市。

健康城市的核心是人的品质生活[①]

很高兴再次来到重庆，来到万盛。虽然我只是第二次来万盛，但万盛却给我留下了深刻的印象。第一个印象是万盛的山。古老的石林、天然的峡谷、原生态的森林、清新的空气，这种古老之美、自然之美、生态之美、清新之美，令人心旷神怡；第二个印象就是万盛的人。特别是这次参加“中国（重庆）羽毛球文化节”，倍感振奋。“全国羽毛球之乡”美誉背后所展现出的万盛人的青春之美、朝气之美、活力之美、健康之美，深深地感染着我。

从外延式扩张向内涵式发展是一场重大城市变革

从两个30年看中国的发展变化，我们发现，前30年中国的变化主要是发展方向的转变，即从计划经济向市场经济的全面转型；未来30年，中国的变化将是发展方式的转变。城市化将成为转变发展方式最基本的推动力量。城市化加速了现代化新型城市的崛起和繁荣。那么，什么样的城市才是最好的城市？我们如何去判断？我的观点是，判断一个城市的关键不是看这个城市规模有多大，高楼大厦建得有多高，GDP 增长有多快，而是看

① 作者2010年10月17日在“羽毛球文化与健康城市论坛”上的主题演讲。

这个城市是否具有先进的发展理念、科学的发展思路、明确的发展定位和创新的发展模式。什么是先进的发展理念？一句话，就是民生为本。不断地提高人的生活品质，增加人的生活福利，促进人的自由和全面发展，实现社会的和谐进步，这才是现代城市的最高价值。从外延式扩张向内涵式发展的城市变革，是“包容性增长”的实践者和推动者。这种变革和实践就是把改善民生的过程作为发展经济的过程，把投资拉动转变为内需拉动。这种内涵式、包容性体现了新城市主义的人文精神，体现了新的民生观和人民的幸福观，体现了更加重视人的尊严、社会公正、和谐均衡的发展理念。它对于推动中国城市化的和谐发展必将具有引领和示范意义。

健康城市的核心是人的品质生活

什么是品质生活？我个人的理解，就是有文化、有品位、高素质的生活方式。这种生活方式可以使人的潜能不断发展，人的创造自由释放，人的个性充分张扬，人的关系高度和谐，可以最大限度地享受一个城市所缔造的民主、民生、公正、包容和可持续发展的美好生活。发展方式决定生活品质，政府服务影响生活品质，文明程度提升生活品质。生活品质的最高价值是人的生命健康。从人类生命进化史看，决定人的生命健康的关键性因素有三大标志：第一个标志是热量。在不发达时代、不发达地区，人必须靠摄取大量热量维持生命；第二个标志是营养平衡，这是发展中国家生命健康的重要标志；第三个标志是空气和水。能否呼吸到清新的空气和喝到清洁的水，是衡量发展中国家与发达国家的重要分界线。清新的空气和清洁的水是决定一个城市是否宜居和健康的重要标志。进而我们发现，一个城市的生活品质实际上是由空气和水决定的。什么样的空气和什么样的水，决定着一个城市具有什么样的品质。而要保证空气和水的天然和生态，就必须转变发展方式。从这一点上，我们看到了万盛作为国家级资源型城市转型的典型意义，也看到了万盛作为旅游经济试验区的美好未来。

万盛的机遇和前景

未来5年，将是万盛区经济社会发展的重要机遇期和战略转型期。在这一时期，万盛区最重要的就是“抓好四件事，打好四张牌”。

一是抓好一条主线，打好转型牌。一方面，万盛区是“抗战煤都”，煤炭、石灰石、白云石等矿产资源种类多、储量大、品位高，是西南地区重要的冶金煤基地和重庆市重要的能源基地。另一方面，万盛区也是国务院确定的44个全国资源枯竭城市中唯一的一个城区。万盛经济发展长期对煤炭资源的高度依赖，使资源型城市的矛盾日益凸现。如何培育接续替代产业，“从地下走向地上，从黑色走向绿色”，将万盛建设成为西部地区资源型城市转型示范区、西南地区煤电化产业重要集聚区、渝黔区域合作先导区和重庆市生态旅游休闲度假区，从而实现资源型城市的全面转型，是万盛未来必须面对并且必须解决好的首要课题。

二是突出一个重点，打好旅游牌。万盛区地处四川盆地向云贵高原过渡地带，拥有得天独厚的生态旅游资源。中国最古老的石林和最美的养生峡谷，以及黑山国家地质公园和国家森林公园等一批特色生态旅游景观，为万盛经济发展方式转变提供了良好的条件和基础。必须强调的是，万盛的旅游发展总体上还处于欠开放、欠开发、欠发达阶段。旅游作为一个产业，是一个体系。这个产业涉及吃、住、行、游、购、娱、安、信，这个体系要求纵向发展产业链，横向发展产业群。既有“链”，又有“群”，才能够“产业化”。旅游产业是推动万盛旅游服务业转型升级的重要标志，关键要在特色资源和服务环境上下功夫。

三是破解一个难题，打好生态牌。万盛作为能源基地，从某种意义上讲，本身就是一个污染源。而旅游产业化也必然涉及新的开发建设问题，必然涉及环境污染乃至生态破坏问题。如何认识和处理开发与保护的关系，如何在保护的前提下开发，如何把生态环境放在万盛资源型城市全面转型和旅游经济建设发展更加突出的地位，这关系着万盛的未来。

四是提升一个品牌，打好文化牌。文化是一个城市的灵魂，文化也是一个城市的品质、形象和品牌，更是一个城市经济社会持续发展的强大动力。文化既是软实力，又是竞争力。万盛区具有金桥吹打、子如文化、红苗歌舞、矿山文化和羽毛球文化五大特色资源，特别是这次举办的“羽毛球文化节”，对丰富文化内涵、传播城市品牌、扩大对外影响力都具有突出的作用。运动是一种高品质的文化活动，是健康城市的重要标志。这种大众化、参与性、互动式而非竞技型的运动，本质上体现了一个城市有文化、高品质的生活方式。“康体生活理念，健康城市形象”本身就是万盛的文化名片、文化品牌。

打好转型牌、旅游牌、生态牌和文化牌，是万盛资源型城市全面转型和旅游经济全面发展的一件大事。我的判断是，万盛的发展起步难、发展快、潜力大。在“中国（重庆）羽毛球文化节”的推动下，万盛的城市品质、城市形象、城市品牌一定能够得到极大的提升，万盛老百姓的幸福指数一定能大大提高，让我们共同努力，让我们共同期待。

城市品牌：软实力、影响力、传播力[①]

今天和大家讨论的主题是，城市品牌：软实力、影响力、传播力。软实力是要回答什么样的城市是最好的城市，影响力是要回答什么样的城市符号才能留下最美印象，传播力是要回答什么样的传播才能使城市更具魅力。通过这个论证，使我们对城市品牌有一个重新认识。

关于城市品牌趋势

一位美国的经济学家预言，21世纪影响世界发展有两件事，一件是美国的新技术革命，另一件就是中国的城市化。

中国的城市化为什么能够影响世界？最根本的一点，中国的城市化将成为未来10—20年中国经济增长的动力，也将成为世界经济增长的引擎。城市化将成为扩大内需，特别是拉动投资合理增长的最强大力量。内需市场又必将成为中国参与国际竞争和改变世界格局的重要战略工具。这就是中国城市化的威力。

另一件事就是美国的科技革命。发端于20世纪80年代的新技术革命是以互联网为核心的科技革命。这场革命把21世纪的世界推向一个崭新的网

① 作者2012年10月13日在中国4A金印奖杭州沙龙上的主题演讲。

络时代。这个时代正在改变人类的获取信息方式、交友或交往方式、生产方式、生活方式、资源配置方式、价值观念和思维模式。

值得我们关注的是，当下的中国，正是城市化与网络化互动的时代。在这种互动中，城市品牌的地位和作用就显得尤为重要。

从城市体系看城市竞争优势，可以得出以下结论：城市已进入一个品牌时代。品牌是全球化资源要素的配置机制，品牌是城市竞争的战略性资源，品牌是城市价值最大化的集中体现，未来城市的竞争是城市品牌的竞争。

关于城市品牌模型

为什么要讨论这个模型？或者说它的意义在哪里？最重要的一点，城市品牌已成为城市发展战略，它具有以下特点：

一是方向性。它引领潮流，决定事物发展的性质，成为主要矛盾的主要方面。

二是全局性。品牌对城市发展的影响已不是一个概念、一种技术，甚至不是一般意义上的文化现象，它的影响是系统的，涉及经济、政治、文化、社会、生态的方方面面，是过程与结果的统一体。

三是先进性，是先进生产力。

四是持续性，具有累积效应和倍增效应。

这些特点说明，品牌正在成为城市竞争的新方向、新优势、新模式。用一句时髦的话说，就是品牌成为城市的“高富帅”。

什么是高？高就是高品质的生活，就是软实力。软实力的本质是功能，功能的核心是品质。“五宜”就是品质，就是功能的体现。城市让生活更美好，好就好在它的功能上。城市并不像诗人描绘的那样：“我有一

要素	指标内涵
软实力	**五宜** 宜居、宜业、宜学、宜商、宜游
影响力	**五度** 知名度、美誉度、忠诚度、偏好度、联想度
传播力	**五量** 体量、能量、质量、流量、增量

城市品牌模型图

个家，面向大海，春暖花开……”。人们追求的美好生活，一定是“面向地中海，北靠曼哈顿，左手玉龙雪山，右手天上人间”，这就是功能，这就是品质。

判断一个城市好还是不好，不是看这个城市的规模有多大，人口有多少，不是看这个城市有多少高楼大厦，也不是看这个城市生产出多少GDP，而是看这个城市的功能，看这个城市老百姓的生活质量。简单地讲，就是看这个城市是不是宜居、宜业、宜学、宜商和宜游。也就是说，这个城市是不是适宜更多的人居住，是不是能为更多的人提供更多的就业机会和发展机遇，是不是适合更多的人就学成长，是不是能为更多的人提供更好的投资创业环境，是不是适宜更多的人游憩和休闲。

什么是富？富就是高大的英雄形象，就是影响力。影响力的本质是形象，形象的核心是地位。“五度”就是地位，就是形象的体现。

一个城市能不能给人留下美好印象和深刻记忆，取决于这个城市的知名度、美誉度、忠诚度、偏好度和联想度。

比如杭州。美丽的西湖，《非诚勿扰》中的西溪湿地，《宋城千古情》，张艺谋的《印象西湖》，“东方休闲之都，生活品质之城”的城市战略，王国平……

什么是帅？帅就是魅力，就是传播力。传播力的本质是魅力，魅力的核心是体验。“五量”就是体验，就是魅力的体现。“五量”的内涵是什么？体量是指传播内容的丰富性，质量是指传播的品质和功能，流量是指传播渠道多元化和参与方式多样化，能量是指传播的覆盖面和有效性，增量是指传播资源利用率、转化率和贡献率。

一个城市的传播力取决于传播的体量、能量、质量、流量和增量。在这“五量”的互动作用中，关键取决于两种力量：一是传播内容的力量，从个性到人性。传播已不只是口号，更多的是形象；传播已不只是新闻，更多的是故事；传播已不只是个性，更多的是时尚；传播已不只是宣传，更多的是体验。二是传播渠道的力量，从主流到主导。传统媒体的主流作用主要靠灌输和记忆，而新媒体和互联网的主导作用主要靠参与。

关于城市品牌价值

城市品牌就是城市战略。

城市品牌是城市软实力、影响力、传播力的统一体。软实力决定影响力，影响力源于传播力。怎么传播比传播什么更重要。打通两个舆论场，全媒体整合传播最有效。

一个领导着世界信息革命的国家注定比任何其他国家都更有力量。在信息社会里能够掌握信息渠道的国家往往比其他国家有着更大的话语权，并且由信息带来的软实力正处于越来越重要的地位。

谁拥有世界上最发达的传播媒介系统，谁就拥有影响世界最有力的“武器”。

第 5 篇　创新的城市

深圳离国际化究竟有多远①

关于深圳国际化的基本认识

记者：*对深圳国际化面临的宏观形势如何判断？*

连玉明：深圳国际化涉及一个对中国城市发展的判断问题。第一，对中国城市竞争态势的基本判断。深圳在参与整个国际化城市竞争中怎么判断竞争态势，一是城市群之间的竞争，是长三角、珠三角和大北京三大城市群之间的竞争，而不是某一个城市和另一个城市的竞争；二是从对抗型竞争到合作型的竞争。这两个态势是考察深圳在国际化过程中一个基本的参照系；第二，对中国城市价值取向的基本判断。国际化究竟要干什么，国际化实际上是深圳的战略选择问题，不是战术问题，也不是技术问题。城市最终要实现价值的最大化，这个最大化表现在两个方面：一要看这个城市有没有更强的经济实力、有没有更高的生活水准以及能不能为个人提供更多的就业机会和发展机遇。二要看这个城市形态是不是高级化，是不是从低级的形态向高级的形态逐步过渡。一般情况下，我们把城市分为三种基本形态，即成长型、停滞型和衰退型。两年前我们做过一个判断，前20年深圳是成长型的，进入21世纪后的基本形态有衰退的倾向。当然这个

① 本文主要观点刊载于2003年7月28日《深圳特区报》和2003年8月5日《深圳商报》。

衰退是相对的。衰退型有一个拐点。衰退型也是一个平台扩展的过程，并不是一下子就衰下去了，现在拐点还没有出现。所以，国际化搞不好很麻烦，如果搞好了，可能从衰退型变成第二次成长型。

记者：深圳离国际化究竟有多远？

连玉明：第一，从经济实力看，主要看五个 GDP，即 GDP 总量、人均 GDP、GDP 密度、GDP 贡献率和 GDP 增长率。深圳去年的 GDP 增长是15%，排第三位，是很高的，但总量还不够大；第二，看自由的竞争环境有没有形成；第三，看独特的城市文化。不是说深圳没有文化，是独特性不够，就是商业文化也没有关系。深圳文化的本质是创业文化；第四，看对外贸易依存度。现在上海研究两个能力，一个是集聚能力，看国外的企业、投资对上海有多少集聚；二是辐射能力，看上海的企业、投资在国外有多少；第五，看国际交往能力。比如联合国有一个指标，在国际化城市设立国际组织的总部要求10个以上，要求大型国际会议一年50个，要求常住外国人口规模10万人以上，机场要有2个，等等。从这些条件来看深圳和国际化的差距还是有一定距离的。

记者：深圳国际化战略选择的关键点是什么？

连玉明：一是如何找到深圳国际化的制高点。这就涉及怎样确立深圳的坐标系。我觉得要站在珠三角城市群的范畴内，用“世界岛”的理论去看自己的位置。深圳就相当于世界市场中的一个“岛”，那么岛上的任何动作都可以牵扯整个国家、整个世界市场的神经，这个岛的牵动力有多大，直接关系到制高点的问题。深圳国际化不能孤立起来看，要从更广的视野、更宽的领域、更新的角度建立深港一体化、深穗一体化的互动机制。二是战略选择意味着学会放弃。深圳现在什么都想干，这是最麻烦的。深圳国际化中最大的敌人就是自己。

记者：深圳国际化过程中还有哪些需要解决的问题？

连玉明：深圳国际化过程中有五根“软肋”，如果不解决，很难直起腰来。第一，浮躁心态。不是指深圳人，而是指政府。国际化并不是一个新的概念，这种浮躁的表现就是要“大”。现在不是一个大的时代，是一个以小搏大的时代，强调城市的专业化、个性化和人性化。第二，创业环境。深圳的发展靠创业。现在创业环境正在走下坡路，这种倾向直接关系到对稀缺资源的集聚。创业环境不好了，人才不去，资本去不了，制度不能创新，城市失去活力。政府是创造环境的，如果不能创造一个好的创业环境或者不如原来的环境，这个优势就没有了。第三，移民倾向。如果讲国际化，第一条就是要形成移民城市。看一个城市是成长型还是衰退型，关键看居住者的结构。如果居住者的结构是富人和穷人相对很少，中产阶级很多，而且是呈增长趋势的话，这个城市一定是一个很有活力的、成长型的城市；如果白领数量下降，从“橄榄形”向“哑铃形”结构转变，中产阶级越来越少，肯定是衰退型。第四，联动机制。深圳国际化和整个珠三角城市群的发展密切相关。需要强调的是：深圳在珠三角城市群中怎么发挥作用，在港深一体化中怎么发挥作用。珠三角城市群发展的程度直接决定深圳国际化的程度，深圳对珠三角和港深一体化的贡献程度直接关系深圳的国际化程度。没有联动机制，深圳国际化不可能。我们做过一个判断，长三角是主动整合型，珠三角是被动适应型，大北京是停滞对抗型。第五，竞争优势。深圳现在正逐步失去它的竞争优势。深圳比别的城市强，是在别人拥有比较优势的时候，它已经有核心竞争力，这个核心竞争力就是弱政府、强市场，低成本、高效率。弱政府带来的是高效率。政府创造环境，企业创造财富，市民创造文化。强市场带给城市的是一种游戏规则的制定权。现在深圳正在失去制定规则的权利。深圳真正要国际化，最紧迫的问题就是怎样融入珠三角城市群的联动中，怎样在珠三角城市群的需求中确立自己的坐标系，使深圳、香港、珠三角地区真正形成一个大的联动机制和共同市场，这才是真正提高国际竞争力的一个最好的办法。

国际化不是指标，是城市价值的体现

记者：深圳提出建设国际化城市的目标，您作为研究城市国际化问题的专家，能不能给我们介绍一下国际化城市的标准是什么？

连玉明：首先我想说的是：我们不能就国际化谈国际化。我认为，深圳建设国际化城市的问题，其实是一个如何认识深圳在整个世界经济、世界城市中的地位和作用的问题。或者说是个认识深圳在后20年，即21世纪的头20年这一中国重要战略期内，深圳的战略机遇、战略重点在哪里的问题，深圳在21世纪面临的挑战是什么的问题。

面对来自众多城市的竞争，深圳做出了“建设区域性国际化城市”这一定位，我们首先要从更广泛的战略角度来认识深圳建设国际化城市的战略背景。

首先，加入 WTO 加快了中国的全球化进程。在全球化进程中，城市面临的最大挑战就是原有的城市传统管理模式和封闭结构被打破，原来城市间稳定的秩序现在开始流动，而这种流动带来城市整个结构的不稳定性。这种不稳定性大大增加了城市竞争力的风险；其次，城市在吸引稀缺资源，尤其是人才、资本等时面临着越来越多的竞争者。我国入世后，市场间的竞争是以城市为单元的，而不再以企业为单元。更确切一点来讲，是以城市群、城市圈、城市带为单元的。所以，现在深圳面临的竞争绝不是深圳跟某一个城市的竞争，而是深圳所在的城市群，与长江三角洲、大北京城市圈、甚至跟世界上一些大的城市群的竞争。

面对这样两种挑战，城市怎么办？一是必须全球化，建立“零距离”竞争的意识；二是必须专业化，解决目前包括深圳在内的中国城市存在的“大城市不大，中城市不强，小城市不优”的状况；三是必须个性化，城市间要有差异，通过差异化战略形成比较优势和竞争优势；四是必须人性化，以人为本，提升城市品质。

综上所述，我认为国际化不是个概念和指标的问题。不是达到什么指标一个城市就国际化了，国际化是城市发展的本质，是城市价值的体现，城市的国际化最终也要体现在城市价值上。这是深圳建设国际化城市首先要明确的。深圳建设国际化城市是很有必要的。而通过区域国际化的进程，来提升自身的国际竞争力，这才是最根本的。我认为可以不去管什么是国际化，最关键的是如何提升深圳的国际竞争力。重要的是要设法使深圳的城市价值最大化。

记者：那么，深圳应该如何提升国际竞争力、实现价值最大化？

连玉明：提升竞争力最终就是要实现城市最大的价值，具体来说体现在以下两个方面：一是城市价值的最大化。即是否有更雄厚的经济实力，是否能提供更高的生活水准，是否能为个人提供更多的就业机会和发展机遇；二是城市形态的高级化。即城市形态是否在由低级形态向高级形态转变。深圳现在正处于衰退的平台扩展期，但并未开始下滑，关键的问题是要采取强有力的手段，延缓其平台扩展，扼制其下滑。争取通过“拐点”，使衰退变为成长。

城市价值主要体现在5个方面：一是城市的实力。即GDP、人均GDP、GDP密度、GDP增长率和GDP贡献率；二是城市的能力。即集聚能力、辐射能力、流通能力、增长能力；三是城市的活力。如企业家指数、创新指数、居住者结构指数等；四是城市的潜力。如信息化率、工业化率、城市化率等；五是城市的魅力。即城市品牌、城市首脑开放性、城市文化兼容度、城市满意度。

我认为，深圳建设国际化城市目前存在的问题是：能力有限，动力不足。深圳在珠三角城市群中应起到“龙头”作用，这种作用目前较弱。但深圳的基础还是不错的，关键是如何将潜力转化为活力。而且深圳经过20年的建设，其品牌已初步在世界上确立。现在我们要做得是使深圳的城市品牌进一步增值，而不是贬值。

深圳要进一步完善城市功能来提升城市竞争力。首先要不断提升和扩充城市产业，加大产业结构战略性调整的力度，推动产业优化和结构升级，培育壮大支柱产业和高新技术产业，积极发展与城市化相适应的新型经济。其次要着力构建大市场、大商贸、大流通的格局，不断完善作为区域商贸流通中心和物资集散地的功能。再次要完善交通运输、信息、中介咨询等服务功能，为各种经济活动和经济要素的自由流动提供全面、高效、便捷的条件。再次要充分认识制度创新给城市建设注入的巨大推动力；要树立经营城市的新理念；要学习、借鉴、引进国内外先进的思想和技术，从高起点上加快城市建设步伐，完善城市功能。最后，要完善基础设施条件，完善行政管理功能，培养城市领导者的创新精神和创新能力，不断改善城市管理。

小企业、大市场、弱政府

记者：*深圳建设国际化城市需要哪些条件？*

连玉明：我认为深圳要建设国际化城市，首先要具备以下条件：

一是开放的市场体系。经过20多年的发展，深圳已经有了较强的经济实力，以及较好的城市基础设施，但遗憾的是，深圳尚未形成开放的市场体系。这就很难形成更大的产业支撑。市场是最大的集聚。市场体系是个需求体系，没有这种需求，很难建设国际化城市。

二是移民城市的构建。深圳一定要在移民城市的构建上制定很好的“游戏规则”。移民城市不只意味着对外来人员进行管理，它应该是指用什么样的政策来吸引更多的优秀人才进入，并创造一种“机制”将引入的各种类型的人才迅速转化为“深圳人才”，然后再不断地进行输入、输出。

三是形成区域国际化的物流中心。深圳是我国四大港口城市之一，应更充分地发挥港口的地位和作用，更开放、国际化。同时进一步与香港一体化。

四是城市功能的再造。主要表现在要令深圳前20年建设的良好的基础设施焕发出应有的活力，并加强这种基础设施的整合效应，充分发挥其作用。

五是政府的转型。政府要认识到自己在深圳区域国际化进程中的地位和作用。深圳是个市场主导型的城市，政府首先要转变职能：强化宏观调控功能，弱化政府管制职能，分化市场干预职能，转化社会服务职能。政府要干的其实只有四件事：制定规则、披露信息、维护公平、实行监管。

总之，深圳建设国际化城市应具备的特点是：小企业、大市场、弱政府。

目前深圳在构建国际化城市中面临的挑战与机遇

记者：您认为深圳建设国际化城市面临哪些机遇，应该怎样去把握这些机遇?

连玉明：首先要谈谈机遇和挑战的问题。我认为机遇和挑战根本不可能并存，不是机遇大于挑战，而是挑战先于机遇。挑战是硬性的、现实的。机遇是软性的、潜在的。不经历挑战，就没有机遇可言。

所以，我认为在今后的10－20年中，深圳面临以下挑战性机遇：

首先，深圳要用5－10年时间完成自身的经济转型和市场体系建立。建立“小企业、大市场、弱政府”。包括产业结构调整、市场分工、城市价值链的形成。

其次，深圳的发展与珠三角城市群的发展紧密相连，不可能孤立。现在的经济是开放的经济，是区域一体化的经济，是全球化的经济，不是特区经济。所以珠三角城市群的发展直接关系到深圳国际化的程度。深圳推进国际化进程，与其对珠三角城市群的贡献程度息息相关。贡献越大，国际化程度越高。深圳要整合珠三角城市资源，首先要通过自身的经济转型、开放体系，来加快整个珠三角城市群的区域一体化。通过深圳的国际化进程推动珠三角城市群在世界竞争中的地位。这是深圳当前应该做的工作。

而整个珠三角要有自身区域一体化的意识，城市联盟是城市集群反空间的竞争模式，它不是利用区位优势，而是借助市场空间和资源要素的流动和整合，形成资源关联度和经济一体化的协作系统，以抗衡或超越竞争集团的资源配置机制。

再次，进一步树立深圳城市文化、梳理人文理念。深圳建设国际化城市，一定要有自身的、不同于内地的、开放的、国际性的价值体系、人文精神、城市文化。这种文化的本质在于其开放性、先进性、兼容性。这种文化要像一个“搅拌机”“变压器”，让外来的各种文化在这里得以融合、转化、升华。

最后我还要强调一点，将来国际城市的竞争一定是人性化的。要想达到国际化，前提是人性化。因为城市是最实在的。它是人居住的城市。人性化根本体现在以人为本，人的利益高于一切，人的需求高于一切。城市要满足投资者和消费者的利益。一切以人的需求和利益为根本。以投资环境为例，人性化是最大的投资环境。人性化的投资环境不是说“我有什么什么，欢迎你来投资”，而是“你来投资，你需要什么我给你什么”。我能根据你的需求提供服务，这就是人性化。城市建设、管理、经营、发展一切要以人为中心。

深港共建世界城市及其深圳的未来[①]

中国的加速崛起需要世界城市的支撑

一、世界城市是对全球经济、政治、文化具有控制力和影响力的国际中心城市

经济全球化、政治多极化、文化多元化和社会信息化的相互交织和互为推动加速了全球网络的形成。以城市为载体，在全球网络中形成了资源要素流转和配置的一个个节点。这些节点集结成为一个多极化、多层次的世界城市网络体系。其中，对全球经济、政治、文化具有影响力和控制力的主要节点城市就是世界城市。

对全球政治经济具有控制力与影响力是世界城市的两个核心功能。世界城市的控制力主要表现在对全球战略性资源、战略性产业和战略性通道的占有、使用、收益和再分配。战略性资源是指与国家、城市的运转、发展、壮大息息相关的重要条件和能够带来巨大回报的关键要素，可以是硬性的自然资源、资金等资源，也可以是软性的政策、人才、信息等资源；战略性产业包括战略性支柱产业和战略性新兴产业。战略性支柱产业首先表现

① 作者2013年11月18日在“2013深圳国际化城市建设研讨会”上的书面发言，刊发于《城市前沿》2013年第8期。

为很强的发展优势，对经济发展具有重大贡献，同时直接关系经济社会发展全局和国家安全，对带动经济社会进步、提升综合国力具有重要促进作用。相比较而言，战略性新兴产业更多地表现为具有市场需求前景，具备资源能耗低、带动系数大、就业机会多、综合效益好的特征，包括新能源、新材料、生命科学、生物医药、信息网络、空间海洋开发、地质勘探等产业。当然，在全球城市网络当中，资源的流转与配置、产业的分工与合作是需要通道的；战略性通道就是以战略性区位优势为依托，以港口、航空、公路、铁路等现代化、立体化的综合交通体系为基础，构建面向全球的资源要素流通和产业梯度转移通道。这都是涉及全球政治安全和经济发展的长期性、全局性、关键性问题。只有对这些问题具有把控权、主动权，能够发挥决定性作用的城市才可以称之为世界城市。

从某种意义上来说，没有控制力也就没有影响力。控制力属于“硬实力”，而对于一个全球性的世界城市而言，还有一个更为重要的层面，就是“软实力”的建设，比如价值观、文化文明、城市精神等，而建设的核心都与无国界、多元文化、开放性等关键要素息息相关，更多地表现为对内的感召力和对外的影响力。作为一种具有强大辐射性和渗透性的软控制力，影响力是世界城市的核心功能之一。

从本质上讲，世界城市是全球战略性资源、战略性产业和战略性通道的控制中心，也是世界文明融合与交流的多元文化中心。深港都会世界城市的建设过程就是不断增加其对世界的控制力和影响力的过程。

二、北京、上海、香港建设世界城市是带动三大区域发展、推动中国加速崛起的主要力量

目前，全世界已经有超过50%的人居住在城市，中国2008年底城市化率已经达到45.6%，约6.07亿人已经生活在城市，到“十二五”末期，中

国的城市化率将突破50%。城市将成为世界政治经济的主要载体。长三角、珠三角、环渤海三个区域未来10年的经济总量将占到全国的75%以上，已经成为影响中国发展的三大区域。长三角的领头城市是上海，上海世界城市的建设将会带动整个长三角地区的发展，进而带动安徽、江西等泛长三角地区的发展。环渤海地区的领头城市是北京，目前北京提出了建设世界城市的战略目标，通过世界城市的建设，京津同城化步伐会进一步加快，从而带动整个环渤海区域发展。珠三角地区的领头城市是香港。香港世界城市的建设将会带动泛珠三角地区，包括中国－东盟自由贸易区的发展。

三、深港共建世界城市优势独特，潜力巨大，大有可为，责无旁贷

深圳是中国改革开放的成功典范和排头兵，30年来依托香港、学习香港、服务香港，既发展壮大了自己，又为香港、为国家乃至世界经济的发展做出了重大贡献。面对全球经济一体化的新形势，香港是深圳扩大开放范围、提升国际化水平、谋求新一轮发展的动力。事实上，从城市人口规模看，深圳和香港两地接近2000万人，可以称得上一个国际大都会。从经济规模看，2007年香港与深圳GDP总量达3000多亿美元。从产业优势看，香港是公认的国际商贸中心，拥有发达的服务业，而深圳是全球诸多产品的制造中心，拥有强劲的高新技术产业。从海运方面看，香港的码头和深圳的港口分别为世界排名第二位和第四位的集装箱大港，香港机场的货运量名列世界首位，而深圳机场客运吞吐量已达2062万人次，深港两地机场的客运总量相加后也排在全球前10位。从金融方面看，香港为世界公认的亚太金融中心，全球金融机构在香港林立，存款额达5.6万多亿港元，而深圳为中国珠三角区域性金融中心，金融机构存贷款余额双双突破万亿元。香港证券交易额已进入世界前7位，深圳是中国两个证券交易中心之一，前景广阔，深港两地证券交易额相加，也可进入世界前5位。如果能够建

成深港国际大都会，而深港的GDP可以保持年均约8%的增长率，到2020年，这个国际大都会经济总量将达到1.11万亿美元，排名世界城市第3位，超过伦敦、巴黎；如果以6%的年增长率计算，也会排名世界第4位。

世界经济重心东移为中国建设世界城市创造了历史机遇

一、世界城市产生的五个条件

第一，世界城市产生于世界经济增长的重心区域。换句话说，只有在世界经济增长的重心区域，才能实现要素的集聚与流动，才能吸引大批国际机构、高端人才的进入，才能形成高端产业体系，也只有这样，才能产生对全球经济具有控制力和影响力的世界城市。第二，世界城市的形成和发展依赖于世界城市区域体系的强大支撑。世界城市的发展都不能靠单个城市的发展，而是要靠整个世界城市区域的繁荣。在这次全球金融危机中，伦敦、迪拜等城市发展的最大教训就是没有“腹地”。第三，世界城市是中心城市与周边地区相互作用的产物，集聚和辐射是世界城市发展和演进的重要机制。世界城市通过加强与周边城市的关系，形成要素的集聚和辐射，以获取规模效应和集聚效应，从而形成更大规模的人流、物流、资本流、技术流和信息流。并在此基础上，建立分工有序的产业关系，共同构建国际经济增长引擎。其中，总部集聚程度则决定着世界城市的网络集聚和辐射能力。第四，创新能力是世界城市发展的根本动力。创新是世界城市建设与发展的根本动力。创新不仅为城市产业结构带来生机和优化，促进产业扩充和产业价值链的形成，从而提升城市价值。同时，也有助于避免结构失衡、社会矛盾加剧、环境恶化等大城市病，从而促进世界城市可持续发展。第五，世界城市的形成是一个持续渐进的过程。纽约、伦敦、东京三大世界城市的形成都经历了一个漫长的过程，同时，由于世界经济政治格局和世界城市体系的变化，伦敦、东京在世界城市体系中的地位也出现了下降的趋势。在这个过程中，一批发展中国家，包括巴西、俄罗斯、印度、中国等，在不断发展的进程中已经开始谋划建设世界城市。

二、中国在应对国际金融危机中走向世界前台，为中国建设世界城市在客观上提供了条件

2008年以来的国际金融危机，不仅导致了全球经济的衰退，更重要的是引发了世界经济格局的变化。以“金砖四国”为代表的新兴市场经济在世界经济格局中的影响和实力加速上升，并在后危机时代占有更大的发展先机和空间。世界金融体系正在重建，世界经济政治格局正在重新洗牌，中国有理由成为国际金融新秩序中的主角之一，并逐步走向世界前台发挥其大国作用。大国崛起中的中国城市有条件、也有必要承担全球经济引领者的职能，从而释放中国的大国影响力和控制力。与此同时，金融危机也将催生新一轮的技术革命和带来世界经济新一轮的高速增长期，在这个过程中，必然会在世界经济增长最快的地区迅速出现一大批具有实力的城市，中国应该抓住这一难得的机遇建立具有国际影响力的世界城市。以香港－深圳、北京－天津、上海为代表的一批中国城市必将伴随经济全球化、金融全球化的趋势脱颖而出，成为一批新兴的世界城市。

三、深圳、香港在世界经济格局中的位置与地位决定了深港合作将形成一个新的增长极

从层次上划分，世界上的国际城市大致分为三个层次：第一层次是世界城市，也被称为全球性国际城市，即对全球经济有重要影响的世界顶级城市，如纽约、伦敦、东京等；第二层次是区域性国际城市，即在世界某一区域中

占有重要地位，如香港、新加坡、巴黎、芝加哥、洛杉矶、首尔等；第三层次是国家性国际城市，此次国家城乡建设部编制的《全国城镇体系规划》中，把北京、上海、天津、重庆、广州列为国家中心城市。深圳不在其中。因此，严格来说深圳还算不上是国家性国际城市。而香港的世界地位已经为世人所公认，与纽约、伦敦共同被称为“纽伦港”发展模式。香港最有可能成为中国乃至亚太地区顶级世界城市。但就现实而言，仅靠香港自身发展则很难达到，香港必须联手深圳，共同形成世界经济一个新的增长极，进而带动整个珠三角地区的发展，方可与纽约、伦敦、东京并驾齐驱。与此同时，深圳也必须依托香港，在共建合作中不断提高自身的城市等级。

深港共同建设世界城市时机和条件日趋成熟

一、构建深港都会是两个城市共同发展的必然趋势

深圳与香港有一种天然的珠联璧合性的合作关系。深圳应该而且也必须与香港联手，共同构建全球性的世界城市。毋庸讳言，在回归初期，“两制”之间的分界、隔离被人为强化，阻碍了两地之间的合作交流。现在的情况已大不相同，两地最关心的是如何尽快减少各种限制，尽可能实现人员、货物、资金的自由流动。在构建全球性世界城市的进程中，更好地借助香港优势，是深圳未来发展的一个重要战略。在同深圳的合作中寻求珠三角乃至祖国内地更广阔的发展空间和更强劲的发展动力，也是香港未来发展的必然选择。经济融合、共同发展，已成为深港两地的共识。事实上，深港两地已经形成“你中有我、我中有你”的经济及利益格局。在经济发展方面，无论深圳还是香港，都不能完全避开对方而自行其是。深港经济正在日益密切融合，这已是不争的事实。

二、深港共建世界城市应上升为国家战略

从长远来看，按照国家中长期发展计划，到2030年，中国将成为世界最大的经济体之一，大中华圈经济实力接近美国，也接近欧盟。这就要求未来中国要有纽约、伦敦这样的世界级国际大都会和国际金融中心。纵观世界城市发展的规律和经验，中国有条件建设世界城市的是北京、上海和香港。这三个世界城市的崛起，将带动环渤海、长三角和珠三角的腹地繁荣，推进世界城市区域体系形成，从而引领中国在世界的加速崛起。因此，通过构建深港国际大都会，使经济中心功能得以集聚，充分发挥香港通往国际的路径和管道作用，发挥深圳连接内地广大腹地的功能，对于提升国家经济在世界经济格局中的地位和影响力亦非常重要，因此深港共建世界城市应该上升为国家战略。需要强调的是，中国正处在新一轮解放思想、改革开放的重要关头。在过去的解放思想、改革开放历程中，深圳和香港发挥了不可替代的先锋带头和积极推动作用。构建深港超级国际大都会，不仅是进一步解放思想、改革开放的产物，而且将进一步带动新一轮解放思想、改革开放的热潮。显然，打造深港超级国际大都会，不单是为了深港本身及区域经济，更是为了国家的改革发展和民族的伟大复兴。

三、构建城市综合创新体系，深化制度合作，加快深港一体化，真正成为珠三角的龙头城市

深港合作建设世界城市建立在“一国两制”的基础上，没有成功的先例可循。因此，必须导入创新理念，谋求区域新一轮发展的路径和对策。深港都会发展合作模式的核心是制度创新与合作。制度创新的关键不仅在于促进深港及中国内地各类生产要素的合理流动，更重要的是强调法律制度以及基本的币制和税制的创新与合作，强调投融资体制的改革与对接、

政府间日常工作的协调与合作机制等。与此同时，深港合作还应该重视社会创新，通过新的、更有效的方法的设计和开发，共同应对城市扩张、交通堵塞、人口老龄化、慢性病以及失业等迫在眉睫的问题，这是关系到深港都会建设成功与否的关键。在深港都会建设中，还应充分发挥河套地区特殊地理优势，建设“特区中的特区”成为深港都会的示范区，在河套地区率先进行两地人员自由流动探索。重点是加强基础设施对接，在“一国两制”和不失各自特征的前提下，共同制定城市规划和交通运输规则，改善出入境管理方式，实施交通便利化，建设深港一小时都会生活圈，使两地人流、物流、资金流、科技流高度流通。深港两地政府可以在“一国两制”和不失各自独立性及独特性的前提下，考虑组建深港都市规划机制，通过共同协商，成立深港大都市规划委员会，从深港两地的共同目标出发，对区域基础设施布局、产业布局、环境保护、边境开发、城市发展长远目标与定位等进行深度交流，在达成共识的基础上，制定深港国际大都会的策略性城市规划和交通运输规划。这种宏观性规划，不仅是为了相互协调，减少恶性竞争，避免资源浪费，更重要的是通过城市功能规划的布局带动深港国际大都会经济的共同发展，以早日实现深港国际大都会的宏伟目标，进而拉动珠三角大都会区的经济发展，实现国家发展战略并服务全球经济。

四、国际金融中心、国际创新中心、国际航运中心是深港共建世界城市的发力点

第一，加快建设国际金融中心。金融是全球经济政治的核心元素，也是区域经济发展的动力。香港作为国际金融中心的最大优势，是背靠全球经济最活跃的中国内地。推动深港两地金融业的交互和融合，本身就是实现深港国际大都会的一个重要内容和目标。加强深港的金融合作，不仅可以带动深圳金融业的发展，而且能够从实质性的层面加深香港与内地金融

活动的联系，进一步强化香港国际金融中心的地位和功能。

第二，加快国际创新中心建设。鼓励创新，发展高新技术产业，不仅是深圳自身提升综合实力的重要经济支点，而且是与缺乏高科技产业的香港优势互补，共同构建超级国际大都会的战略需要。两地要积极推进深港创新圈合作，深圳除了巩固自身高新技术产业的优势外，还要加强与香港的创新科技合作，利用香港作为国际金融商贸中心、科研实力和完善的市场机制，将深圳建成国际级品牌、专利创造和注册中心，建成国际级高新技术产业生产基地和自主创新基地。更为重要的，深圳应总结改革开放30年的成功经验以及“排头兵”“试验田”的成果，深化行政体制和社会体制领域改革，推进深圳社会创新。

第三，加快建设国际航运中心。当今世界正在经历一个临空时代、高铁时代和远洋时代。建立一种国际化的、立体化的交通体系，才能对战略性资源、战略性通道实现有效影响和控制。深港应加快两地港口业务整合，形成整体优势，抢占全球航运制高点。目前，香港码头建设和集装箱货物来源、容量等均受到不同程度制约，而深圳港口发展和货物源有极大潜力。为此，深港两地应紧密合作，香港应以组合航运的方式，联合并向深圳港口延伸航运，深圳也应以组合航运方式向香港扩展航运，双方有机配合相互组合延伸扩展。通过深港机场铁路接驳，并实行“一地两检”，有效促进两地人员流动，打造全球瞩目的深港“超级空港”。在空港业务方面进行深度合作，在平等双赢的基础上，实现两地机场的小股权交叉持股。

五、深港共建世界城市必须坚持执政党主导的国家治理模式

深港虽然实施不同的制度，但是两地都同在一个主权国家，可以说“一国两制”是深港共建世界城市的基础。也就是说，打造深港国际大都会，除了需要深港两地政府的努力外，还有赖于中国共产党领导的中央政府在

国家政策层面给予支持。一方面，大都会城市经济圈的形成和发展需要国家规划的指导和协调。因为大都会城市经济圈的发展不仅仅是一个区域性问题，往往需要从国家战略层面来考虑发展对策，何况构建深港国际大都会这样的超级国际大都会，更需要国家加强区域规划工作，发挥规划的指导、协调和约束作用。另一方面，由于“一国两制”下的深港合作有别于内地“一国一制”下城市之间的合作，也需要国家政策的支持。香港与深圳共同打造国际大都会，实现人员、资金、货物的自由流动，皆需要国家给予有别于内地城市的特殊政策。中央政府应将构建深港创新圈，打造深港超级国际大都会纳入国家的总体规划之中，从国家发展战略的层面，支持将深港国际大都会打造为中国第一个超级的国际大都会，使之真正成为充分体现“一国两制”成功实践和“改革开放”深化发展的世界城市。

深圳的湾区战略①

深圳提出建设国际化湾区名城目标是要成为世界级湾区经济区域中的核心城市。深圳具有独特的地理优势、产业优势和集群集聚发展优势，可以说具备了建设国际化湾区名城的基础条件。世界上著名的湾区，譬如美国旧金山湾区、纽约湾区、亚洲东京湾湾区等在长期的发展过程中已经为我们探索了许多成熟的发展经验，值得深圳在国际化湾区名城建设中借鉴。

湾区经济的基本概念和建设条件分析

一、湾区本质上是大都会区域的概念

湾区经济概念早在20世纪80年代就有人提出，但迄今没有形成统一的定义和系统的理论研究。从城市经济学角度讲，湾区概念一定意义上是大都会区概念；从产业经济学角度讲，湾区经济是临港产业群，或者称为濒海产业圈，两者结合一块就形成"湾区经济"。譬如在所谓的东京湾大都市圈，它不只是东京湾，不只有东京、京都，还往外延伸到神户、横滨、

① 作者2014年9月17日在2014年深圳国际化建设研讨会上的书面发言。

名古屋等，形成巨大的大都市连绵带。

二、海洋地理地貌是湾区经济形成的先决条件

靠海而有海湾的地方都可以叫作湾区。东江、西江、北江的入海口共同形成了珠江的河口地带，即环珠江口湾区。地理形态上呈现出大致对称的 A 字形，即广州为顶点，一边连接香港、深圳，另一边连接澳门、珠海，深圳在环珠江口湾区的区域位置独特，湾区资源丰富，这也是深圳建设国际化湾区名城的重要地理优势。

三、强大的产业体系是湾区经济形成的关键支撑

城市要发展成一个大都市圈，本身需要强大的产业群支撑，这是湾区经济形成的第二个条件，也是决定性的因素。因此可以说，强大的濒海产业集群、发达的经济网络（包括交通网络和供求网络）和社会网络、大规模的城市集群，共同构筑起“湾区经济”。深圳本身具有良好的产业结构和产业环境，深圳的市场经济氛围浓厚，民营企业数量多、规模大，服务业在国民经济中的占比也较高，金融、物流、咨询等行业发达。

四、集群集聚发展是湾区经济形成的基础条件

经济学最基本的问题就是有限资源如何在时间和空间上合理配置，以最大限度地节约交易费用，获得更高的回报。资源要素的空间集聚可以产生规模效益，这个道理谁都明白。利用湾区的各种有利条件，即通过集中利用湾区的市场、交通设施、产业之间的协作与配套等条件，可以使原有人口、科技、信息等要素产生集聚性的“放大”效应。所以，节约交易成本就是湾区经济赖以存在和发展的意义。环珠江湾区在成长为我国重要的城市区域过程中，深圳已经与各城市之间形成良好的互动合作机制，尤其

是与香港已经建立起越来越紧密的合作，这是其他城市、区域无法比拟的优势。

国际著名湾区发展的主要经验

世界级湾区经济带主要有旧金山湾区、东京湾区、纽约湾区等，分析这些湾区的发展过程，我们可以总结出供深圳参考的重要经验。

一、高度开放的现代经济结构

湾区因为港口连接世界的便利性，不但拥有城市间四通八达快速交通的连接，还拥有同世界各地进行交往的空中便利交通，是内陆与世界连接的重要节点，其经济体系具有高度的开放性。国际著名的湾区是各大陆最先与世界相连的地方，随着航海技术的发展，海运成为对外交流中最主要的方式之一，承担超过2/3的国际贸易运量。湾区经济带中的城市同时也具备很高的城市价值，往往具有大规模可深入的腹地，对湾区经济带中的其他城市具有很强的辐射带动效应。

二、高端高效的资源配置功能

世界知名湾区中的中心城市往往拥有整合和配置全球资源要素，从而实现价值最大化的能力和权力。重点是要通过控制三个方面的要素实现全球资源的配置功能：一是战略性资源，如石油、铁矿石等硬资源，更重要的是包括人才、信息、资金等软资源；二是战略性产业，包括战略性支柱产业和战略性新兴产业，如信息产业、新能源产业、文化创意产业等；三是战略性通道，资源要素的流动和配置需要一定的渠道，比如现代物流通过机场、铁路、港口才能实现它的价值。我们正在经历一个临空时代、高铁时代、远洋时代，战略性通道对资源配置至关重要。综合交通体系的建设是战略性通道建设的重要方面，旧金山湾区的公共交通非常发达，覆盖整个区域。公交线路通车里程为11200km（其中660.8km为轨道交通）。区域的轨道交通为公有公营，为政府模式决策，企业模式管理，实行公交化、通勤化运营，同时能与其他交通方式协调发展，共同组成了整个湾区世界闻名的捷运系统，并且通过与航空、航海的协同运作实现了区域与全美、全世界的互联互通。

三、活跃多元的创新生态体系

纵观世界级湾区成功的关键因素就是有发达的创新生态体系，成为世界创新的中心。在创新体系构建中最重要的是五个因素：1. 世界一流大学；2. 世界一流的人才；3. 活跃的中小企业；4. 发达的天使投资；5. 完善的市场规则。多伦多大学教授理查德·佛罗里达把旧金山成功的秘诀归纳为“技术、人才和宽容”。数据显示，湾区九成的企业表示自己拥有明晰的创新战略，并且得到公司高层的绝对支持。湾区还聚集了包括斯坦福、加州理工大学等众多顶尖教育机构，源源不断地培养世界一流的人才，并催生出从实验室走向硅谷进而扩展至全球的商业成功模式。大量的风险投资、创业投资基金的支持也是过去几十年支持硅谷发展的重要金融力量。如今在硅谷的高速公路上，有一个出口就因此被命名为“风险资本家出口”。美国35%至40%的风险投资资金都聚集在湾区。完善的市场规则也是湾区可以借鉴之处。在硅谷，创新生态系统自下而上自发形成，市场很少受到管制，政府充当环境创造者和培育者的角色，不断推进知识产权等相关法律制定与实施，努力取消贸易壁垒，形成了较成熟的政府与市场间的关系。

四、优美舒适的宜居宜业环境

湾区住区除了拥有绿色生态环境以及现代化节能建筑外，还要享受到海洋带来的清新空气和宜人温度，往往具备高尔夫、图书馆、艺术中心、运动中心、游艇、帆船、酒店等完善的配套，让各个层次的居住者和旅游者都能够找到适合自己的休闲娱乐项目，使整个湾区处于一个完美的居住生态圈中。同时，这个区域还应该是一个具有深厚的文化内涵以及传统文化地标的区域，文化和精神核心可以不断复制，才是真正具备生命力的区域。美国洛杉矶临湾地带方圆十多平方公里，是最有名的富人区，拥有完善的生活配套和包括私人飞机在内的豪华而便捷的交通工具，是好莱坞明星和洛杉矶富豪争相选择之地，也是世界闻名的旅游景点之一。东京湾区突出特色是注重生态和可持续发展，营造了国际一流的海湾生态圈，湾区的交通等硬件配套十分完备，建筑设计、建筑风格、建设品质和居住文化等方面都引领世界潮流。新西兰的霍克湾东面是浩瀚的太平洋，崖岸曲折，形势险要，是世界另类游客探险的好地方。新西兰霍克湾区属于地中海气候，这里土地肥沃、阳光明媚，散布着许多历史悠久的葡萄园，生产新西兰著名的餐酒。

五、良性互动的区域竞合关系

在离心力（centrifugal force）与向心力（centripetal force）相互作用下，湾区经济带中的城市表现出多核分化竞争与跨境集聚整合的发展态势，在集中的同时，也不断分化，但是这种分化并没有造成这些城市的衰落，而是使得这些城市的优势越来越明显，变得更加富有生机活力，从而形成一个相互依存的城市区域体系。旧金山海湾型城市的形成和发展，是分工协作、经济高度一体化的结果：从旧金山向南到圣何塞之间的“硅谷”

是著名的高科技中心；海湾东部的奥克兰和里士满主要为船舶制造业、机械加工业和航天业等；伯克利和圣马特奥是著名的大学城。旧金山为金融和服务业中心，是海湾区经济的神经中枢。日本东京湾内港口群职能分工合理，使得狭小的港湾内云集6个世界级的大型港口，而港口间不但没有形成恶性竞争，反而取得了良好的增长业绩。

关于深圳建设国际化湾区名城的策略建议

在新的条件下，深圳市如何发挥自身优势，借鉴国际经验，把握机遇，实现新一轮的快速增长，对深圳未来的发展是一个具有深远意义的重大战略。深圳必须进一步增强机遇意识，加快国际化湾区名城建设，服务于国家21世纪海上丝绸之路战略的落实。

一、加快海湾拓展，致力扩大自身实力规模，在功能提升和腹地拓展上有新突破

一是壮大总量，拓展外围，提升中心城市功能。具有综合实力强劲的整个城市经济（甚至区域经济）是湾区城市发展的强力后盾。深圳跟世界著名湾区中的城市相比还有不小的差距。根据2009年普华永道公布的一份研究报告显示，2008年上榜全球城市排名前50的城市中，东京、纽约分列第1、第2位，旧金山列第18位，中国上榜的城市只有香港、上海和北京，分列第16位、第25位、第38位，深圳要想成为环珠三角湾区的中心城市还需要做大经济总量。在做大经济总量的同时，深圳要建设国际化湾区名城，核心在于要跳出深圳求发展，不能在有限空间内“打转”，必须坚持提升中心城市与扩展周边区域并重，拓展海湾型城市框架与完善城市功能并重。要加快拓展中心城市发展空间，在优化深圳城市功能的同时，加强与周边

区域合作，扩张经济发展腹地，推进资源的合理配置和优化组合，壮大经济总量，使深圳拥有更强的集聚和辐射能力。深圳应该拿出像当年上海开发浦东那样的决心，致力发展周边地区，并在政策上给予倾斜，打造“深圳浦东”，使深圳成为一个腹地开阔、潜力巨大的海湾型国际风景城市。

二是超前规划，科学管理，提高城市整体品位。在当今开放的世界，衡量一个城市的竞争力，已不再是比较城市规模的大小，而更注重评判城市功能的优劣和城市品位的高下。深圳的城市建设应围绕“现代化国际化先进城市”的目标定位，立足珠三角，影响东南亚。各类规划起点要高，有相当的稳定性，具备超前性，能适应经济规模的跳跃发展，维护可持续发展，充分体现人与自然、文化、经济的高度和谐统一，能增强城市吸引力、辐射力和发展后劲。深圳建设国际化湾区名城，战略上很清楚，关键在战术。要用世界的眼光规划深圳，提升深圳城市品位，而按照对现代城市规划理论的诠释：“真正的城市规划必须是区域规划。”从更长远的角度和区域发展的视角看，深圳的城市规划要体现超前性，还必须着眼于整个东南沿海城市群的发展和定位，从而确定自己的坐标。同时，深圳在城市规划和建设中，既要有整体性、系统化的思维方式，又要有前瞻性的战略眼光。因此，要充分发挥深圳海岸线的功能，有意识地将深圳打造成一个港口风景开放城市，塑造出魅力独特的深圳城市品牌。

三是拓宽思路，创新形式，提高经营城市水平。所谓“经营城市”是指运用市场经济的手段，对构成城市空间和城市功能载体的自然生成资本和人力作用资本及其相关的延伸资本等进行有效聚集、重组和市场化营运，以期达到为城市再发展提供资金的目的。按市场经济运行的要求，把具有经营性的资产实物形态转变为价值形态和货币形态，把可以投入市场营运的城市基础设施推向市场，通过基础设施的所有权与经营权实行有效剥离，促使城建资产重新配置和优化组合，推动城市公用事业走社会化服务、产业化发展、市场化运行、企业化经营的路子。必须牢固树立“经营城市”的理念，用活经营城市的机制，着力打响“国际化湾区名城”的品牌，建立与其配套的政策平台和资金平台，由政府引导，市场操作，广泛利用国际资本和社会资金，拓宽融资渠道，利用市场机制来盘活“城市”这个最大的资源，加快深圳的国际化进程。

二、推进区域合作，致力培育湾区经济带，在增强区域经济带动力上有新突破

一是坚持和推进区域合作，确立深圳在湾区的核心城市地位。目前，中国主要有三个比较大的湾区发展前景最好。一是以北京和天津为“双核”的环渤海湾区，也包括胶东半岛、辽东半岛的一部分，大连、威海、烟台都属于这个湾区。二是环长江口湾区，被誉为中国的“金三角”。这里以上海为核心，是中国经济发展速度最快、经济总量规模最大、最具有发展潜力的经济板块。三是环珠江口湾区，是中国最发达的经济区域之一。城市集群和产业集群沿着“A 字形结构”分布，以广州为顶点，佛山、中山、珠海为西翼，东莞、深圳、香港为东翼。根据世界著名湾区经济带的发展规律，每个湾区都必将产生若干个核心城市。在环珠江口湾区，深圳无疑最具有这种潜能并已具雏形。借鉴旧金山湾区的经验，深圳必须设法加强与周边城市尤其是香港的经济联系，推动经济高度一体化，向城市群的方向发展。对于周边地区和城市的发展，深圳不应该存在担忧心理，而应该携手共进，致力于壮大自身。20世纪50年代末，旧金山的中心地位受到奥克兰的挑战，50年代后受到圣何塞的挑战，但旧金山仍然保住中心城区地位：一是通过空间结构的调整；二是通过经济结构的调整保持领先和主导地位。深圳重要的在于自身的提升，通过产业结构、经济结构和基础设施结构的调整来巩固自己的领先和主导地位。

二是构建和完善协调机制，深化区域合作基础。在考虑深圳城市总体发展战略的时候，必须跳出深圳看深圳。要善于把在深圳周边地区集聚的经济能量转化成促进深圳城市发展的强大动力，在完善深圳功能的同时进一步带动周边城市共同的繁荣发展。打破传统行政区划的制约，形成湾区经济带的概念，构建和完善区域合作的协调机制，形成决策层、协调会、执行层、服务层组成的环珠三角共同体，按照世界级大都市区域城市群为统一整体进行统筹规划。尤其要注重深港合作机制的建设，致力于深港大都会的建设，促进港深及中国内地各类生产要素的合理流动，这是关系到港深都会建设成功与否的关键。在港深都会建设中，充分发挥河套地区的特殊地理优势，建设“特区中的特区”成为港深都会的示范区，在河套地区率先进行两地人员自由流动探索。

三是整合和规划产业布局，强化区域联动发展。环珠三角湾区的产业结构调整，要根据发挥优势和共同发展的指导思想，打破行政区划界限，统筹规划。坚持以市场为导向，加快区域性产业结构的优化和调整，协同整合产业优势，培育若干具备世界级竞争力的产业群落以及合理分工和梯度互补的产业体系。为此，经济带范围内各城市应该停止“积极地通过增量投资调整区域竞争性产业结构”的努力，不宜强调在自身行政区划内培育和形成所谓的主导产业、支柱产业，以避免重复建设和产业结构同构现象，而是要充分发挥自身优势，在区域性的主导产业、支柱产业定位中寻找自己的位置，因地制宜配合区域主导产业、支柱产业的形成与发展。各地可以着力于发展特色产品，提高某些重要的优势产业的竞争力。深圳特区更是要将经济发展与全省、整条湾区带经济发展的宏观规划紧密地结合起来，形成互惠互利的良性循环，逐步形成大湾区的发展格局，让深圳真正起到带动整个经济带经济发展的作用，实现经济带的联动发展。

三、找准发力点，建设“两中心一枢纽”，在提升影响力和控制力上有新突破

一是加快建设国际金融中心。金融是全球经济政治的核心元素，也是区域经济发展的动力。世界著名湾区往往都是国际金融的中心，环珠三角湾区有香港这样一个国际金融中心的最大优势。深圳应该充分利用这一优势，推动港深两地金融业的交互和融合。加强港深的金融合作，不仅可以带动深圳金融业的发展，而且能够从实质性的层面加深香港与内地金融活动的联系，进一步强化香港国际金融中心的地位和功能。

二是加快建设国际创新中心。国际经验表明，创新能力的强弱在湾区发展中起到了至关重要的作用。要大力推进民营企业制度创新，释放中小企业发展活力，使企业成为创新主体。培育良好的市场环境，大力发展风险投资，使深圳成为世界风险投资的热土。遵循世界级优秀大学办学规律，淡化大学的行政色彩，在深圳培育世界级的大学，以大学带动深圳成为创新创业的摇篮。要积极推进深港创新圈建设，深圳除了巩固自身高新技术产业的优势外，还要加强与香港的创新科技合作，利用香港作为国际金融商贸中心、科研实力和完善的市场机制，将深圳建成国际级品牌、专利创造和注册中心，建成国际级高新技术产业生产基地和自主创新基地。

三是加快建设国际交通枢纽。当今世界正在经历一个临空时代、高铁时代和远洋时代。建立一种国际化、立体化的交通体系，才能对战略性资源、战略性通道实现有效影响和控制。要加强湾区城市之间的联系，加强深圳与世界城市的交流，必须加快构建快速、便捷、高效、安全、大容量、低成本，集航空、航海、高铁、城铁、地铁、公路等方式为一体的互联互通的综合交通运输体系，协调区域内不同城市交通网络规划与建设，促进交通一体化。尤其要加快深港港口业务整合，形成整体优势，抢占全球航

运制高点。目前，香港码头建设和集装箱货物来源、容量等均受到不同程度制约，而深圳港口发展和货物源有极大潜力。为此，港深两地应紧密合作，香港应以组合航运的方式，联合并向深圳港口延伸航运，深圳也应以组合航运方式向香港扩展航运，双方有机配合相互组合延伸扩展。通过港深机场铁路接驳，并实行“一地两检”，有效促进两地人员流动，打造全球瞩目的港深“超级空港”。在空港业务方面进行深度合作，在平等双赢的基础上，实现两地机场的小股权交叉持股。

大连为何不敢担当东北亚金融中心[①]

大连应有信心构建国际金融中心

《新魅力·财富》：您认为大连的城市经济结构存在哪些需要改进的环节？

连玉明：大连城市经济结构的一大特征是国际化程度高。我认为在未来发展方向的选择上，大连目前进入了一个转型期，即由外延式扩张转向内涵型发展，以城市功能提升取代规模扩展。经济结构决定城市功能，我认为现代服务业，尤其是高端服务业，将是大连城市功能提升的核心。

大连曾经提出建设东北亚国际航运中心、东北亚国际物流中心、区域性金融中心的战略目标。这三个目标的确定，标志着大连在未来将承担多种生产要素的流动中枢功能，这些生产要素包括最基础的物流、人力流，层次高一点的信息流，再到层次最高的金融流，组成一个完整的地区性经济枢纽。但是，我也注意到，在航运中心、物流中心两个战略目标定位的层次是“东北亚国际”级，但在金融中心建设的定位是略显保守的“区域”级。

我认为，大连的产业结构调整应当将城市功能的区域定位进一步提升，不满足于服务一个区域，而应当服务整个东北亚，其核心便是金融。对于

① 本文刊发于《新魅力·财富》杂志2010年3月号。

大连来说，建设“东北亚国际金融中心”是最重要的发展方向。金融危机的爆发充分体现出了金融对于政治、经济格局的影响力，因此在当前历史条件下，大力发展金融业是现代服务业的核心。大连具备构建“东北亚国际金融中心”的条件，应当有信心、有底气提出这样的口号。

《新魅力·财富》：您在2000年曾经关注过大连的环境改造，2009年又以“国家战略、北方门户、核心地位、龙头作用”这16个字来概括大连在辽宁沿海经济带中的战略地位。在接下来的几年内，您如何评价大连的经济发展前景？

连玉明：“国家战略、北方门户、核心地位、龙头作用”，这个定位标志着大连的发展将进入三个新阶段：一是以辽宁沿海经济带发展上升为国家战略为标志，大连进入加快发展的新阶段；二是以全域城市化和区域一体化为标志，大连进入统筹发展的阶段；三是以抢占北方开放门户和打造腹地开放平台为标志，大连进入优化发展的新阶段。这三个新阶段可以得出一个基本结论，就是大连将迎来新一轮大开放、大开发、大发展的新时期。这个新时期也是大连城市战略新的转型期、城市发展新的加速期和城市价值新的提升期。抓住这个机遇，抓好这个定位，提升核心地位，发挥龙头作用，是新时期大连新发展必须认真研究并加以实践的首要问题。

要抓好一个规划，提升城市功能。规划是城市发展的第一动力。落实大连的新定位，要更加注重大规划引导大发展。城市功能是由城市结构决定的，优化城市功能必须优化城市的产业结构、消费结构、文化结构、社会结构。优化结构的前提是做好规划。落实新定位，产业支撑是关键。大连发展的关键，就在以现代产业集散区为核心的高端产业体系，必须形成标志性园区，围绕东北亚国际航运中心、东北亚国际物流中心、区域性金融中心构建开放型的现代服务业体系。高端产业体系的形成，直接关系到以大连为核心的辽宁沿海经济带能否抢占新一轮国际产业转移的先机，能否打造聚集国内外资源要素的高地。

抓好一个产业，提升综合实力。落实大连的新定位，产业支撑是关键。要打造以现代产业聚集区为核心的高端产业体系，这是一个产业集群。这个集群必须形成标志性园区、标志性产业、标志性企业、标志性项目和标志性品牌。

抓好一个品牌，提升开放水平。大连本身就是一个具有全球影响力的城市品牌，大连要通过开放抢占先机，优化资源配置，突破行政区划体制障碍，打造改革创新先行区、对外开放先导区、投资创业首选区和和谐生态宜居区。特别重要的是，打造辽宁沿海经济带这个品牌，首先要把大连这个中心城市做大做强，强化集聚和辐射功能，带动腹地繁荣，构筑沿海与腹地互动发展的新格局。

《新魅力·财富》：您提到了“全域城市化”的概念，今年的大连市政协会议上明确提出力推大连进入“全域城市化时代”，在您看来，全域城市化发展的关键是什么？

连玉明：如果说辽宁沿海经济带上升为国家战略是大连迎来千载难逢的外部机遇，那么全域城市化则是大连发展的内在动力。

在目前的历史阶段，全域城市化、区域一体化，其核心是城乡一体化。若要实现全域城市化，则城乡一体化必须实现，衡量城乡一体化的标准有以下8点：规划一体化，基础设施一体化，投资体制一体化，城市管理一体化，社会保障一体化，公共服务一体化，安全稳定一体化，财政体制一体化。这些标准既涵盖城市硬件功能，又包括了城市软性实力，所以说全域城市化是一个复杂、多方面结合的过程。

除了城乡一体化之外，全民现代化是全域城市化的另一核心问题。文明的发展，其根本是人的发展，现代化建设的终极目标是人的现代化。如何改善和提升城市居民的生产方式和生活方式，这是最关键的问题。

别把低碳技术化，它是种生活方式

《新魅力·财富》：前不久您提出，北京应当率先建设低碳城市，您是否认为如今我们已经具备了建设低碳城市的能力？

连玉明：低碳经济这个话题已经讨论了很久，从产业层面进行的讨论也很多，但是低碳城市的概念刚刚提出来。“大城市化”是中国未来的发展趋势，大量人口向城市集中，这与西方有很大不同，在中国，城市的聚集能力更强。“大城市化”带来的最大问题就是能源与资源的消耗。新的能源，包括新能源开发与旧能源改造，必然带来新的产业革命，以及新的生活方式。

至于提出低碳城市的建设，我认为低碳城市就意味着低碳的生活方式，节能减排与我们每个人的生活都息息相关，因此提出低碳生活的概念永远不会过早，只会过晚。这不是企业的责任，也不是政府的责任，而是每个人应当在力所能及的范围内去承担的责任。

经济增长带来了生活方式的改变，但是我们都清楚，这样的改变对于地球是不健康的。

《新魅力·财富》：既然提到了低碳生活，您认为我们是否应当制定一些针对所有人的生活规则，比如“排碳税”？

连玉明：一个理智、成熟的社会，任何一个元素都不应当只靠法律强制约束，而应该法律与道德共同维系。法律制定了生人社会的基本原则，道德则是熟人社会的生活标准，而生人社会与熟人社会共同组成了城市，因此道德和法律应当齐头并进。至少在目前阶段，我觉得进行低碳教育、普及低碳文化，更为重要。

《新魅力·财富》：在您看来，低碳生活观成为一种被大众普遍接受的价值观需要多长的时间？

连玉明：首先我要强调，低碳是一种发展观，发展有阶段性、周期性、非均衡性的特点。低碳与城市化繁荣有矛盾之处，又要低碳、又要发展，就必须做出取舍——不发展是最低碳的，城市与农村相比，一定是城市碳排放量更高，但我们不能让城市农村化，那是人类发展的倒退。因此，我们要保持理性、成熟的发展，不要让低碳成为束缚。

再回到低碳生活观的话题，任何一种价值观的形成都需要时间，甚至几代人的探索，因为理念很容易被接受，但由理念转化为行为则需要很长的时间，并且这个过程会受科技等因素影响。

所以我们很难判断，也许有一天，一种绿色、环保的能源被开发出来，成本比石油、煤炭还要低，那么低碳生活很短时间内就能普及。

不能因为需要时间，我们就放弃探索。可以这样说，低碳要从娃娃抓起，不要技术化“低碳”，它是一种生活态度、一种生活方式。

海口独特的城市竞争力[①]

城市竞争力分为综合竞争力和核心竞争力。判断一个城市的综合竞争力要综合考察城市实力、城市能力、城市活力、城市潜力和城市魅力等诸多要素。而判断一个城市的核心竞争力则关键看两点：一是现实优势；二是未来潜能。这两点是决定一个城市是否具有核心竞争力的最核心的要素。从某种意义上讲，未来潜能比现实优势更具有竞争的独特性。从未来潜能看，海口的竞争优势非常突出，主要表现在以下五个方面：

一是优越的生态环境。这个被称为“生态岛”“健康岛”“阳光岛”的滨海城市，建成区绿化覆盖率达到41%，全市森林覆盖率达到41%，近4年新增绿地820公顷，空气质量常年保持国家Ⅰ级水平，在世界大中城市空气质量排名中名列第5。从世界看海口，作为生态保护最好的一片净土，海南的资源和生态环境在中国是绝对稀缺的。

二是充足的土地储备。城市化有两个加速器，一个是银根，即金融资本；另一个就是地根，即土地资源。而土地是城市化进程中最核心、最具活力、最有增值潜力、最容易被政府控制和盘活的重要资产。应该说，在前10年海南错过了一次极其重要的经济增长周期。错过的这个10年正是全国土地资源的黄金升值期，也是全国土地资本化的加速期，而在海南却变

① 作者2007年12月16日在海口土地开发论坛暨政府土地储备项目推介会上的主题演讲。

成了土地升值的等待期，正是这种等待以及由此所形成的经济滞后现象，却为海南长远发展储备了足够的土地，并提供了高品质的价值空间。这种以“时间换空间”的独特背景，使海南拥有一个高达2.3万多公顷，大约35万亩的“土地银行”，并形成了海口独特的后发优势。

三是宜居的品牌价值。品牌是一个城市价值最大化的集中体现。品牌就是一个牌子、一个符号，但这个牌子、这个符号关键在能否让大家有口皆碑，让城市所有的居住者、投资者、旅游者认同和满意。品牌也是一个多元价值的整体，从品质上讲，它应该是宜居、宜业、宜学、宜商和宜游的统一体。但城市发展的价值导向第一要务是宜居。宜居是城市发展的底线，环保是城市发展的红线，这两条线都不能逾越。应当承认，从经济总量看，海口在全国35个大中城市中排名靠后，但从生活质量看，海口的“宜居度”却名列前茅。从规划看海口，在游艇码头，可以独享城市的繁华与宁静；在世纪公园，可以感受海湾的浪漫与活力；在新港片区，可以体验“海岛不夜城”的风情与风姿。“阳光海口、娱乐之都、品位之城”对海口并不遥远。

四是开放的移民文化。海口历史悠久。从地理区位看，海口是中国疆域最南端、最大海洋省唯一的一座国家级的历史文化名城，也是古代海上丝绸之路的重镇；从人文历史看，海口是具有移民文化、海洋文化、火山文化、地域文化等特色鲜明的历史文化名城。海口既有像海瑞纪念园、五公祠、琼台书院、火山岩遗址等众多人文历史景观，也有至今保留独具南洋风格的旧城老街和骑楼建筑。特别是多次移民所形成的本地文化与外来文化的融合，形成了海口更加包容、更加开放、更加宜居的社会环境。

五是创新的发展模式。海南是最大的经济特区，在海口突出大特区省会城市的“特”字具有得天独厚的条件。从发展的角度看，如何在生态环境脆弱、能源与资源有限的岛上，既找到新的发展模式与产业模式，又不失海南岛最宝贵的东西，关键要靠创新，主要靠企业家来创新。旧城保护、新区开发、土地盘活、产业发展、强区扩权、政府转型，等等，海口市委市政府依靠创新正在探索一条转变发展方式、破解发展难题、统筹城乡发展、降低资源消耗、保护生态环境的新路。我们已经看到，海口在体制创新和发展模式上的新突破，已变成海口城市大发展、大繁荣的强大推动力，并将在不远的将来打造出一个城市生态文明综合配套改革试验区。

上述五点将转化为海口城市发展最独特的竞争优势。这是我所要说的第一个问题。

第二个问题，当前和今后一段时期，海口正处于城市发展的加速期和转型期，同时也将迎来新一轮城市发展周期和掀起第二次土地开发浪潮。特别是东环铁路的开工、航天发射基地的落户、洋浦保税港区的设立等，对海口既是挑战，更是机遇。个人认为，在这样的背景下，海口未来城市发展的战略重点，概括起来叫“一二三四”，也就是抓好一个定位，突出两个支撑，加快三个转型，确保四个优先。

抓好一个定位。就是紧紧围绕市委、市政府确定的“阳光海口、娱乐之都、品位之城”战略定位，把海口建成“最精、最美、最宜居”的省会城市，真正成为南海上的璀璨明珠。

突出两个支撑。一个是加快发展临空经济区。临空经济是继总部经济之后城市发展又一个新的增长极。海口要依托美兰国际机场打造以国际旅游岛为核心的临空经济走廊，大力发展现代服务业和休闲娱乐业；另一个是加快发展临港经济区。依托秀英港、老城港和马村港等优质港口资源发展临港工业，特别是加快西海岸新区的开发建设，以主体功能区为核心形成布局合理、生态良好、港区联动、以港兴市的新海口。

加快三个转型。一是从“生产型”城市向“宜居型”城市转型，二是从“滨海型”城市向“海湾型”城市转型，三是从“海口城市带”向“区域一体化”转型。这三个转型预示着海口城市发展的战略走向从重点发展开始转向优化发展。

确保四个优先。一是规划优先。最好的城市是先规划后发展的城市。要更加注重规划引导发展，更加注重土地的成片开发和综合利用，更加注重“保护性开发”和“保护性改造”，更加注重控制资源环境的过度破坏和“摊大饼”式的城市扩张，更加注重经济社会发展规划、空间规划和土地利用规划“三规合一”；二是基础设施优先。要打造融资平台，把资金用在城市基础设施建设上，要集中地方财力，把功夫下在城市公共服务设施配套上；三是生态环境保护优先。要通过优先立法、优先规划、优先决策、优先环评、优先考核等措施，使“环境换取增长”变成“环境优化增长”；四是文化发展优先。特别是通过发展文化创意产业和公共文化服务，挖掘文化特色，优化城市功能，提升城市品位，提高生活品质。

海南国际旅游岛的四张“王牌”[①]

从综合竞争力考察一个城市的价值，是一件十分有趣也十分复杂的事情。因为综合竞争力这个概念，会让我们想到定性、定位、定量、定策的分析方法，想到涉及城市方方面面的一整套指标体系及其数据模型。当然，这些方法对研究城市价值是有意义的，也是必要的。

但是，如何把一个十分复杂的事情变得简单，变得具有可操作性，还需要我们进一步深入研究和探讨。如果换一种思维来观察城市竞争力，我们发现，“力”是一种“力量”，“竞争”是一种“优势”。综合起来讲，竞争力就是一种“优势的力量”。一个城市有没有竞争力，关键看这个城市有没有“优势”。从这个意义上讲，竞争是优势的选择。而真正的优势，不是选择对手，而是选择合作伙伴。合作才能使优势最大化，进而实现竞争力的最大化和城市价值的最大化。

今天，我们讨论澄迈的城市价值，必须在合作的框架下去认识。为什么这样说呢？主要基于三个背景，或者说是三大优势所决定：一是大战略的背景和优势。这种大战略，就是海南国际旅游岛建设发展上升为国家战略，这为提升海南包括澄迈在内的城市价值提供了难得的发展机遇，标志着海南的城市发展进入一个新的增长周期；二是大区位的背景和优势。这

① 作者2010年6月17日在“海南澄迈第三届房地产高峰论坛”上的主题演讲。

种大区位，就是海南国际旅游岛是一个整体，是一项系统工程，是“全岛一个大城市”的战略布局。这个整体要求功能布局、区域开发、价值提升必须是整体的。离开了整体，就失去价值，至少会降低价值；三是大政策的背景和优势。这种大政策，就是国家的重大战略部署，是中央在政策、资金、项目安排上的特殊扶持。用好、用足这些政策才能真正转化成竞争的优势。

必须强调，合作是城市共同的主题，也是澄迈发展的主题。无论是投资者、旅游者还是居住者，无论是政府还是企业家，都要有合作的理念、合作的姿态、合作的精神。特别是政府，如何创造平等、宽松、诚信、和谐的合作环境，这关系到城市的价值，也关系到城市的未来。

从城市综合竞争力看海南，我提出四点建议，供大家参考。

第一，抓住一条主线，打好国际牌。建设海南国际旅游岛，打造有国际竞争力的旅游胜地，打造具有海南特色、达到国际先进水平的旅游产业体系，打造国际经济合作和文化交流的重要平台，这些在《国务院关于推进海南国际旅游岛建设发展的若干意见》中的重要表述，透露出的关键词就是“国际”这两个字。这个“国际”，是全方位的国际化，是国际标准、国际先进水平、国际旅游集散中心，是世界一流的海南休闲度假旅游目的地和面向世界的重要国际交往平台。打好这张国际牌，关键在于开放。开放就是在全球范围内整合和配置资源要素。一句话，国际旅游岛，就是国际的旅游岛。与旅游相关的一切资源要素，都必须是国际的。

第二，突出一个重点，打好旅游牌。旅游是一个产业，是一个体系。这个产业涉及吃、住、行、游、购、娱，这个体系要求纵向发展产业链，横向发展产业群。既有“链”，又有“群”，才能够“产业化”。旅游产业是高端的现代服务业，这个“高端”的核心是“高端购买力”。因此，以“高端购买力”为目标建立“国际购物中心”，是推动海南服务业转型升级的重要标志，这种转型升级，关键是要在特色资源和特殊政策上下功夫。

第三，破解一个难题，打好生态牌。海南国际旅游岛建设发展的真正价值是什么？这是一个需要我们进一步探讨的课题。城市的最高价值是为人服务。人的最高价值是生命健康和生活品质。那么，一个人的生命健康和生活品质由什么来决定，这似乎是一个十分复杂的问题。事实上，人的健康取决于三大要素：第一个要素是热量；第二个要素是营养平衡；第三个要素是空气和水。科学研究表明，空气和水是健康的关键。进而我们会发现，一个城市的生活品质实际上是由空气和水决定的。什么样的空气和什么样的水，决定着一个城市具有什么样的生活品质。清新的空气和清洁的水，从本质上讲是一个城市的生态问题。生态环境是海南的生命线。这是一个非常重大的问题，也是一个难题。海南国际旅游岛的建设发展必然涉及开发问题，也会涉及环境污染、生态破坏的问题。在国务院的意见中，第一条是总体要求，第二条就是加强生态环境建设，可见其意义之重大。如何认识和处理开发与保护的关系，如何在保护的前提下开发，如何把生态环境放在海南国际旅游岛建设发展更加突出的地位，这关系着海南的未来。

第四，提升一个品牌，打好服务牌。应当承认，海南总体上讲还是一个欠开放、欠开发、欠发达地区。在服务上也是如此。旅游市场秩序还不规范，旅游公共服务体系还不健全，旅游环境还不够好，旅游形象还有待提升，旅游服务意识、服务质量、服务水平与国内外游客多层次、多样性、多元化的需求还有相当的差距。另一方面也说明，旅游服务空间和潜力也十分巨大。打好服务牌，是建设海南国际旅游岛的前提，也是内涵。一个城市的核心竞争力关键是软环境，核心是软功能，根本是软实力。这几个“软”字，本质上就是“服务”。有了好的旅游服务，才有条件谈与旅游相关的现代服务业，进而促进服务业转型升级。这一点非常重要。

打好国际牌、旅游牌、生态牌和服务牌，是海南国际旅游岛建设发展的大事，也是海南国际旅游岛建设发展的第一步。我的判断是，海南的发展起步难、发展快、潜力大。正如迟院长所说："海南的资源优势还远远没有发挥出来"。把海南建设发展为中国的"开放之岛、绿色之岛、文明之岛、和谐之岛"，任重而道远，我们共同期待。

成都城乡一体化的制度设计和制度创新[①]

从两个30年看中国的发展变化，我们发现，前30年中国的变化主要是发展方向的转变，即从计划经济向市场经济的全面转型。未来30年，中国的变化将是发展方式的转变。转变发展方式的未来30年，将是伴随中国城市化进程的30年。也就是说，如果按照城市化率年均增长1%的话，中国的城市化率将在30年后上升到75%左右。在这个过程中，转变发展方式最基本的推动力量，关键是农村城市化，核心是城乡一体化，根本是新型城市化。因为，农村城市化关键是要解决农民、农业和农村的转型问题；城乡一体化的核心不是空间上的一体化，而是制度上的一体化。制度一体化是城乡一体化的重点，也是难点；新型城市化，根本在于如何构建一套中国特色的大中小城市与城镇农村协调发展的新型城乡体系。在这方面，成都作为全国统筹城乡综合配套改革试验区和推进城乡一体化的先行区，做了有益的、可供借鉴和推广的积极探索，这种探索不是零碎的、单一的，而是完整的、成体系的总体设计。这种总体设计为中国的农村城市化、城乡一体化和新型城市化实践提供了范例、样本和示范。这种范例、样本和示范，不是一般意义上的改革实践，其核心价值在于它的制度设计和制度创新。这种制度设计和制度创新的意义主要体现在以下三个方面：

---

① 作者2010年6月6日在“统筹城乡发展成都论坛”上的主题演讲。

第一，以“三个集中”为根本方法的制度设计和制度创新，为加快农村城市化探索出一条集中、集约、集群化发展的重要路径，特别是为推动农民、农业、农村发展方式的全面转型提供了样本。工业向集中发展区集中，走集约化、集群化发展道路，以工业化作为城乡协调发展的基本推动力量，优化了资源要素的配置和利用，提高了工业化水平和质量。农民向城镇和新型社区集中，妥善解决了征地农民和进城务工农民居住、就业、子女教育、社会保障等问题，推动了农民生活、生产方式的转变，加快了农民市民化的进程。土地向适度规模经营集中，进一步转变农业发展方式，加快第一产业向第二、第三产业的转移和融合，推动现代农业的发展。特别是成都实施的“农村产权制度改革、农村新型基层治理机制建设、村级公共服务和社会管理改革、农村土地综合整治”四大基础工程，又为“三个集中”的全面推进提供了制度保障。

第二，以“六位一体”为核心的制度设计和制度创新，为统筹城乡一体化从科学体制上建立起一套同发展共繁荣的新型城乡关系，构建了一套城乡经济社会发展一体化的制度体系。我刚才谈到，城乡一体化不是空间上的一体化，不是把所有的农村都变为城市，而是制度上的一体化，是让农村享有与城市一样的制度。这个制度的核心就是成都实践所探索出的“城乡规划一体化、城乡产业发展一体化、城乡市场体制一体化、城乡基础设施一体化、城乡公共服务一体化、城乡管理体制一体化。”这六个一体化，是一套完整的、系统的统筹城乡配套改革的制度设计。这种制度设计和制度体系超越了只管城不管乡、只重城不重乡、城乡分割、城乡分治的传统体制，对城乡二元体制实现一元化管理。这种统筹城乡一体化发展的实践，正在成为中国公民权利从城乡二元分割走向城乡一体化的现实样本，形成了城乡共同发展、城乡共享成果的机制和体制。

第三，以“世界现代田园城市”全球定位为标志的制度设计和制度创新，为新型城市化提供一个具有时代特征、中国特色和成都特点的统筹城乡发展的新标杆、新样板、新经验。世界现代田园城市的全球定位，其意义标志着它将推动城市发展方式的全面转型，标志着城市发展从外延式扩张向内涵式发展的变革，标志着城市发展从定位理论向价值理论的提升。这个内涵和价值就是“全面城市化、率先现代化、充分国际化”，本质上是对城乡一体化实践的全面升华。这又是一个创新性的、前瞻性的、具有时代特征、中国特色和成都特点的制度设计。所谓时代特征，就是瞄准国际城市的高端形态，全城谋划、全域统筹和全球定位；所谓中国特色，就是探索一条符合中国国情的新型城市化道路，就是构建大中小城市与城镇农村共建共享、相互促进的新型城乡关系和新型城乡体系；所谓成都特点，就是“自然之美、社会公正、城乡一体”再加“宜居宜业”。这十六字所体现出的城市价值体系反映了成都在“全国统筹城乡综合配套改革试验区”实践中所形成的、先进的发展理念、科学的发展思路、明确的发展定位和创新的发展模式。这正是成都城市可持续发展的核心价值所在。

武汉城市综合竞争力的战略前景[①]

武汉2049：站在明天谋划今天

研读武汉市委书记阮成发《实现大武汉的全面复兴》和市长唐良智《全面复兴大武汉，阔步迈向2049》两篇文章，感怀颇深。总体看，武汉2049，展现出世界格局城市的大战略、大气魄、大情怀。大江大湖大开大合大城大美，从战略中枢国家中心城市迈向世界格局城市，"功成不必在我"，一张蓝图抓到底，真正对历史负责、对未来负责、对子孙后代负责。这些话令人振奋。尤其是市委书记阮成发的这样一段话："面对每年5000多亿的固定资产投入，面对全市近万个工地，面对一批决定城市功能的重大项目，每当夜深人静时，我常感惶惑疑惧，担心我们现在满怀激情、投入巨资做的事情，是否做错了，是否经得起历史检验，是否对得起我们的子孙。"这段话应该引发更多的市委书记、市长们去思考。

提升城市竞争力必须整合价值链

什么是竞争？竞争的核心是获取或争夺比较优势。

---

① 作者2013年12月20日在"地铁时代·大武汉城市竞争力高峰论坛"上的主题演讲。

什么是力？力的核心是一种思维范式，本质是先进的发展理念。

什么是价值链？价值链是城市价值的全过程和关键节点的整合机制。也就是把城市价值的各个环节，包括经济实力、创新能力、成长活力、发展潜力、人文魅力整合并转化为竞争优势。武汉城市竞争力从战略层面讲，可以归纳为以下五个方面：

1. 做大做强制造，夯实经济实力。工业是城市经济实力的基础，特别是传统制造业是武汉的优势。在未来发展中，既要注重发展先进制造业，又要提升传统制造业，更要促进生产性服务业与制造业融合发展。不久的将来，武汉必将成为名副其实的全国制造业中心，并在全球制造体系中占一席之地。

2. 科技引领发展，增强创新能力。科技中心必然是创新中心、产业中心、经济中心。东湖国家自主创新示范区引领武汉发展。前沿科学、创新资源在武汉聚集，创新成为推动大武汉全面复兴的强大动力。

3. 发挥大学优势，释放成长活力。武汉有78所大学，130万在校大学生，青春活力涌动。大学是知识的殿堂、人才的摇篮、文明的园地、思想的载体、创新的基地。大学与城市血脉相连、共生共荣，与大学同行，城市活力永续。

4. 守住生态底线，永续发展潜力。武汉是“百湖之市”，是一座“浮在水上的城市”。凸现武汉湖光山色，必须把武汉166个湖泊作为最重要的资源加以保护。绝不填湖，绝不环湖铁桶式开发，绝不把湖岸线建成有钱人的私家花园。更重要的是，“山、水、林、田、湖”是城市生命的有机体。武汉市域8494平方公里范围内，规划了约7000平方公里的生态涵养区，城市3261平方公里都市区内，划定了1566平方公里生态底线区。永续发展潜力，必须死守生态红线：一寸水面也不减少，一寸山体也不蚕食，一滴污水也不排放，一棵树木也不砍伐！

5. 塑造城市特色，彰显人文魅力。文化是城市的灵魂。文化汇聚力量，文化引领时尚。武汉是中国历史文化名城，是中华知音文化之根、楚风汉韵之地、白云黄鹤之乡，三国文化、首义文化、商贸文化交相辉映。武汉提出建设读书之城、博物馆之城、艺术之城、设计创意之城、大学之城“文化五城”，既提升城市品质，更彰显城市魅力。

提升城市竞争力必须念好“软”字经

1. 着眼城市软功能，在构建公共服务体系上下功夫。一个城市要吸引、留住、利用高端资源要素，比如高端人才、高端资本、高端技术等，就必须具有与之相适应的、配套的城市功能。特别是公共服务功能，包括教育、医疗、交通、社会保障、社区服务在内的公共服务体系。武汉的城市竞争力强不强，关键看城市功能强不强，看是不是具备了宜居、宜业的城市功能。

2. 着眼文化软实力，在提高文化开放水平上下功夫。软实力就是影响力。软实力来源于六种资源：一是文化，二是意识形态、政治价值观和公信力，三是制度模式，四是对外政策，五是信息渠道，六是国民素质和形象。从文化看，只有那些具有高度包容性，并且为世界文化贡献出重要力量的文化才可以成为软实力的来源。文化软实力的核心是国际话语权，这种话语权就是平等参与国际事务和平等配置全球资源的资格，包括定价权、信息发布权、文化主导权、技术标准权、市场引领权和规则制定权。

提升武汉文化影响力，必须在提高文化开放水平上下功夫。特别是让文化与科技、金融、产业、社会、生态文明整合发展，让文化具有更大范围的包容性，让文化成为市场经济的推动者；另一方面，全面提升人的素质和促进人的全面发展，人的道德水准、素质修养、文明程度，对武汉城市竞争力具有重要作用。

3. 着眼创新软环境，在优化政府制度环境上下功夫。创新是城市竞争力的源泉。看一个城市的创新水平，关键看企业家的生存环境、社会组织的成长环境、政府的公共服务环境。十八届三中全会讲，使市场在资源配置中发挥决定性作用和更好发挥政府作用，关键是如何创造平等、公平、法治化的制度环境。

提升城市竞争力，必须继续在优化政府制度环境上下功夫。如何更好发挥政府作用，关键是两个字：一是减，二是放。减就是减少干预、减轻赋税、减去审批；放就是放宽准入、放开竞争、放活政策。用法治化的方式治理政府，营造法治化的平等竞争环境，这就是最好的竞争力。

中国香城的世界意义和历史价值[①]

世界意义——城市的本质

从世界意义看城市发展，核心的问题是把握和揭示城市发展的本质。这个本质就是先进的发展理念、科学的发展思路、明确的发展定位和创新的发展模式。如果用一个问题来概括，那就是什么样的城市是最好的城市？

判断一个城市好还是不好，不是看这个城市的规模有多大，人口有多少，不是看这个城市有多少高楼大厦，也不是看这个城市生产出多少GDP，而是看这个城市的功能，看这个城市老百姓的生活质量。

简单地讲，就是看这个城市是不是宜居、宜业、宜学、宜商和宜游。也就是说，这个城市是不是适宜更多的人居住，是不是适宜更多的人就业，是不是适宜更多的人成长，是不是适宜更多的人投资创业，是不是适宜更多的人游憩和休闲。

凡是符合这五个“宜”的城市，应该算作好城市；凡是不符合这五个“宜”的城市，当然不应该算好城市。这个“五宜”标准应该成为衡量和检验城市建设和发展的重要标准。从这个角度讲，这个标准具有世界意义。这也是我所理解的香城建设的世界意义。

① 作者2012年9月23日在湖北咸宁“中国香城论坛”上的主题演讲。

历史价值——城市的灵魂

亚里士多德说："人们来到城市是为了生活，人们居住在城市是为了生活得更好！"这位古希腊的哲学家对城市的解读，就是生活或更好的生活。

每个人都渴望好的生活或更好的生活，这就是城市的灵魂。这也是亚里士多德对城市所贡献的历史价值。

什么是好的生活或更好的生活，这是一个十分复杂的话题。用简单的话说，那就是两个字：幸福。那么，怎么才能让城市生活更幸福？应当说，衡量幸福的因素很多，比如收入与财富、工作与就业、住房、教育、健康、环境、安全、公民参与和社会治理、生活满意度，等等，这些都很重要。

对城市发展而言，更重要的是，让更好的政策推动更好的生活。这个更好的政策，对今天的城市就是社会公平。通过制定公平的政策，让穷人与富人、城里人与乡下人、当官的与老百姓、强势群体与弱势群体"平等获得发展机会，并逐步建立以权利公平、机会公平、规则公平、分配公平为主要内容的社会公平保障体系，不断消除人民参与经济发展、分享经济发展成果方面的障碍"（胡锦涛，2010年）。

人们常说，"幸福与财富无关，但幸福与邻居的财富有关"，就是渴望社会公平的一种现实反映。这是城市价值的重要导向，也是政府的重大责任。

发展坐标——我的四点建议

一、发挥一个优势，打好开放牌

咸宁具有独特的区位优势，被喻为湘鄂赣的"中三角"。"中三角"是咸宁发展的一个先机，也是咸宁发展的一个支点。这个先机、支点背后蕴含着三大战略：一是以武汉城市圈“两型社会”综合配套改革试验区为标志的中部崛起战略；二是以长江中游城市集群为标志的中等城市崛起战略；三是以幕阜山集中连片扶贫开发为标志的中产阶层崛起战略。在这三个崛起战略中，咸宁这个“中三角”将在多重机遇叠加发展中发挥支撑、引领和示范作用。

把区位优势转化为竞争优势，关键取决于开放。开放是一种合作，开放是一种共赢，开放是一种整合，开放是一种战略。开放就是在更大范围、更高层次、更广领域内整合和配置资源要素，建立跨区域、跨行业的全球化资源要素配置机制，打造亲商、利商、暖商、敬商、懂商的开放环境，进而实现竞争优势最大化和城市价值最大化。咸宁的优势在于开放，咸宁的发展要靠开放。打好开放牌，是咸宁抢占发展机遇、培育战略支点的重中之重。

二、完善一个规划，打好社会牌

对城市来讲，规划是第一动力，规划引导发展，先规划后建设，这些理念早已深入人心。从咸宁城市规划来讲，大的方面有“中国香城战略规划”，小的方面有《咸宁市温泉旅游生态新城总体规划》，这些都很好。我强调的是在这些规划基础上，应当更加注重社会发展规划、社会建设规划、社会管理规划，应当把社会发展、社会建设、社会管理规划放在经济社会发展更加突出的位置。

转变经济发展方式，关键是调整结构。但是，这种调整，不能仅仅局限于经济结构调整，更重要的是注重社会结构的调整。社会结构调整了，消费结构才能合理；消费结构合理了，产业结构才能优化；产业结构优化了，经济发展方式才能真正转变。咸宁在这方面有基础、有条件、有理由走在全省乃至全国前面，特别是在社会结构调整、社会体制改革、社会管理创新、社会发展规划方面应该创造经验和示范引领。

三、做大一个产业，打好文化牌

咸宁有两大特色资源，一是“中国桂花之乡”，二是“世界温泉之都”。把特色资源变成特色产业，必须在文化上做文章。以文化为主题，以生态为主线，构建休闲文化、绿色文化、生态文化为主体的“香产业”体系。

荷兰的阿姆斯特丹具有世界最大的鲜花产业。支撑这个产业的有一个200个足球场大的鲜花市场（而且是室内的），有包括交易平台、进出口平台、物流服务平台、旅游平台在内的四大产业平台，有7个花卉拍卖市场，还有一年一度的国际花卉及观赏植物博览会，每年有全球50个国家和地区超过6万家贸易商参会，贸易量占全球60%以上，平均每天销售鲜花1900万枝。这个被称为“欧洲的花园”的“花产业”的背后，已变成一种“花文化”。

再讲一个国内的例子。成都锦江区有个三圣乡，因地制宜把五个乡村打造成花香农居、幸福梅林、江家菜地、东篱菊园、荷塘月色“五朵金花”。把花卉种植、观光农业、乡村旅游和文化创意结合起来，以文化提升产业，以旅游致富农民，以产业支撑农业，以品牌塑造形象，走出了一条专业化、规模化、品牌化的城乡一体化发展新路。

这两个例子，会给我们发展“香产业”、打好文化牌很多启示。

四、提升一个品牌，打好旅游牌

旅游是一个现代服务业体系。这个体系至少涉及吃、住、行、游、购、娱、安（全）、信（息）八大链条。这个链条中最关键的就是服务。没有好的服务，现代服务业就无从谈起。

应当承认，我们的服务意识、服务质量、服务水平与国内外游客多层次、多样性、多元化的需求还有一定差距。当然，从另外一个方面也说明，旅游服务空间和潜力还十分巨大。打好旅游牌，是提升城市品牌的前提。城市品牌的背后是城市品质和城市品位。这个品质、品位的关键是软环境，核心是软功能，根本是软实力。这几个“软”字，本质上就是“服务”。这一点对咸宁的发展至关重要。

咸宁的发展正站在新的起点上，咸宁的腾飞正迎来新的发展机遇。打好开放牌、社会牌、文化牌、旅游牌，是咸宁跨越发展的关键一步。

玫瑰香、茉莉香，比不上江南的桂花香；人间美、天堂美，比不上咸宁的山水美。我们共同期待，咸宁的明天，不仅是一座山城、泉城、绿城、香城，更会成为一座“幸福之城”。

第6篇 世界城市和世界级城市群

重新认识世界城市[①]

对世界城市基本概念的再认识

世界城市对我们来说是一个全新的概念。虽然在理论上、学术上做了一些探讨，但这个概念的形成时间还比较短，包括国外、国内的专家在这个方面的研究还是初步的，还没有形成一个学科体系。大家对世界城市概念的理解还没有一个统一的认识。什么是世界城市？我们可以从形态、功能、特征三个方面来理解。

从形态上讲，世界城市作为国际城市的高端形态，至少可以从三个层面来理解。第一个层面，世界城市是一种社会形态。形态就是社会发展模式，社会发展模式就是经济社会发展过程中的资源要素配置机制，通过资源要素的优化配置最终实现城市价值最大化。第二个层面，世界城市必须是国际城市。国际城市是城市发展的高级阶段。21世纪有四种基本趋势，一是经济全球化，二是政治多极化，三是文化多元化，四是社会信息化。这四种力量主导和推动全球范围内的资源要素按照扁平化、网络化的机制进行流动和配置，使世界形成一个巨大的网络空间。在这个网络空间中，国家之间的界限变得模糊起来，城市成为资源集聚、辐射、流通和增长的

① 本文刊发于2010年5月31日《北京日报·理论周刊》。

载体，也成为资源配置的网络节点。我们国家大大小小的建制市有660多个，全世界的城市有3000多个。在网络空间的资源配置过程中，根据城市等级的高低、能量的大小、联系的紧密程度，把城市分成不同层次的节点，其中对全球政治经济文化或全球资源配置起关键作用的主要节点城市，就叫作国际城市。国际城市也就是全球城市网络体系中的主要节点。第三个层面，世界城市是一种高端形态。国际城市的形态从层次上可以分为高端、中端和低端。高端形态是指全球性国际城市，也叫世界城市，如纽约、伦敦、东京，目前理论界、学术界公认的只有这三个；中端形态是指区域性国际城市，它在跨国界的区域资源配置中起关键作用，如法国巴黎、新加坡、中国香港等；低端形态是指国家性国际城市，也叫国家中心城市。北京、上海、天津、重庆和广州就是国家认定的中心城市。从这个意义上讲，北京还处于国家性国际城市形态的阶段。

从功能上讲，世界城市是对全球政治经济文化具有控制力和影响力的国际城市。控制力和影响力是世界城市两大基本功能。什么是控制力？控制力是一个城市拥有整合和配置全球资源要素，从而实现价值最大化的能力和权力。从控制对象看，主要包括三个方面的要素：一是战略性资源，如石油、铁矿石等硬资源，也包括人才、信息、资金等软资源；二是战略性产业，包括战略性支柱产业和战略性新兴产业，如信息产业、新能源产业、文化创意产业等。比如谷歌退出中国市场引起全球反响，其本质就是这个企业的背后蕴含着一个战略性产业；三是战略性通道，资源要素的流动和配置是需要一定渠道的，比如现代物流必须通过机场、铁路、港口才能实现它的价值。我们正在经历一个临空时代、高铁时代、远洋时代，战略性通道对资源配置至关重要。什么是影响力？影响力是一个城市拥有主导和改变思维模式和价值取向的能力和权力。从影响力的内涵上讲，主要包括三个方面的要素：一是公认度，世界城市不是自封的，是公认的，需要有社会认可度和国际公认度。这个认可度、公认度，不仅要国内认可，国外也要认可，不仅中国的政府认可，外国的政府也要认可，还要国际组织、NGO 组织、企业和老百姓都认可。提升国际公认度至少要有国际知名度、美誉度、忠诚度、偏好度、联想度等，本质是满意度。二是话语权，从某种意义上讲，影响力就是话语权。话语权是平等参与全球化事务的一种资格。从影响话语权的要素看，至少应当包括定价权、信息发布权、文化主导权、技术标准权、市场引领权和规则制定权6项权利。这些权利是话语权的基本权利。在很多方面，我们还没有。三是软实力，软实力是影响力的本质。也有人把软实力翻译成软权力。从影响软实力的要素看，软实力至少包括国际语言环境、国际机制和对外政策、人才、意识形态和价值观、文明程度和大众传媒。国际语言环境是软实力的重要表现。国际语言环境不仅在于多少人会讲外语，关键是跨文化交流。语言是文化的外化，语言环境实际上是文化环境。在这方面，北京有了很大发展，大约500多万人会讲外语，但真正做到跨文化交流，恐怕还有一些差距。我们在国际惯例、法律框架、对外政策、人才引进等方面还没有完全与国际接轨，特别是在意识形态和价值观方面，我们还不够开放，还没有形成多元、包容的文化价值体系，传媒的国际影响力还很小，起不到主流和主导作用，在国际上政治影响力很不够。如果说控制力是硬实力，那么影响力就是软实力。世界城市不仅是全球战略性资源、战略性产业和战略性通道的控制中心，也是中外文明融合和多元文化的交流中心，是硬实力与软实力的高度统一体。

从特征上讲，世界城市至少应当具备五个方面的基本特征：一是雄厚的经济实力。这是一个硬指标。这个雄厚至少包括四层意思：第一，GDP 总量大；第二，人均 GDP 程度高；第三，后工业化经济结构明显，特别是现代服务业发达；第四，总部经济贡献率大。对照这几条，北京和世界城市相比还有不小的差距。根据国家统计局的调查数据，从经济总量看，按购买力平价计算，2008年北京GDP总量大致相当于东京、纽约的1/10，具体为东京的11.2%，纽约的11.8%；从人均情况看，按常住人口计算，2009年北京人均GDP仅相当于纽约、东京10年前（1998年）的1/3左右。二是巨大的国际高端资源的交易和流量。国际高端资源就是国际高端的人流、物流、资金流、技术流和信息流。世界城市不仅看总量，更重要的看流量。国际物流、国际金融、国际人才都是需要流量的。流量就是控制力，交易量就是影响力。比如从2008年的入境旅游人数看，纽约为950万人次，伦敦为1480万人次，巴黎为1560万人次，北京为412.5万人次。再如，从2007年举办的国际会议次数看，纽约为128次，伦敦为103次，巴黎为315次，东京为126次，北京为88次。从外国人占城市人口比重看，2008年纽约为28.4%，北京2009年仅为0.6%。三是发达的现代化立体化的交通体系。交通是城市的基本功能，是城市基础设施保障体系的核心。必须强调，一个城市的交通重在体系建设，这个体系包括战略、规划、建设、管理、可持续发展，也包括外部区域体系和城市内部体系。北京近10年来交通建设成就很大，特别是地铁、公交，大家有目共睹。但问题也很突出，最本质的问题就是规划滞后，尤其是设计理念太落后。我们的公交、地铁、轨道交通严重滞后于城市规模的扩张，更重要的是，在配套设施、枢纽换乘、出入口设计、服务质量上远不能适应特大城市多层次、多样性、多元化的出行需求。在东京、香港这些城市，地铁换乘十分方便，而且出入口至少在16个以上，地下空间资源利用非常充分，相比之下我们的差距就很大了。四是安全、稳定、法治、宜居的社会环境。这一条很重要。北京是国际社会认为最安全的城市。但我们并不认为是最稳定、最法治的城市。即使从安全的角度讲也有很多薄弱环节。特别是应对灾害的机制还没有健全。重预案轻预警，重处置轻预防，重应急轻联动现象还十分严重。稳定问题是更深层次的社会问题。对上访，我们缺乏从根本上解决根源性矛盾的机制，而把功夫下在一方面“围追堵截”，另一方面“严防死守”上，这种稳定是表面的、短期的。北京提出建设宜居城市，这为全国带了一个好头。什么是宜居？也不能在表面上理解，甚至误导。真正的宜居环境是一个城市需要更加繁荣、更加开放、更加多元、更加包容、更加具有可选择性。宜居是一个城市可持续的工作、生活、游憩环境。从这些方面看，北京还需要走很长的路。五是良好的国际形象。这个形象包括政治形象，也包括社会形象。比如诚信环境、公众素质、文明程度、社会风尚等，最根本的是人的素质，是一个城市的品质。比如城市文明就是一个标志。一个城市文明不文明有三个重要看点：第一，厕所文明。北京还好，到了一些中小城市，机场厕所没有手纸，或者你会看到有人把一卷一卷的手纸拿走。第二，垃圾文明。如何对待垃圾，是一个城市文明程度的重要标志。垃圾文明当然不止于分类。文明是一种生活习惯或生活方式，是人对自己的行为有意识的控制或自觉、主动的作为。10年前，我去瑞士，印象特别深的一件事，早晨起来我在大街上很远很远看见一位妇女，弯下腰又起来不知道她在干什么。我走近一看，她拿一个塑料袋把宠物的粪便捡进去放进垃圾桶里。我们北京有多少家庭养了多少只狗，狗的数量已远远超过家庭数量了。但，有没有人像这位瑞士妇女一样在做这样的事呢！第三，无障碍文明。无障碍是我们对待弱势群体的态度和行为，是文明的标志。当然，无障碍包括设施无障碍，更包括语言无障碍。我会讲外语，那么我就主动去为不懂外语的人服务，我不会讲外语，也自然不会受到歧视，并且也能得到别人的帮助，这就是文明。

对世界城市演变规律的再认识

世界城市的发展是有规律的。世界城市的基本规律有两条：一是世界城市产生于世界经济增长的重心区域；二是世界城市的形成和发展依赖于世界城市区域体系的强大支撑。任何一个世界城市都不是孤立的，纽约、伦敦、东京都有一个区域腹地的繁荣和支撑。这两个基本规律对北京建设世界城市有三点重要启示：

第一点启示：世界经济政治格局变化和世界经济重心东移的趋势，为北京建设世界城市提供了良好的历史机遇。特别是国际金融危机以来，以“金砖四国”为代表的新兴市场经济在世界经济格局中的影响和实力加速上升，并在后危机时代占有更大的发展先机和空间。世界金融体系正在重建，世界经济政治格局正在重新洗牌，中国有理由成为国际金融新秩序中的主角之一，并逐步走向世界舞台发挥其大国作用。大国崛起中的中国城市有条件、也有必要承担全球经济引领者的职能，从而释放大国的影响力和控制力。与此同时，金融危机也将催生新一轮技术革命和带来世界经济新一轮高速增长期，在这个过程中，新的经济增长中心所在区域的城市化不断加快，必然出现若干片城市群，而实力最强的城市群中又会崛起一批世界城市，这为发展中国家建设世界城市提供了可能和机会。北京应当抓住这一难得的机遇建设具有国际影响力的世界城市。

第二点启示，北京建设世界城市是国家战略布局的必然要求，有利于推动环渤海都市圈的加速崛起。中国有条件建设世界城市的是香港、上海和北京，从而带动珠三角、长三角、环渤海三大都市圈的加速崛起，这是国家的战略布局。2010年3月份出台的《粤港合作框架协议》，更加明确了以香港为龙头，带动珠三角地区繁荣，从而辐射和影响东南亚区域发展。上海作为长三角的龙头，面向太平洋地区，影响亚洲。而在环渤海地区，龙头自然是北京。但光北京还不够，还必须加上天津。北京和天津的同城化，形成京津大都会，才能成为名副其实的环渤海都市圈的龙头城市，从而带动环渤海，辐射和影响东北亚。21世纪是亚洲的世纪。亚洲的重心在哪里，不在东南亚，而在东北亚。日本、俄罗斯、韩国、朝鲜、中国共同形成的东北亚区域是亚洲繁荣和稳定的重中之重。而东北亚的重中之重在东北。东北振兴这么多年为什么没有搞起来，关键是缺少龙头带动。这个龙头就在环渤海，核心在京津。如果京津合作，并在环渤海区域互为作用，那么，以京津为核心的环渤海世界城市区域体系就得以形成和发展，从而推动环渤海地区繁荣，成为影响东北亚的重要力量。北京建设世界城市，对手不是纽约、伦敦，而是东京，或者说，在未来20—30年内能否取代东京的地位。有人质疑，全世界只有三个世界城市，中国一下就搞出三个，可能吗？可能不可能尚且不论，起码从国家战略布局上讲，中国有条件建设三个世界城市和东京竞争，至于谁来取代东京，是北京、上海，还是香港，这是国家的战略布局。从这个意义上讲，北京建设世界城市是国家战略，其意义更加重大而深远。

第三点启示，北京建设世界城市是推动首都城市战略转型和经济发展方式转变的必由之路。世界城市作为一种先进的发展方式，它要求经济社会发展必须是高端的、低碳的、优质的、集约的和多元的。从纽约、伦敦、东京这些城市的演变过程看，世界城市面临两大挑战：一是社会分化；二是生态环境恶化。这种“先分化后治理”“先恶化后治理”的老路子北京不能再走了。必须承认，北京的经济结构、产业结构也存在很大的问题，土地资本依赖程度过高，金融资本、知识资本、消费资本要素市场还没有形成完整的支撑体系。北京在人口、产业、空间、资源、生态方面还存在一些深层次矛盾。比如从空间结构来讲，行政区划就存在一定缺陷，导致城市功能不强、资源要素配置性较差，这些问题已严重影响到世界城市功能的发挥，必须下决心彻底解决。大兴和亦庄正在进行整合，但不彻底，真正需要整合的是大兴、亦庄和通州；海淀、昌平、石景山也必须合并，成立中关村科技新区，这是必然趋势。上海有浦东新区、天津有滨海新区，面积都在一、两千平方公里，重庆正在申报的两江新区，也有1200多平方公里，一个海淀区只有不足500平方公里的空间，搞国家自主创新示范区没有空间不行。还有一个就是东城、西城、崇文、宣武也要合并，从保护古都风貌和历史文化名城的角度看，需要尽快合并。现在东、西、文、武四区精力集中在搞经济上、搞GDP上，而且还搞恶性竞争。如果合并，成立中心城区，自然就成为首都经济第一大区，不用和别的区县争了，别人也争不过你。那么，你就集中精力把古都风貌保护好，这是北京建设世界城市的独特财富。总之，推动首都城市战略转型，需要在空间上实施四大战略：一是大区协同战略，二是新城崛起战略，三是城乡联动战略，四是区域一体战略。

对世界城市发展阶段的再认识

世界城市都在西方资本主义发达国家。世界城市的形成和发展都是西方市场化和国际化力量互动的必然结果。我们建设世界城市，一是处于社会主义初级阶段，二是发展中国家，三是执政党主导的国家治理模式，这些背景与西方完全不同。因此，我们建设世界城市不能照搬西方模式，也不能简单仿效西方发达国家，但是我们必须尊重世界城市发展规律，既发挥我们独特的优势，又最大限度地吸收世界文明成果和科学借鉴国际经验。

从世界城市发展历程看，每一个城市都是依赖于国家城市化的发展而兴起的。英国是全世界最早实现城市化的国家，用了200年时间，美国用了100年时间，日本用了70年时间。我们国家需要多长时间，至少40年。

因此，世界城市建设是一个长期、渐进、持续的过程，不能一蹴而就，更不能“拔苗助长”。

建议北京建设世界城市分为三个阶段：

第一阶段：2020年，全面建设现代化国际城市。这是北京新修编的规划确定的。基本目标是建设“国家首都、国际城市、历史名城、宜居城市”，核心是实施“三个北京”的发展战略。从奥运城市到世界城市，从“三大理念”到“三个北京”，这是我们最大的优势和独特财富，是建设世界城市的发力点。奥运标准就是世界标准，奥运会至少要影响北京50年。可惜，奥运会开完了，对奥运遗产我们重视不够。未来10年的路怎么走，三大战略如何兑现，并不是搞一套指标能解决的问题。这一点，还需要我们再反思！

第二阶段：2030年，初步形成世界城市的基本框架。框架是世界城市的基本支撑。我个人认为，世界城市框架必须有五根支柱，或者叫五大功能中心：一是具有国际影响力的政治中心；二是具有国际影响力的文化中心；三是具有国际影响力的金融中心；四是具有国际影响力的科技中心；五是具有国际影响力的航运中心。只有这五大中心才能支撑世界城市的基本功能。

第三阶段：2050年，基本建成具有时代特征、中国特色和首都特点的世界城市区域体系。世界城市是一个体系。这个体系主要包括首都核心价值体系、现代服务经济体系、高端人力资源体系、城市综合创新体系、开放多元文化体系和公民社会法治体系，形成对全球政治经济文化具有控制力和影响力的国际城市。实现经济繁荣、政治民主、文化多元、社会和谐、生态文明的高度统一，不断增强北京在世界城市体系中的地位，发挥推动中国崛起和可持续发展的强大支撑作用。

世界城市的本质和战略走向[①]

世界城市的概念和本质

世界城市是城市发展的高级阶段，是国际城市的高端形态。这一阶段、这种形态可以概括为：一个节点，两大功能，三个基本特征。

一个节点。现代意义上的世界城市是全球经济系统的中枢或世界城市网络体系中的组织节点。经济全球化、政治多极化、社会信息化和文化多元化是21世纪的基本特征。这四个“化”的相互交织和互为推动加速了全球网络的形成，世界成为一个巨大的网络空间。网络时代是一个整合的时代。整合的过程和本质是现代市场资源，包括人流、物流、资本流、技术流和信息流在全球网络中的充分流转和合理配置。在这种要素流转和配置过程中，世界政治经济新格局不断建立和形成。实际上，格局就是一种配置和组合。当今世界，格局更多地表现为国家之间、区域之间、城市之间现实力量、资源要素的综合对比与配置组合。特别是以城市为载体，在全球网络中形成了资源要素流转和配置的一个个节点。这些节点根据等级高低、能量大小、联系紧密程度等要素集结成为一个多极化、多层次的世界

① 本文刊发于2010年3月12日《北京日报》,《新华文摘》2010年第16期全文转载、《城市问题》2010年第7期全文转载，北京出版社出版的《人才：引航世界城市发展》全文收录。

城市网络体系。其中，对全球政治经济文化具有控制力和影响力的主要节点城市就是世界城市。

两个功能。对全球政治经济文化具有控制力与影响力是世界城市的两个核心功能。世界城市的控制力主要表现为对全球战略性资源、战略性产业和战略性通道的占有、使用、收益和再分配。只有对这些问题具有把控权、主动权，能够发挥决定性作用的城市才可以称之为世界城市。

战略性资源是指与国家、城市的运转、发展、壮大息息相关的重要条件和能够带来巨大回报的关键要素，可以是硬性的资源、能源、资金等，也可以是软性的政策、人才、信息等。

战略性产业包括战略性支柱产业和战略性新兴产业。战略性支柱产业首先表现为很强的竞争优势，对经济发展具有重大贡献，同时又直接关系经济社会发展全局和国家安全，对带动经济社会进步、提升综合国力具有重要促进作用。比较而言，战略性新兴产业更多地表现为具有市场需求前景，具备资源能耗低、带动系数大、就业机会多、综合效益好的特征，包括新能源、新材料、生命科学、生物医药、节能环保、信息网络、空间、海洋开发、地质勘探等产业。

战略性通道就是以战略性区位优势为依托，以港口、航空、公路、铁路等现代化、立体化的综合交通体系为基础，构建面向全球的资源要素流通和产业梯度转移通道，这都是涉及全球政治安全和经济发展的长期性、全局性、关键性问题。

控制力是“硬实力”，影响力是“软实力”。硬实力是对一国经济、军事与资源要素的控制力和扩张力，软实力是一国文化、制度与意识形态的吸引力和说服力。硬实力和软实力是相辅相成的。硬实力是软实力的基础，软实力是硬实力的延伸。如果一个国家可以使它的立场在其他人眼里具有吸引力，或者一个国家强化那种鼓励其他国家以寻求共存的方式来界定它们的利益的国际制度，那么它就无须扩展那些传统的经济实力或者军事实力（约瑟夫·奈：《硬权力与软权力》，1999年）。

从本质上讲，世界城市是全球战略性资源、战略性产业和战略性通道的控制中心，是世界文明融合与交流的多元文化中心，也是城市硬实力与软实力的统一体。

三个特征。世界城市的基本特征可以概括为三个方面：一是具有雄厚的经济实力。主要表现为经济总量大，人均GDP程度高，以现代产业体系为核心的后工业化经济结构明显，国际总部聚集度高；二是具有巨大的国际高端资源流量与交易。某种意义上说，世界城市就是一个流动的空间、一个流动的过程。这种国际高端资源的流量与交易主要表现为高端人才的集聚、信息化水平、金融国际竞争力和现代化、立体化的综合交通体系；三是全球影响力。影响力是软实力的外在表现，是引领时代潮流的主导力量。世界城市的影响力既有文化和舆论的力量，也有组织和制度的力量，主要表现为城市综合创新体系、国际交往能力、文化软实力和全球化的治理结构。

影响北京世界城市建设的十二个关键要素

经济总量。从世界城市的发展规律来看，世界城市往往都具有雄厚的经济实力，对本国经济具有较高的贡献率，是区域经济的龙头和支撑。某种意义上说，经济总量决定经济地位。经济总量大、经济势能强、集聚能力高是影响世界城市形成与发展的关键因素。当然，也不能单纯地把世界城市理解为经济强大、人口众多、市域广阔的巨型城市。经济总量是世界城市一个必要但不充分的条件。

人均GDP。世界城市既要看经济总量，更要看经济质量。经济总量只是实力对比中的一个方面。是否拥有先进的生产力，是否具有现代化的经济结构，人均GDP的高低往往比GDP更加重要。人均GDP不仅体现经济发展水平，而且反映城市的财富，更影响城市的结构和功能。人均GDP的变化将带来经济结构、消费结构和社会结构的重大变化，适应这“三种变化”必然会导致城市功能的完善和优化。从这个角度讲,GDP反映规模，人均GDP代表水平。

后工业化的现代产业体系。后工业化的现代产业体系是世界城市的重要支撑。第三产业占绝对份额，知识和信息成为最重要的生产要素，是后工业化的现代产业体系的基本特征。其中，现代服务业（包括金融业、高技术产业、文化创意产业等）是与世界城市发展模式相适应的产业形态，是世界城市经济辐射的载体和手段。吸引国际高层次要素聚集，促进技术和制度的创新，推动产业不断向更高阶段升级，也是构建后工业化的现代产业体系的关键所在。

国际总部集聚度。世界城市通常都是跨国企业总部和国际组织总部的集中地。某种意义上说，城市控制力的主要载体就是跨国公司总部和国际组织总部。国际总部通过对全球资源的配置实现城市对全球经济政治文化的控制和影响。国际组织的机构地理变动也常常反映出世界各国经济体之间的实力对比。总部组织就是一种控制权力。城市拥有的总部越多，总部经济的贡献率越高，它对全球的控制力也就越强。

高端人才。高端人才是世界城市建设的直接推动力，是吸引城市投资集聚资本、促进城市科技创新、推动城市产业升级优化、吸收和整合各种生产要素、实现城市价值增长的催化剂。世界城市建设离不开高端人才的储备和培养，不断形成吸引、培育、使用高端人才的机制与环境是至关重要的。丰富的科技资源与优质的教育资源是聚集高端人才的两大基础。建设国际科技中心、国际教育中心和国际人力资源中心，是聚集高端人才，建设世界城市的迫切需要。

信息化水平。世界城市作为全球信息网络的重要节点及信息高度集聚与扩散的中心点，带动和加速了物流、人流、信息流、资本流和技术流的集聚和扩散强度与速度，使城市的综合功能进一步明显加强，并形成产业分工跨越国界和产业体系区位分离的结构。某种意义上说，信息化、数字化、网络化是世界城市经济社会的基本运行方式。随着信息化时代的到来和传播技术的迅猛发展，传媒影响力正在成为世界城市软实力的重要组成部分。

现代化立体化的综合交通体系。在全球化与信息化交互作用的推动下，城市的“地理空间”日益转变为“流动空间”。世界城市建设的首要任务就是扩展“连通性”，而这种“连通性”的构建与夯实又依赖于能够承载大规模流量的现实通道——立体化的综合交通体系。当今世界正在经历一个临空时代、高铁时代和远洋时代。建立一种国际化、立体化的综合交通体系，才能对战略性资源、战略性产业、战略性通道实现有效影响和控制。

金融国际竞争力。金融是现代经济的核心，经济全球化必然导致金融全球化。拥有以国际金融、现代服务为主的产业集群是世界城市特定的高端产业体系，是世界城市的核心功能，也是世界城市获得对世界经济领导力、影响力和控制力的根本要素。一方面，通过巨量的金融资本和资产运作，对世界经济产生重大影响；另一方面，通过发挥资本集聚和辐射功能，实现资源在全球范围的优化配置，从而控制和影响全球市场。这也是世界城市发展的一个基本规律。从纽约、伦敦、东京这些世界城市来看，与其世界城市地位相适应，全球金融中心的形成、金融企业和机构的集中、金融的国际竞争力成为它们的重要特征。

城市综合创新体系。世界城市往往是全球创新中心，或者作为全球创新的一个重要枢纽，在全球资源的配置中处于重要的支配地位。创新不仅仅指科技创新、产业创新、管理创新，更重要的是制度创新和社会创新。整合开放共享的创新资源，构建城市综合创新体系是世界城市综合实力的重要支撑点，也是世界城市建设的重要驱动力。作为推动城市发展和实现城市转型的主导力量，创新深刻地改变了城市的空间形态、功能结构和发展方式。

国际交往能力。随着经济全球化的深化，国家、城市、企业、组织、个人之间的对外交流越来越广泛，政治、经济、文化之间相互渗透、相互影响的局面愈加显现。世界城市作为国际交往的窗口，国际交往功能十分发达，在国际机构数量、国际交流活动、国际交往设施、国际人口规模等方面都有着其他城市无法比拟的优势。

文化软实力。文化软实力是软实力的核心因素，是指一个国家或地区文化的影响力、凝聚力和感召力。世界城市的文化必须具备两大性质的综合统一。一是世界性，主要体现为文化在世界经济社会发展的地位和作用。二是民族性，主要体现在其本身特有的人文内涵上，也就是城市的历史性和文化性。这就决定了世界城市文化不能是内向、封闭、单一的，应该是外向、开放、多元的文化体系。在这个体系中，多元复合、兼容并包、交流发展是特征，而民族性、国家或城市特有的精神则是内涵。通过民族性与多元文化的交融，才能形成其核心价值，才能引领世界潮流。

全球化的治理结构。迎接全球化和信息化的挑战，世界城市需要一种全新的公共管理模式，即全球化的治理结构。一方面，全球化加深了各国间的利益依存度，我们正在经历的全球金融危机就是一个典型例子。在经济全球化的背景下，由于相互连接的利益关系，世界各国、各个城市之间必须携手合作、共同应对这场危机；另一方面，人类共同面临前所未有的严峻挑战。气候变化、恐怖主义、跨国犯罪、流行疾病等挑战是任何一个国家或城市都不可能单独应对，联合起来才是理智的选择。

因此，在市场原则、公共利益和认同基础上的跨界合作就显得尤为重要。而实现这种跨界合作，就必须建立一种政治、经济、社会和文化过程与全球力量的联系方式，形成一个有利于促进各种社会力量创造跨界流动的全球化的治理结构。

世界城市格局的演变趋势与北京建设世界城市的机遇和挑战

世界城市产生于世界经济增长的重心区域。世界经济政治格局变化和重心东移，为北京建设世界城市提供了历史良机。世界城市往往产生于世界经济增长的重心区域。无论是纽约、伦敦，还是东京，都是伴随世界经济政治格局变化和重心转移而逐步崛起的。它们的背后都是一个个在世界经济发展中最具活力、市场容量与经济潜能巨大、经济增长幅度最大的地区，同时也是最终需求和外贸出口增长最快、引进技术与国际资本数量规模巨大的地区，也就是“世界经济增长的重心区域”。这些区域既是世界经济发展的重要增长极，也是世界城市产生的重要动力源。

世界多极化和经济全球化是当今世界发展的两大趋势。2008年以来的国际金融危机，不仅导致了全球经济的衰退，更重要的是引发世界经济格局的变化。以“金砖四国”为代表的新兴市场经济在世界经济格局中的影响和实力加速上升，并在后危机时代占有更大的发展先机和成长空间。世界经济重心正在从大西洋向太平洋转移，发展中国家崛起的主力军在亚洲。中国有理由成为国际经济新秩序中的主角之一，并逐步走向世界前台发挥其大国作用。北京必将伴随经济全球化、金融全球化及世界经济重心转移的趋势脱颖而出，成为新兴的世界城市。

世界城市的形成和发展依赖于世界城市区域体系的强大支撑，北京建设世界城市必须探索具有中国特色和首都特征的世界城市区域体系新模式。世界城市建设有多种模式，有强化国际化因素和市场力量的“自然发育模式”，也有依托国家崛起因素和政府力量的“规划推动模式”。不管哪一种模式，世界城市的发展都不能靠单个城市，而是整个世界城市区域的繁荣。世界城市在本质上是一个城市区域体系。在这个体系中，城市之间分工与协调紧密，其中又有一个中心城市的地位在这个区域中尤为突出并发挥龙头作用，这个中心城市就是世界城市。发展中国家建设世界城市需要构建世界城市区域体系。作为首都的北京，必须发挥首都的政治优势、经济优势、文化优势、科技优势，通过建设世界城市，形成一个以北京为中心，辐射能力强、开放程度高、具有全球影响力的城市极点，围绕北京、天津两核形成一个功能完善的城市区域，建构一个密切互动的京津冀都市圈发展格局，并以此推动京津冀世界级都市圈的加速崛起。

世界城市是中心城市与周边地区相互作用的产物，集聚和辐射是世界城市发展和演进的重要机制。中国建设世界城市的战略布局将加速中国崛起。作为一个发展中国家，中国首要考虑的是发展。但这个发展不是一个城市的发展，而是要通过强化中心城市功能带动一个更大区域的繁荣。世界城市通过加强与周边城市的关系，强化要素的集聚、辐射、流通和增长四大功能，以获取规模效应和集聚效应，从而形成更大规模的人流、物流、资本流、技术流和信息流的资源配置，共同构建世界经济新的增长极。中国有条件建设世界城市的是北京、上海和香港。这三个世界城市的崛起，将带动环渤海、长三角和珠三角的腹地繁荣，推进世界城市区域体系形成，从而引领中国在世界的加速崛起。

北京正处于从国际城市迈向世界城市的战略转型期，“人文北京、科技北京、绿色北京”是北京建设世界城市的独特财富。一届“无与伦比”的奥运会开启了北京发展的新纪元。建设世界城市是我们国家走向世界前台后首都北京工作的一个新的奋斗方向，也是后奥运时代北京在新的起点上谋求更高层次发展的战略选择。

北京奥运会不仅提升了北京的综合竞争力，也极大地提升了城市文明程度和软实力，提升了北京的国际影响力。奥运会的成功举办使中国、北京赢得了世界的注目。更为重要的是，奥运会给北京、中国和世界留下了独特的物质财富和精神财富。奥运标准就是国际标准。奥运会影响北京至少50年。特别是“绿色奥运、科技奥运、人文奥运”三大理念转化为“人文北京、科技北京、绿色北京”三大发展战略，是北京建设世界城市的基本内涵和独特财富。

奥运会的成功举办推动了北京经济社会又好又快发展。2009年北京实现地区生产总值11865.9亿元，比上年增长10.1%，人均 GDP 首破1万美元，按照世界银行划定的最新标准，北京开始步入中等发达富裕城市行列，也标志着北京开始从国家中心城市逐步跨进区域性国际城市门槛。

社会分化与生态环境恶化是世界城市面临的两大挑战。和谐发展是北京建设世界城市的价值导向，北京建设世界城市是政治、经济、文化、社会、生态文明建设“五位一体”高度统一的整体。纵观世界城市发展规律，世界城市建设面临两大挑战，一是社会分化，二是生态环境恶化。世界城市作为一个强有力的集聚全球要素与能量的节点，它更有可能成为一个加剧社会乃至政治危机的催化剂。关于世界城市最为经典的研究（Sassen,S.2001）提出了世界城市在发育中，因存在参与者人群和边缘化人群而不可避免地导致社会割裂。世界城市中的巨量空间流动也给城市的环境与安全带来极大的压力，城市的可持续性受到很大制约。

中国建设世界城市是在社会主义制度框架下，不能照搬西方模式，不能重走“先分化后治理”和“先污染后治理”的老路。和谐与发展是北京建设世界城市的两大主题。应当妥善处理经济、环境、资源、人口与发展之间的协调关系，走低碳发展之路，全面推进政治、经济、文化、社会、生态文明“五位一体”的高度统一，推动城市之间、城乡之间、区域之间，乃至国家之间的融洽、联动、互利、共赢。世界城市发展的终极价值是不断提升居民的生活品质与增加居民的生活福利，促进人的全面发展和社会的和谐进步。

世界城市的“三层次论”和
北京建设世界城市的“三步走”战略

世界城市的形成是一个分层次的、持续渐进的过程。世界城市的形成和发展具有明显的规律性，是一个持续渐进的过程。从纽约、伦敦、东京国际公认的三大世界城市的发展历程来看，西方发达国家的世界城市都是高度工业化和高度城市化互动的结果，是强化国际化因素和市场力量的一种“自然发育模式”。从世界城市网络体系看，国际城市大致分为三个层次：第一层次是世界城市，也被称为全球性国际城市，如纽约、伦敦、东京等；第二层次是区域性国际城市，如法国巴黎、新加坡、中国香港等；第三层次是国家性国际城市，也被称为国家中心城市，北京、上海当属此列。

北京建设世界城市既要发挥优势，又要尊重规律。北京建设世界城市是顺应经济全球化和重心东移的趋势提出的。北京建设世界城市必须依赖于中国的加速崛起，必须发挥中国特色社会主义体制的优势，必须坚持政府主导和市场经济相结合，必须发挥首都政治优势、经济优势、文化优势、科技优势，必须探索符合中国特色和首都特征的新模式。

必须指出，中国总体上处于社会主义初级阶段，中国是发展中国家。北京正处于从国际城市向世界城市的战略转型期，还没有实现高度的城市化与国际化，特别是与其他世界城市还存在现实差距。这就决定了北京建设世界城市不可能一蹴而就，不可能在一个较短时间内完成。要避免“盲人摸象”，更不能“拔苗助长”。

北京建设世界城市应采取“三步走”发展战略。建设世界城市是基于北京可持续发展的长远目标做出的重大战略决策，是站在明天谋划今天。建设世界城市既是长远目标，又是历史机遇；既不超越阶段，也不被动滞后；既要与时俱进，又要实事求是；既要有实实在在的行动，又要有循序渐进的规划。必须在尊重现实、把握规律的基础上，分步骤、分阶段有序推进。

第一步：2020年全面建设现代化国际城市。目前，北京被列为国家中心城市。“人文北京、科技北京、绿色北京”发展战略加快深化，全面推进世界城市建设进入新阶段。到2020年左右，通过实施大区协同战略、新城崛起战略、城乡联动战略和区域一体战略，全面实现国家首都、国际城市、文化名城、宜居城市的发展目标，实现从国家性国际城市迈向区域性国际城市的战略转型，为世界城市的建设奠定基础。

第二步：2030年初步形成世界城市基本框架。瞄准世界城市目标，对接世界城市标准，构建完成首都核心价值体系、现代服务经济体系、高端人力资源体系、开放多元文化体系、城市综合创新体系和公民社会法治体系，形成政治、经济、文化、社会、生态文明“五位一体”高度统一的世界城市区域体系，推动环渤海地区的加速崛起，从区域性国际城市向全球性国际城市不断迈进。

第三步：2050年建成有中国特色和首都特点的世界城市。到2050年左右，全面建成国际政治中心、国际文化中心、国际科技中心、国际金融中心和国际航运中心，形成对全球政治经济文化具有控制力和影响力的世界城市。实现经济繁荣、政治民主、文化多元、社会和谐、生态文明的高度统一，不断增强北京在世界城市体系中的地位，发挥推动中国崛起和可持续发展的强大支撑作用。

世界城市的国家布局[①]

建设中国特色世界城市应尽快上升为国家战略

建设中国特色世界城市是国家战略布局更为紧迫的要求。开始于2008年的全球性经济危机还没有结束，由此带来的后果、引发的各种力量的重新组合还在持续进行中。世界经济和政治格局正在发生重大变化，东升西降、南升北降的趋势逐步明朗。世界的焦点在亚太地区，亚太的重心在东北亚。中国正在成为影响东北亚乃至全球的重要力量。中国有理由成为国际经济政治新秩序中的主角之一，并逐步走向世界舞台发挥其大国作用。这是我国未来10年再次迎来战略机遇期的一个总前提和大背景。考虑国际利益、国际博弈以及国际环境的可能变化，建设中国特色世界城市，抢占东北亚地区的战略制高点，承担全球经济文化引领者的职能，从而释放大国的影响力，正是我国基于当前国际国内发展形势应该做出的一种更为紧迫的战略布局。

建设中国特色世界城市必须发挥“服务全国，整合世界”的功能和作用。中国特色世界城市在更远的将来会在世界城市体系中发挥重要的作用。这种作用体现为，在全球城市网络体系中的地位不断提升，整合和配置全

① 作者2012年8月15日在“首都发展战略专家座谈会”上的发言要点。

球资源要素的能力不断增强，从而实现世界城市在全球经济、政治、文化中的影响力。北京应当成为在更大规模、更大范围内对全球高端资源，包括国际人才、国际资本、国际信息、国际技术、国际物流等要素进行优化和配置的重要载体，进而推动中国成为全球经济、政治、文化活动的制高点。正是从这个意义上说，建设中国特色世界城市必须依赖于中国的加速崛起，必须依赖于中央的政策，必须依赖于北京与中央部委、军队、央企、院校的合作，必须依赖于周边腹地的繁荣，必须依赖于全国的支持。换句话说，建设中国特色世界城市必须服务全国。

建设中国特色世界城市必须构建以首都经济圈为核心，以环渤海都市圈为腹地支撑的世界城市区域体系。世界城市本质上是一个城市区域体系。北京建设中国特色世界城市必须探索具有中国特色和首都特征的世界城市区域体系新模式。作为首都的北京，必须发挥首都的政治优势、经济优势、文化优势、科技优势，通过建设世界城市，形成一个以北京为中心，辐射能力强、开放程度高、具有全球影响力的城市极点，围绕北京、天津两核形成一个功能完善、互动互联的首都经济圈发展格局，并以此推动环渤海世界级都市圈的加速崛起。

破解中国特色世界城市建设中的经济软肋

建设中国特色世界城市是推动首都城市战略转型和经济发展方式转变的必由之路。在国家宏观调控背景下，北京市实施以“限房、限车、限贷、限人”为特征的“四个限代化”政策。这些调控政策的实施对北京的发展既有利又有弊，既带来了推力也形成了阻力。从短期来看，将影响北京经济发展的现实增速，从而面临“慢速增长”的挑战与考验。从长期来看，当依靠传统的投资拉动型、资源消耗型发展模式来推动经济发展的条件不复存在时，就必须在研发能力的提高上谋求新的利润空间，在品牌效应的打造上谋求新的竞争空间，在消费需求的培育上谋求新的增长空间。不可否认，宏观调控政策集中发力与经济发展方式转变的效应叠加，是导致北京经济增速变缓的直接原因。但从更深层次上看，北京的经济结构、产业结构、空间结构也存在很大的问题，必须抓住北京“慢速增长”现象背后的深层次原因，不回避、敢碰硬、求突破，下决心彻底解决。

把“四个服务”变成推动首都科学发展的竞争优势。北京拥有全国最丰富的央企资源、高校资源和院所资源。央企综合实力突出，高校、院所研发能力强，资金、技术、人才、信息、品牌优势明显。特别是央企，产业控制力、影响力、带动力和根植性强，在以重大项目带动区域发展方面有着丰富经验，在全国甚至全球范围内配置资源的能力较强。必须避免“灯下黑”“边缘化”现象，充分发挥北京的服务优势，在为中央党政军领导机关服务，为日益扩大的国际交往服务，为国家教育、科技、文化卫生事业的发展服务，为市民的工作和生活服务的过程中，寻找发展机遇，挖掘发展潜力，拓展发展空间，不断增强公共服务资源的供给能力，满足多层次、多样性、多元化的公共服务需求，率先推动服务业开放等体制机制探索，加快实施有利于服务业发展的政策，真正把“四个服务”变成经济发展的优势。

把发展民营经济，特别是中小、小微科技、文化企业作为首都经济持续稳定发展的新增长点。北京发展民营经济有得天独厚的优势，我们一直没有真正把推动民营经济的发展作为一项战略任务来看待。对首都经济来说，中小企业不是发展太多，而是远远不够。一个重要的新情况、新问题是，支撑经济增长的微观主体中小企业发展的不稳定性增强。北京应更加重视民营经济的发展，特别是科技型、文化创意型中小企业、小微企业的发展。以营改增试点为契机，形成扶持中小民营企业发展的一揽子政策，加大对科技型、实体型小微企业金融支持力度和资金规模，推动中小企业和民营企业转型升级。

把优化空间布局作为提振首都经济的战略支撑。北京发展面临的最大瓶颈是发展空间，这是一个战略性问题。应通过实施大区协同战略、新城崛起战略、城乡联动战略和区域一体战略，特别是推动以CBD为核心的世界城市实验区建设，以中关村国家自主创新示范区为核心的中关村新区建设，以通州城市副中心为核心的通州新区建设，优化发展空间，突破传统刚性的空间区位对于要素资源流动聚集的束缚，为创新项目和创新政策落地提供空间条件。

“一圈两翼”是建设中国特色世界城市的重要着力点

北京建设中国特色世界城市必须强化在首都经济圈框架下的城市区域体系功能。以文化发展为核心，以科技创新为动力，以首都经济圈为支撑，探索推动首都科学发展新模式，将成为中国特色世界城市建设的重要着力点。这种模式可以概括为“一圈两翼”。一圈就是“首都经济圈”，两翼就是实施科技创新与文化创新“双轮驱动”战略。随着“首都经济圈”写入国家“十二五”规划，京津冀一体化被上升为国家战略，北京在推动“首都经济圈”的发展进程中，必须坚持自身发展与区域协同并重，以特大城市为龙头，带动大中小城市、城镇、农村协调发展，以加快小城镇建设为突破口统筹城乡发展，走一条农村城市化、城乡一体化再到区域协调、均衡发展的新型城市化之路。重要的是，推动京津同城化和京津冀一体化，不仅仅是建立产业合作机制，也包括区域合作机制、城市功能合作机制，以及环首都圈贫困带的开发扶持机制，尤其是交通体系一体化、流通体系一体化和金融体系一体化，进而推进体制上的融合。这是北京建设中国特色世界城市必须面对和解决的重大课题。

北京建设中国特色世界城市应在科技创新上发挥关键性作用。创新驱动是首都建设创新型城市、服务国家创新战略的必然要求。深化实施“科技北京”战略，率先形成创新驱动的发展格局，必须科学判断世界科技发展的趋势和动向，抓住核心资源、核心人才、核心技术和核心的全球商业网络四大创新要素，通过产业园区的国际化、高端化、集群化、品牌化发展，增强科技创新能力、科技成果产业化能力，搭建创新资源平台，推进体制机制创新，成为具有全球影响力的科技创新中心。

北京建设中国特色世界城市应在文化创新中发挥导向性功能。北京能不能成为具有重大国际影响力文化中心的关键在于，能不能把古都风貌保护提升到世界城市建设的战略地位；能不能把文化创意产业作为世界城市建设的战略性支柱产业；能不能把国际文化交流作为世界城市建设的战略核心；能不能把世界级的文化设施或地标性建筑作为世界城市建设的战略制高点。这四大战略，既是北京文化创新的核心导向，也是推动首都文化大繁荣大发展的强大动力。

把城市规划放到建设中国特色世界城市更加突出的地位

进一步深化对国际化大都市发展规律的认识，加快首都城市规划的再修编工作至关重要。建设中国特色世界城市已经成为未来5年乃至更长时期的奋斗方向，必然对北京的城市发展提出新的更高要求，特别是要把城市规划修编放到更加突出的位置。从上一次修编到现在已经10年了。而这10年恰恰是首都城市发展翻天覆地的10年。城市性质和功能已经发生了质的变化。原来规划中的很多方面已经不再适应现实的需要，对未来失去了指导意义。更重要的，再修编的过程实际上是一个统一思想、增进共识、研究对策、解决问题的过程，也是一个动员社会力量，扩大公众参与、集思广益、献计献策的过程。再修编工作要进一步增强对首都现代化国际大都市发展规律的认识，把城市规划放在首都发展更高层次、更大空间的战略地位上考量；要立足长远，立足2050年，至少2030年，强化首都经济圈理念，强化在京津冀一体化框架下的城市区域体系的功能；更加重视人口、产业、空间、土地、生态以及历史文化遗产保护“多规叠加”效应；更加扩大公众参与。要多听听老百姓想什么、说什么、需要什么，老百姓的需求才是真正的城市功能。

把加快轨道交通建设作为治理交通拥堵和有效疏解人口的根本的、关键性的重要突破口。北京交通拥堵的重要原因，是因为轨道交通建设规划的滞后和落后。这里的滞后，是指北京在轨道交通建设上错过了最黄金的历史机遇期，建设规模与人口规模、建设速度与人口增长速度相比都是严重滞后的。这里的落后，是指轨道交通建设体系不健全、功能不到位。轨道交通建设关键在于延长线，核心在于完善网，根本在于强化城。换句话说，轨道交通不仅仅在于总长度，而在于是不是形成网。轨道交通只有形成网，才有效率。这个网既包括地铁、高铁、市郊快铁的良性衔接，也包括轨道交通内部的网络体系、车站布局、换乘枢纽、设施配套、运行管理的协调互动，还包括轨道交通与地面公交、公共自行车、空中走廊的高度融合。因此，我们需要下功夫解决轨道交通出口太少、换乘不方便、步行时间太长、商业设施不配套、地下环廊无法贯通等问题。更重要的是，应当以轨道交通枢纽建设为切入点，再造地下空间，再造地下新城。从国内外发达城市经验看，无论是伦敦、纽约、巴黎、还是日本东京、新加坡、中国香港，轨道交通枢纽所带来的是一座地下新城，一座具有完善的市政设施、商业设施、公共设施、服务设施的功能新城。在这一点上，北京有差距。要对地下空间开发利用加快规划、加快立法。

建设中国特色世界城市必须提高领导干部的国际化水平

建设中国特色世界城市关键在人。世界城市是一个“双向国际化”的过程，是一种国际博弈，本质是国际人才的竞争。北京建设具有中国特色的世界城市，必须高举国际化的旗帜，推进城市国际化、产业国际化、管理国际化和服务国际化，根本在于打造国际人才高地。一是培养一批具有国际视野的干部队伍；二是引进一批具有全球资源配置能力的产业领军人才；三是凝聚一批与国际接轨的创新型人才，特别是文化发展、国际服务和社会管理领域的人才；四是聘请一批国际智库或国际智库人才；五是建立一套具有国际标准的国际人才评价体系；六是打造一个与世界城市发展水平相适应的国际人才服务区。

领导干部的国际化水平决定北京建设中国特色世界城市的成败。建设中国特色世界城市，要在更高水平上统筹对外开放，统筹“走出去”和“引进来”，更好地利用国际国内两个市场、两种资源。这就要求领导干部要具有更加广阔的世界眼光、更加强烈的国际意识和更加牢固的全局观念，不断提高应对国际局势的能力，不断提高处理国际事务的能力，不断提高运用国际规则的能力，不断提高依法执政和依法管理的能力。建设中国特色世界城市是一种国际化机遇，能不能从国际国内形势的相互联系中把握发展规律，从国际国内条件的相互转化中用好发展机遇，从国际国内资源的优势互补中创造发展条件，从国际国内因素的综合作用中掌握发展全局，关键看领导干部特别是高级领导干部是否具有国际化创新能力。这是关系北京建设中国特色世界城市成败的关键。

中国特色世界城市“特”在哪里①

建设中国特色世界城市要尊重规律，要创新

建设中国特色世界城市要服从和服务于中国特色社会主义事业的大局。世界城市已经不是一个新概念，而是即将到来的新时代。必须肯定，中国已成为世界第二大经济体，国际地位和全球影响力显著提高。国家地位的迅速上升和影响力的释放，必然要求中国建设世界城市。以建设世界城市为龙头带动区域繁荣和国家发展，是中国利用全球资源和全球市场加快转变经济发展方式的内在要求，是中国在国际关系格局中发挥作用的重要支撑，是中国和平发展的战略制高点。香港、上海、北京三个世界城市的崛起，将带动珠三角、长三角和环渤海都市圈的繁荣，推进世界城市区域体系的形成，从而引领和推动中国在世界的加速崛起。这是国家战略布局的必然选择，也是中国特色社会主义事业的题中应有之义。

建设中国特色世界城市要充分发挥社会主义制度的优越性和国家首都的独特优势。北京建设中国特色世界城市，必须上升为国家战略。必须依赖社会主义体制的优势，必须依赖中国的加速崛起，必须依赖中央的政策，必须依赖北京与中央部委、军队、央企、院校的合作，必须依赖周边

① 本文刊发于2011年4月11日《北京日报·理论周刊》。

腹地的繁荣，必须依赖全国的支持。这“六个依赖”不仅是北京的事，也是国家和全国的事。另外，要发挥好北京作为国家首都的政治优势，把这种优势变成建设世界城市的强大推动力；发挥好北京作为文化名城独一无二的文化优势，这种优势能不能发挥作用，关键要看能不能把古都风貌保护提升到世界城市建设的战略地位，能不能把文化创意产业作为世界城市建设的战略性产业，能不能把国际文化交流作为世界城市建设的战略核心，能不能把世界级的文化地标作为世界城市建设的战略制高点；发挥好北京奥运城市的品牌优势。“人文、科技、绿色”是北京建设世界城市的灵魂，也是我们建设世界城市独特的财富和优势。

建设中国特色世界城市要尊重规律，借鉴国际经验，更要创新和超越。在一个世界上人口最多，处于社会主义初级阶段的发展中大国建设世界城市尚无先例，我们与西方发达国家、发达城市所处的时代背景、社会制度、发展模式不同，这必然要求我们必须立足中国国情、立足首都优势、立足国际规律，必须创新和超越。这种创新和超越体现在，北京建设世界城市更加强调时代特征、中国特色和首都特点，以良好的制度优势、功能优势、社会优势、创新优势、生态优势和文化优势引领世界城市发展潮流、推动全球文明的进步。所谓时代特征就是抓住世界经济政治格局变化，特别是世界经济重心东移的历史机遇，解放思想，扩大开放，最大限度地吸收世界文明成果，最大限度地整合和配置全球资源要素，形成具有控制力和影响力的世界城市；所谓中国特色，就是在发展价值理念上体现社会和谐、公平正义、共同富裕，在发展空间格局上构建与中国国情相适应的世界城市区域体系，以京津为核心，推动京津冀一体化和环渤海都市圈的加速崛起；所谓首都特点，就是深化“人文北京、科技北京、绿色北京”战略，进一步提高“四个服务”水平，努力打造国际活动聚集之都、世界高端企业总部聚集之都、世界高端人才聚集之都、中国特色社会主义先进文化之都、和谐宜居之都，推动北京向中国特色世界城市迈出坚实的步伐。

让北京成为古都文化和中华文化国际交流的重要窗口

中国特色世界城市的灵魂是建设中国特色社会主义先进文化之都。当今世界，文化与经济和政治相互交融，在综合国力竞争中的地位和作用越来越突出。世界城市的文化彰显出的是一个民族和国家的特质风貌，其自身能级和影响力在相当程度上代表了所在国家的竞争力。世界公认的纽约、伦敦、东京等世界城市反映的都是西方发达资本主义世界的价值观、行为方式和生活方式，代表着国家身份和民族形象。在中国这样一个社会主义大国建设世界城市，最大的不同在于，我们着眼于世界文化的前沿，在融入全球化进程中，充分利用我们所具有的发达国家所不具有的文化资源优势，把建设社会主义先进文化放在突出位置，充分体现中国特色社会主义核心价值体系，充分展示中华文化魅力，充分凸显东方文明的神韵，把文化建设放在全球化的坐标中进行科学的历史定位，从而制定相应的文化经济发展战略，形成中国特色世界城市特殊的魅力、自发的吸引力和强大的影响力。

重塑古都文化、人文北京之神韵，重在加强对古都风貌的整体保护。作为历史文化名城，北京历史悠久、文化底蕴深厚。北京是六朝古都，具有三千余年的建城史，历史上曾作为世界性城市蜚声海外，具有厚重的历史文化积淀，长城、故宫、周口店遗址、颐和园、天坛、明十三陵等不仅是世界文化遗产，更具有全球影响力。作为中国首都，北京承载着新中国宝贵的政治、经济、文化和社会史实，这是北京取之不尽的文化历史财富。作为奥运城市，“人文北京、科技北京、绿色北京”三大战略全面集中地反映了世界发展潮流的先进理念，正在成为北京现代文化的基础。这些潜在和现实的资源，正是北京建设中国特色世界城市的宝贵财富。重塑古都文化、人文北京之神韵要把加强对古都风貌的整体保护作为重要任务。一是提高历史文化名城的整体保护水平，把旧城风貌保护放在历史文化名城保护重中之重的位置上，切实保护、挖掘、传承和利用好首都历史文化遗产和城市文化街区；二是加强北京中轴线历史文化遗产保护和申遗工作，特别对中轴线的重要文物建筑、景观节点及时开展保护、修缮、修复工作，加强对影响景观风貌建筑的搬迁整治；三是加强北京文物保护，改变重地上、轻地下的现状，加快对地下文物保护的立法。

以中国元素为核心构建开放多元的文化体系，让古都文化和中华文化绽放现代异彩。全球化、一体化进程本身就是文化交流的过程。世界城市作为国际交往的重要窗口，日益成为国际文化传播中心和多元文化交融中心。更为重要的是，在经济全球化的背景下，由于相互连接的利益关系，世界各国、各个城市之间必须携手合作，共同应对气候变化、恐怖主义、跨国犯罪、流行疾病等严峻挑战。在市场原则、公共利益和文化认同基础上的跨界合作就显得尤为重要。实现这种跨界合作，就必须建立一种政治、经济、社会和文化的联系方式。北京在建设中国特色世界城市过程中，应汲取人类创造的一切优秀文明成果，开展多种形式的文化交流活动，弘扬优秀的民族传统文化，展示日新月异的城市新文化，让世界领略到中国文化的恒久魅力。文化建设不仅要满足本地居民的需要，更要适应和引导更广阔区域内的人群需要，建立一种多元复合、兼容并包、交流发展的文化体系。通过民族性与多元文化的交融，形成核心价值，引领世界潮流。在这种多元文化体系背后，还需要建立与之相适应的产业体系，加快发展文化创意产业，着力培育文化领域战略性新兴产业，在规则建立和政策制定方面，丰富、加大国际文化交流的内涵与力度，使之成为世界城市文化功能的重要支撑。

社会服务管理创新贯穿中国特色世界城市建设始终

社会分化是西方资本主义国家世界城市发展历程中的共性现象与重大挑战。观察世界城市社会转型的过程，其共性现象是面临两大挑战，一是社会分化，二是生态环境恶化。这些西方国家都是走“先分化后治理”“先恶化后治理”的路子。我们是继续走西方国家的老路，还是探索符合中国国情的新模式，这是建设中国特色世界城市必须面对并且必须解决好的重大社会课题。

世界城市作为国际城市的高端形态，这个高端的本质就是人与人的和谐关系。不断地提高人的生活品质，增加人的生活福利，促进人的自由和全面发展，实现社会的和谐进步，是北京建设中国特色世界城市的指导思想和终极价值。必须从“人”入手，更加重视人的尊严、社会公正、和谐均衡的发展理念。社会建设就是争取公平正义的社会环境来建设世界城市，又以世界城市的成果促进社会建设，让更多的人共享改革开放和发展的成果，这才是最具中国特色的世界城市。

把社会建设放在中国特色世界城市建设更加突出的地位。无论是西方发达国家，还是转型国家，特别是在世界城市建设过程中，都会面临不同程度的社会分化的风险。在我们这样一个有13亿人口、经济社会快速发展的发展中大国推进世界城市建设，社会管理任务更为艰巨繁重。一是新的社会需求不断增加。多层次、多样性、多元化的社会需求，必然对世界城市建设提出挑战，对传统的社会管理、社会服务提出新的更高层次的要求；二是新的社会矛盾日益凸显。特别是高房价、征地拆迁、国有企业改制、物业纠纷背后隐藏着更加复杂多变的问题、困难和矛盾；三是新的社会现象快速涌现。比如政府的社会管控领域不断扩大，但对新技术、新媒体、新舆论的冲击却有点无所适从；政府的主导作用不断加强，但社会组织的弱势地位却难以改变；政府的服务和管理机构不断扩张，但社区自治功能却有所减弱；“三全两信”问题更加突出，食品安全、药品安全、网络安全成为公众高度关注的焦点，政府公信弱化、社会诚信缺失成为制约社会进步最具紧迫性和现实性的问题。

社会服务管理创新关键在于构建以社会公平正义为核心的现代社会治理模式。更加重视社会服务与管理创新是推动世界城市建设的必然要求，构建以社会公正为核心的现代社会治理模式是中国特色之所在。社会公正就是“促进人人平等获得发展机会，逐步建立以权利公平、机会公平、规则公平、分配公平为主要内容的社会公平保障体系，不断消除人民参与经济发展、分享经济发展成果方面的障碍”。一句话，就是让更多的人共享改革开放和发展的成果。特别是要把特权利益集团和既得利益集团所垄断的成果让更多的人共享。最好的办法就是通过社会建设推动政府转型。从发展趋势看，这种转型有三个基本导向：一是从“善政”到“善治”的转变，就是从一个好的政府转变为一个好的治理模式；二是从“发展型政府”向“服务型政府”的转变，就是把政府的主要精力和主要工作放在改善民生和维护社会公正上去；三是从“大政府”向“大社会”转变，就是依法限制政府的权力，不断扩大公众的参与。这三个转变的过程，实质上就是一个社会体制改革的过程，或者说，是一个政治体制改革与社会体制改革互动的过程。温家宝指出，“中国的改革已经到了攻坚阶段，必须以更大的决心和勇气全面推进各领域改革。我们要通过深化经济体制和政治体制等全面改革，使整个体制更加适应现代经济发展和社会主义民主政治建设的要求，更加有力地推进社会公平正义，更加有利于人的自由和全面发展”。这段话的核心，就是要深化包括政治体制改革在内的全面改革。而社会改革的重点，就是构建以社会公正为核心的现代社会治理模式，以适应现代经济发展和民主政治的要求。这才是真正意义上的社会服务管理创新的关键。

科学疏解城市功能，率先构建人口均衡型社会

促进人口长期均衡发展是北京建设中国特色世界城市的必由之路。人口膨胀是世界性难题。中国正处于城市加速发展期、城市价值提升期、城乡二元结构转型期的关键点上，这个关键点也预示着中国城市正在进入“大城市病”的多发期和爆发期，更加复杂和不确定性因素给城市发展带来可以预见和难以预见的风险和挑战。人口无序集聚，外来人口“倒挂”现象和城市老龄化特征明显；交通拥堵严重，公共交通严重滞后于城市实有人口规模；能源资源紧张，大大超出了城市基础设施和发展要素的承载能力；生态环境恶化，土地掠夺性开发、空气污染、水资源短缺及水质下降现象日益加剧；房价居高不下，城市生活功能被弱化，并且正在拉低居民的生活幸福感；拆迁引发的官民冲突，无直接利益关系的群体事件或恶性事件，非传统危机、人为制造的危机及天灾人祸形成的新的“灾害链”，正成为城市安全稳定的主要威胁。有效化解各种矛盾，有效预防潜在风险，成为未来城市的当务之急。构建人口均衡型、资源节约型和环境友好型社会，加快从“两型”社会向“三型”社会的战略转型，是中国特色世界城市建设紧迫而现实的任务。

通过科学疏解城市功能实现合理控制人口规模。北京是一座开放的、复杂的巨型城市。人口多，规模大，成分复杂，人户分离程度高、外来人口“倒挂”现象严重，“同心圆”的空间结构和“单中心”城市功能特征明显。常住人口、老年人口、劳动年龄人口、外来人口不断增长的发展趋势将长期不会改变，人口数量、结构、素质、分布等问题相互交织，统筹人口各要素协调发展的任务十分艰巨。合理控制人口规模，关键是进一步明确首都的城市定位，科学疏解城市功能，更加重视城市管理和社会服务。比如要更加突出首都政治文化中心的定位和地位，弱化经济功能；更加重

视城市副中心建设和周边区域的合作，通过输出和转移产业从而带动功能和人口从中心城向新城和周边转移；更加创新“以业管人”“以房管人”“以财管人”和“以证管人”相结合的社会服务管理模式，进一步深化流动人口服务管理，等等。特别强调的是，首都的人口规模需要科学的预测和合理的预期，合理控制人口规模并不仅仅意味着人口数量的减少。在这一点上，无论是政府还是社会，都需要更加理性。

把加快轨道交通建设作为治理交通拥堵和有效疏解人口的根本的、关键性的重要突破口。衡量一个国际大都市的重要标志，要看这个城市有没有一个现代化、立体化的交通体系。交通体系的核心是有没有一个发达的现代公共交通体系。现代公共交通体系的核心是有没有一个轨道交通体系。换句话说，一个城市轨道交通搞得好，这个城市一定不会交通拥堵。按照这个逻辑是不是可以得出一个结论：北京交通拥堵的重要原因，是因为轨道交通建设规划的滞后和落后。

这里的滞后，是指北京在轨道交通建设上错过了最黄金的历史机遇期。比如从1969年到1999年的30年间，轨道交通建设总长度为30公里，平均每年建1公里；从1999年到2008年近10年，新建146公里，平均每年建15公里；从2008年到2015年，按照规划建到总长度561公里，平均每年建52公里。更进一步说，即使到2015年，这561公里的建设规模与人口规模、建设速度和人口增长速度相比也是严重滞后的。

这里的落后，是指轨道交通建设体系不健全、功能不到位。看轨道交通，关键要看功能。看功能关键看三点，一是看线，二是看网，三是看城。轨道交通建设关键在于延长线，核心在于完善网，根本在于强化城。换句话说，轨道交通不仅仅在于总长度和公里数，而且在于轨道交通的客运载承量、占公共交通的比例以及公众选择轨道交通的出行比例等。另一方面，轨道交通只有形成网，才有效率。这个网既包括地铁、高铁、市郊快铁的良性衔接，也包括轨道交通内部的网络体系、车站布局、换乘枢纽、设施配套、运行管理的协调互动，还包括轨道交通与地面公交、公共自行车、空中走廊的高度融合。因此，我们需要下功夫解决轨道交通出口太少、换乘不方便、步行时间太长、商业设施不配套、地下环廊无法贯通等问题。应当以轨道交通枢纽建设为切入点，再造一个地下空间，再造一个地下新城。从国内外发达城市经验看，无论是伦敦、纽约、巴黎，还是日本东京、新加坡、中国香港，轨道交通枢纽所带来的是一座地下新城，一座具有完善的市政设施、商业设施、公共设施、服务设施的功能新城。在这一点上，北京是有差距的，应该学习和借鉴国际经验，加快地下空间开发利用的规划和立法。

更为重要的是，应当以轨道交通枢纽建设为切入点，引导产业、人口、功能的合理配置。北京的人口主要集中在城市中心，而东京、纽约、巴黎的人口主要分布在城市周边。这主要是因为东京、纽约、巴黎的城市公共交通以轨道交通为主，快速、便捷的轨道交通缩短了地理空间、心理空间，突破了集中式空间结构，使这些城市形成了空间相对分隔但交通快速联结的多中心轴线式结构。也就是说，一旦交通条件改变，城市空间布局和城市功能将会发生质的变化，随之而来的就是人口的疏解和交通拥堵的缓解。

创造性地探索和实践中国特色新型城市化模式

把城市规划放在中国特色世界城市建设的首要位置。一个好的城市一定有一个好的规划。这个“好”的规划至少有两个显著特征：一是具有前瞻性。也就是说，它对城市发展规律的把握是超前的，对城市发展趋势的判断是不会过时的。二是具有稳定性。一经规划所确定的东西是不能轻易变的。而我们的规划恰恰在这两个方面都存在问题。从某种意义上讲，就是我们的规划不到位、不稳定、不可持续。

如果一个城市出了问题，首先应该检讨它的规划是不是有问题，比如人口膨胀和交通拥堵。从发展规律和国际经验看，人口膨胀、交通拥堵、生态环境恶化是大城市化的必然结果。这种结果学术上称之为“大城市病”。造成这种“大城市病”的原因是多方面的，也是复杂的。从首都发展的实际看，城市规划滞后，是导致首都出现某些“大城市病”的深层次原因，本质上是缺乏对首都现代化国际大都市发展规律的深刻认识。

北京的城市规划一定要再修编。从上一次修编到现在已经10年了。而这10年恰恰是首都城市发展翻天覆地的10年。城市性质和功能已经发生了质的变化。原来规划中的很多方面已经不再适应现实的需要，对未来失去了指导意义。更重要的，再修编的过程实际上是一个统一思想、增进共识、研究对策、解决问题的过程，也是一个动员社会力量，扩大公众参与、集思广益、献计献策的过程。再修编工作要重视以下三点：一是进一步增强对首都现代化国际大都市发展规律的认识，把城市规划放在首都发展更高层次、更大空间的战略地位上考量。立足长远，立足2050年，至少2030年，更加强化首都经济圈理念，更加强化在京津冀一体化框架下的城市区域体系的功能。二是更加重视“五规合一”。人口、产业、空间、土地、历史文化遗产保护至少这五个规划一定要统筹、一定要配套、一定要协调。为什么我们的规划总是变来变去，就是由于这几个规划各自为政、缺乏统筹。三是更加扩大公众参与。领导的指示和专家的意见当然重要，更重要的是老百姓的意见。应当更多地听听老百姓想什么、说什么、需要什么。一定让老百姓知情，一定让老百姓说话。老百姓的话往往说得是他们的需求，老百姓的需求才是真正的城市功能。

加快统筹城乡发展步伐，率先形成城乡经济社会发展一体化新格局。郊区农村是首都可持续发展的战略腹地，是首都加快建立创新驱动发展模式的重要战略新区，是建设中国特色世界城市的资源支撑区。北京建设中国特色世界城市，既要充分发挥城市在资金、人才、技术、信息等方面的优势，也要充分挖掘农村地区在生态环境、发展空间等方面的巨大潜力，促进公共资源在城乡之间均衡配置，促进生产要素在城乡之间自由流动，促进城乡经济社会发展融合互动、优势互补、互利共赢。这就需要率先在城乡规划一体化、城乡产业一体化、城乡基础设施一体化、城乡公共服务一体化、城乡劳动和社会保障一体化和城乡社会管理一体化等方面取得突破。

打造首都经济圈，构建具有中国特色的京津冀区域体系。世界城市的形成和发展依赖于世界城市区域体系的强大支撑，北京建设世界城市必须探索具有中国特色和首都特征的世界城市区域体系新模式。推进京津冀一体化，打造首都经济圈已经写入国家“十二五”规划，这为北京构建中国特色世界城市区域体系提供了重要机遇。必须承认，京津冀区域合作还面临很多问题。比如与国外同类地区相比发展差距悬殊，在东北亚地区的特大城市中面临竞争，区域竞争力落后于珠三角地区和长三角地区，区域经济发展水平较低、城市化水平较低、内部的差异性较大、情况比较复杂，“发达的中心城市和落后的圈内腹地”格局加剧，综合交通体系有待进一步构建和完善，区域内部缺乏合理的协作与分工，资源利用缺乏合理性，水资源缺乏，生态环境约束“瓶颈”日益突出，“宜居城市”建设任务艰巨等。

北京建设中国特色世界城市必须强化在京津冀一体化框架下的城市区域体系的功能，坚持自身发展与区域协同并重，以特大城市为龙头，带动大中小城市、城镇、农村协调发展，走一条农村城市化、城乡一体化再到区域协调、均衡发展的新型城市化之路。重要的是，推动京津同城化和京津冀一体化，不仅仅是建设产业合作机制，也包括区域合作机制和城市功能合作机制，尤其是交通体系一体化、流通体系一体化和金融体系一体化，进而推进体制上的融合。这是北京建设中国特色世界城市必须面对和解决的大课题。

北京在定位世界城市中的战略转型[①]

记者：世界城市对于北京发展是一个全新的定位。对此，您如何理解它的内涵？它有哪些主要特征？

连玉明：北京提出建设世界城市的目标，是北京市委、市政府对全球范围发展趋势进行分析与判断的结果，是我们国家走向世界前台后首都工作的一个新的奋斗方向，是后奥运时代北京在新的起点上谋求更高层次发展的战略选择。城市是一种特殊的社会形态。国际城市是城市形态的高级阶段。世界城市是国际城市的高端形态。在国际城市发展进程中，全球化和信息化两股潮流的交汇，使得不同等级的城市联系在一起，并且通过知识、资源、要素在全球范围内的流转，最终形成多极、多层次世界城市网络体系。世界城市就是全球城市网络中的主要节点。换句话说，世界城市就是对全球经济政治具有影响力和控制力的城市。从本质上讲，世界城市是全球战略性资源、战略性产业和战略性通道的控制中心，也是世界文明融合与交流的多元文化中心。

记者：从纽约、伦敦、东京看，世界城市都产生于发达国家，从经济实力和发展水平看，北京与西方发达国家的城市还有不小差距。在这样的背景

① 本文刊发于2010年1月26日《北京日报》。

下，我国作为发展中国家，北京建设世界城市应当选择什么模式？

连玉明：西方发达国家建设世界城市是高度工业化和高度城市化互动的结果，是强化国际化因素和市场力量的一种“自然发育模式”。北京建设世界城市是顺应世界经济政治格局多极化和重心东移的趋势提出的。北京建设世界城市必须依赖于中国的加速崛起，必须发挥中国特色社会主义体制的优势，必须坚持政府主导和市场经济相结合，必须探索符合中国特色和首都特征的新模式，这种模式就是构建世界城市区域体系。从国家战略层面来说，涉及三个层次，即东北亚区域、环渤海区域和京津冀区域。北京建设世界城市必须构建京津冀城市群区域体系。其中京津同城化是核心，京津冀一体化是关键。

记者：在新修编的北京城市总体规划中，北京的定位是“国家首都，历史名城，国际城市，宜居城市”，这16字的定位与北京提出建设世界城市的新目标之间是什么关系？北京建设世界城市有哪些内涵和特色？

连玉明：我个人理解，16字定位是基于首都发展的现实做出的科学判断，是站在今天谋划明天。世界城市的新定位是基于首都发展的长远目标做出的战略决策，是站在明天谋划今天。从这个意义上讲，世界城市的提出更具战略性和前瞻性。从更高层面上讲，北京建设世界城市是国家战略。

“人文北京、科技北京、绿色北京”三大发展战略就是北京建设世界城市的内涵，也是最重要的特色。“三个奥运”是北京奥运会留给我们独特的遗产和财富，把“三个奥运”转化为“三个北京”，是继承奥运财富最直接最有效的体现，也是我们建设世界城市的重要内容。

记者：从现实看，北京在建设世界城市过程中，有哪些需要改进的地方？

连玉明：北京建设世界城市不是一个口号，更不是一个概念，而是一个长期的奋斗目标，一个实实在在的行动计划。必须承认，北京离世界城市还有很大差距，还需在很多方面下大功夫。从现实看，起码有五个方面需要我们重视并加以改进：

一是重总量轻流量。世界城市不仅强调具有雄厚的经济实力，更强调具有巨大的国际资源流量与交易。流量是衡量世界城市的关键要素，城市经济流量的差异直接影响其在世界经济政治中的控制力与影响力。目前，北京在举办大型国际会议次数、拥有国际组织数量、接待国际游客数量、常住外籍人士占总人口比重等方面，与全球一流世界城市相比存在相当大的差距。

二是重硬件轻软件。优化城市环境、创新城市精神、激活智力潜能、整合文化资源是世界城市的核心动力。北京奥运会极大地提升了首都城市基础设施、环境建设和城市功能，但必须承认，我们的软实力、软功能、软制度还有一定差距。

三是重外延轻内涵。国际金融危机带给我们一个重要启示，那就是经济的发展必须从“外延式扩张”转变为“内涵式发展”。北京这些年的空间扩张太快了，但内涵发展不足。转变经济发展方式不仅是我们必须面对的现实任务，也是建设世界城市的应有之义。

四是重管理轻服务。城市管理能力、政府管理水平显著提升，但服务意识、服务水平、服务质量还有待改进。重点应打造“四型政府”：一是学习型政府；二是服务型政府；三是节约型政府；四是法治型政府。

五是重竞争轻合作。北京建设世界城市一定要探索发展中国家跨越式发展新模式，走出一条世界城市区域的新路子。这需要北京具有更加开放、包容、多元的合作精神，特别是加快京津同城化和京津冀一体化步伐，这是北京建设世界城市必须面对并且不容回避的首要问题。

记者：“十二五”期间，着眼于世界城市目标，北京应当在城市空间布局和城市功能提升方面做哪些工作？

连玉明：城市是讲功能的。城市功能是由城市结构决定的。而城市结构首先取决于空间结构，通过空间结构优化带动人口结构与产业结构转型，提升服务功能。应当指出，当前规划的所谓“两轴两带多中心”的空间布局，实际上是不存在的，是“虚拟现实”。换言之，“多中心”就等于“没中心”，“没中心”还等于“单中心”。这种“同心圆”的“单中心”结构不仅造成人口无序集聚和交通持续拥堵，而且也限制了产业发展和人口转移。因此，优化首都空间布局和城市结构，关键是实施大区战略和新城战略。加快推进亦庄与大兴的功能区与行政区整合，积极探索海淀、昌平、石景山的行政区划调整，设立中关村科技新区，启动研究东城、西城、崇文、宣武合并，在条件成熟时整合形成中心城区，重新调整新城建设规划，高起点高标准推进新城建设。

北京建设世界城市的机遇、模式和路径[①]

北京建设世界城市的重大机遇

世界经济政治格局变化和重心东移，为北京建设世界城市提供了历史良机。2008年以来的国际金融危机，不仅导致了全球经济的衰退，更重要的是必然引发世界经济格局的变化。以“金砖四国”为代表的新兴市场经济在世界经济格局中的影响和实力加速上升，并在后危机时代占有更大的发展先机和空间。世界金融体系正在重建，世界经济政治格局正在重新洗牌，中国有理由成为国际金融新秩序中的主角之一，并逐步走向世界前台发挥其大国作用。大国崛起中的中国城市有条件、也有必要承担全球经济引领者的职能，从而释放中国的大国影响力和控制力。与此同时，金融危机也将催生新一轮的技术革命和带来世界经济新一轮高速增长期，在这个过程中，必然会在世界经济增长最快的地区迅速出现一大批具有实力的城市，中国应该抓住这一难得的机遇建立具有国际影响力的世界城市。北京、上海、香港必将伴随经济全球化、金融全球化的趋势脱颖而出，成为一批新兴的世界城市。

北京奥运会的成功举办，奠定了北京建设世界城市的坚实基础。北京

① 本文刊发于2010年1月26日《北京日报》。

奥运会的筹办和举办，不仅提升了首都城市的综合竞争力，也极大地提升了首都城市的国际影响力。奥运会给北京、中国和世界留下了独特的精神财富和物质财富，特别是“绿色奥运、科技奥运、人文奥运”三大理念转化为“人文北京、科技北京、绿色北京”三大发展战略，成为北京建设世界城市的基本内涵和鲜明特色。

人均GDP突破1万美元，标志着北京城市发展进入了一个新的战略转型期。2009年，北京实现地区生产总值11865.9亿元，比上年增长10.1%，人均GDP首破1万美元，按照世界银行划定的最新标准，北京开始步入中等发达富裕城市行列，也标志着北京跨入国际城市门槛，这使得北京发展国际城市的高端形态——世界城市成为可能。同时，这也意味着北京进入了城市发展新的战略转型期，后工业时代经济结构将成为发展主流，服务经济和总部经济主导城市发展。

北京建设世界城市的模式选择

正在崛起的发展中国家需要世界城市的支撑。世界城市是全球生产网络、全球经济网络中的一个重要节点。顺应经济全球化和金融全球化的大势，发展中国家如果没有世界城市这样的节点，发展就没有支撑，崛起就失去依托。当然，在发展中国家建设世界城市也是对世界城市发展轨迹的一种挑战。伦敦、纽约、东京等世界城市，都是在完成工业化、成为成熟市场经济、进入发达国家行列以后发展和成长起来的。目前，很多发展中国家已经开始在发展过程当中谋划建设世界城市，正在寻找自己的发展方式和发展路径。对于中国来说，在工业化、城市化推进中建设世界城市，更需要创新性、跨越式发展的路线图。

发展中国家建设世界城市需要构建世界城市区域体系。世界城市建设有多种模式：强化国际化因素和市场力量的“自然发育模式”、依托国家崛起因素和政府力量的“规划推动模式”，等等。但不管哪一种模式，世界城市的发展都不能靠单个城市的发展，而是整个世界城市区域的繁荣。在这次全球金融危机中，伦敦、迪拜等城市发展的最大教训就是没有“腹地”。对于任何一个发展中国家来说，首要考虑的还是发展，但这个发展不是一个城市的发展，而是要通过强化中心城市功能带动一个更大区域的繁荣，甚至引领整个国家的发展，在这个意义上建设世界城市才具有战略意义。因此，发展中国家建设世界城市需要构建世界城市区域体系。北京建设世界城市，必须以北京为中心，形成一个辐射能力强、开放程度高、具有世界影响力的城市极点；围绕北京、天津两核形成一个功能完善的城市区域，并以此建构一个密切互动的京津冀经济圈一体化发展格局。

北京建设世界城市应上升为国家战略。北京提出建设世界城市的目标，是北京市委、市政府对全球范围发展趋势进行分析与判断的结果，是我们国家走向世界前台后首都工作的一个新的奋斗方向，是后奥运时代北京在新的起点上谋求更高层次发展的战略选择。北京建设世界城市是国家战略，必须依赖于中国的加速崛起。纵观世界城市发展的规律和经验，中国有条件建设世界城市的是北京、上海和香港。这三个世界城市的崛起，将带动环渤海、长三角和珠三角的腹地繁荣，推进世界城市区域体系形成，从而引领中国在世界的加速崛起。北京建设世界城市，既是长远目标，又是历史机遇；既不超越阶段，也不被动滞后，凸显出大国首都的政治责任感、历史使命感和积极主动求发展的主人翁姿态。

北京建设世界城市的发展路径

加快建设国际政治中心。在世界政治经济多极化的格局下，以国际组织为主体的第三方力量对国际政治的影响力将不断扩大。集聚这种第三方力量，凸显大国首都的国际政治功能，集中释放国际影响力，是北京世界城市建设的重中之重。

加快建设国际文化中心。北京建设世界城市，要充分施展历史文化古都魅力，切实保护好历史文化街区，切实保护好城市文化遗产，不断提炼和弘扬城市核心价值，提升城市文化品位，增强文化软实力。更为重要的是，挖掘和传承奥运文化遗产，积极实践“人文北京、科技北京、绿色北京”三大战略，不断加强中外文化交流，形成世界文明融合与多元文化中心。

加快建设国际科技中心。以中关村国家自主创新示范区建设为切入点，加快建设具有全球影响力的科技创新中心。要转化一批国际领先的科技成果，培养和聚集一批优秀创新人才，特别是产业领军人才，做强做大一批具有全球竞争力的国际化企业，培育一批国际知名品牌。积极探索海淀、昌平、石景山行政资源整合，推动设立中关村科技新区。加快构建产学研相结合的科技创新体系、知识产权体系和国际科技创新综合配套改革政策体系。

加快建设国际金融中心。金融是全球经济政治的核心元素，也是区域经济发展的动力。紧紧抓住资本和市场两个要素，实现资源在全球范围的优化配置，不断发挥国际金融中心的辐射力和影响力，提升国家金融决策功能和国际金融服务功能，从而形成对京津冀、环渤海、东北亚区域发展的强大支撑。国际金融中心是北京建设世界城市的核心。必须以更加开放、更加国际化的视野，从更高层次上谋划国际金融中心的空间布局、服务功能和支撑体系。特别是以 CBD 作为北京国际金融中心主要承载区，统筹规划、优化布局、提升功能，形成金融功能区与金融后台服务区布局合理、功能互补的一体化格局。避免功能同质、各自为政、多头发展、恶性竞争的局面。

加快建设国际航运中心。当今世界正在经历一个临空时代、高铁时代和远洋时代。建立一种国际化、立体化的交通体系，才能对战略性资源、战略性通道实现有效影响和控制。北京经济实力雄厚，国际资源流量与交易巨大，但是在国际航运方面也有薄弱环节，如机场能力不足，缺乏港口功能等。弥补这些缺陷，必须加强与天津的合作，特别是利用天津机场、天津港口优势形成功能互补、市场互联的一体化机制，共同推动和建设北京国际航运中心。

国际金融中心是世界城市的核心[①]

国际金融中心是世界城市的核心功能

政治多极化和经济全球化是当今世界发展的两大趋势。金融是现代经济的核心，经济全球化必然导致金融全球化。在后金融危机时代，随着世界经济重心的东移以及中国加速崛起，建设世界城市成为中国担当全球领导力、释放国际影响力和提升经济控制力，在全球经济网络中获取更大发展空间，顺应经济全球化和金融全球化发展的迫切要求和必然选择。拥有以国际金融、现代服务为主的产业集群是世界城市特定的高端产业体系，是世界城市的核心功能，也是世界城市获得对世界经济领导力、影响力和控制力的根本要素。一方面，通过巨量的金融资本和资产运作，对世界经济产生重大影响；另一方面，通过发挥资本集聚和辐射功能，实现资源在全球范围的优化配置，从而控制和影响全球市场。这也是世界城市发展的一个基本规律。从纽约、伦敦、东京这些世界城市来看，与其世界城市地位相适应，全球金融中心的形成、金融企业和机构的集中成为它们的重要特征。

当前，全球金融中心格局渐变，中国探索发展中国家建设世界城市新

① 本文刊发于2010年1月26日《北京日报》。

模式，就必须从国家战略层面，布局北京、上海、香港三个优势互补、功能互动的国际金融中心。北京作为环渤海地区的中心城市，北京国际金融中心的建设可以对环渤海地区乃至东北亚经济圈形成有效辐射。上海作为长三角龙头，可通过国际金融中心的动力效应和支撑效应，更好地服务长江三角洲地区。香港国际金融中心作为“泛珠三角”地区的桥头堡，拥有国际金融中心、创新中心、物流中心、资讯中心与科技研发体制完善的优势，可以发挥对“泛珠三角”经济圈和中国东盟贸易区的辐射力、聚集力和带动力，推动区域快速发展。三大国际金融中心的布局，能够有效辐射、影响、带动长三角地区、“泛珠三角”经济圈、环渤海地区乃至东北亚地区的经济发展，对中国向世界大国的目标迈进将起到极大的推动作用。

构建现代金融体系是北京建设国际金融中心的重中之重

北京建设国际金融中心是一个长远战略，核心是构建与我国经济实力和人民币国际地位相适应的现代金融体系，具体来说就是要努力形成“五大体系”：

努力形成国际化程度和市场化程度较高、多层次金融市场体系。北京资本市场不发达，没有股票等要素市场，金融交易和金融要素市场薄弱是北京建设国际金融中心的软肋和主要障碍。解决这些问题重点在于：构建和强化投融资平台、大力发展资本市场、建立全国性场外交易市场、设立金融衍生品交易市场、设立并购重组产业投资基金、设立中小企业创业投资引导基金等。

努力形成具有较强国际竞争力的金融机构体系。北京是中央金融经济决策中枢所在地。“一行三会”主体、“四大国有银行”总部、两大投行、国内大型期货公司等国家级决策机构、监管机构以及中国最高级别的金融集团云集北京，北京也是跨国公司中国总部的最大集聚地，也是国际金融机构和国际投资机构的主要集聚地。但总的来说，还是存在全球顶尖金融品牌少、世界知名金融机构欠缺等问题。必须不断吸引投资银行、基金管理公司、资产管理公司、货币经纪公司、融资租赁公司、企业集团财务公司等增强市场功能的机构，发挥首都的中央金融政策优势和国际金融资源优势，努力把北京建设成为金融决策中心、金融管理中心、金融信息中心和金融服务中心，服务中央企业、服务首都发展、服务周边繁荣。

努力形成门类齐全、结构合理的金融人力资源体系。缺乏与建设国际金融中心相适应的高端金融人才已成为北京金融业发展的一大“瓶颈”。应着力在优化首都金融人才发展环境，完善人才激励机制，加大对金融高端人才、金融急需人才的吸引聚集上下功夫，搭建金融人才服务平台，设立金融人才服务中心，形成政、产、学、研相结合的一体化人才教育体系、认证体系、研究体系、孵化体系。

努力形成符合发展需要和国际惯例的法律法规体系。积极推进与国家金融决策和国际金融交易相配套的、与国际接轨的法律法规体系，制定和完善银行中长期借贷市场、货币市场、股票市场、债券市场、保险市场及外汇市场管理政策体系。尽早出台《北京市推进国际金融中心建设条例》，不断完善金融监管和仲裁诉讼制度。

努力形成软硬并举、开放多元的金融环境体系。北京建设国际金融中心，在金融硬环境和软环境方面尚需大力改进。在硬环境方面，要加快形成合理的空间布局环境、便利的交通区位环境、完善的基础设施环境、健全的产业配套环境、优越的生活服务环境、良好的生态人居环境。在软环境方面，要加快形成开放的市场竞争环境、高效的政府服务环境、透明的产业政策环境、高度的人才集聚环境、便捷的信息应用环境、和谐的社会人文环境。

CBD是北京国际金融中心的主要承载区

朝阳区是北京规模最大、经济实力最强的城区，也是CBD所在地。人口多、发展快、结构好、市场化程度高、国际资源丰富。北京60%的涉外星级宾馆、70%的涉外投资和金融机构、80%的跨国公司地区总部、90%的涉外新闻媒体、几乎100%的外国使馆（除俄罗斯和卢森堡外）都聚集在朝阳区。上述这些资源又大部分集中在CBD。这为承载北京国际金融中心提供了坚实基础和环境支撑。纽约、伦敦、东京等顶级世界城市的经验表明，CBD是金融体系建设的核心，强化CBD国际金融服务功能是有效提升世界城市辐射力的关键。作为世界城市的重要增长极，CBD在吸引金融机构、聚集国际资源、推动要素流动、释放国际影响力等方面发挥着巨大的作用。

金融机构集聚是世界城市的重要特征。加快国际金融机构和服务在CBD集聚，是北京建设国际金融中心的基本条件。一是进一步整合优化金融发展空间布局，完善金融政策支持体系，把握国际金融中心建设的主动权，形成国家金融决策与国际金融服务功能互补、金融功能区和金融后台服务区有机统一的新格局，避免功能同质、各自为政、多头发展、恶性竞争的局面。二是以CBD东扩为契机，提升金融功能区的服务功能，形成中关村科技园区、亦庄现代制造业基地与CBD功能区的良性互动。三是吸引国际金融机构在CBD创办和延伸金融服务，鼓励成立更多国内民营金融机构。四是扩大金融对内、对外开放力度，放松对微观金融活动的管制，开辟跨区域融资途径，推进内部合作与联盟，加快金融机构创新。

世界城市与国际影响力[①]

世界城市就是影响世界的城市

控制力和影响力是世界城市的核心功能和重要标志。软实力是影响力的核心。影响力是一个国家或城市拥有主导和改变人的思维模式和价值取向的能力和权力。至少包括三个基本要素：公认度、话语权和软实力。

关于公认度，即对人或物的普遍认同和高度满意的程度，包括知名度、美誉度、忠诚度、偏好度和联想度等。

关于话语权，即平等参与国际化事务和平等配置全球化资源的资格，包括定价权、信息发布权、文化主导权、技术标准权、市场引领权和规则制定权等。

关于软实力，这是本文想重点谈的问题。"软实力"概念的创始人美国学者约瑟夫·奈认为，一个国家在国际政治中获得其所期望的结果，有可能并不是通过利用军事力量或经济制裁胁迫他人改变，而是因为其他国家仰慕其价值观，渴望达到其繁荣和开放的水平，并愿意紧随其后，或者是该国在国际政治中设立了议程，吸引其他国家的参与。这种吸引而非胁迫的力量被称为软实力。

---

① 本文刊发于2010年9月6日《北京日报·理论周刊》。

软实力主要来源于六种资源：一是文化，二是意识形态、政治价值观和政府公信力，三是制度模式，四是外交政策，五是信息渠道，六是国民素质和形象。

从文化来看，只有那些具有高度包容性，并且为世界文化的发展贡献出重要力量的文化才可以成为软实力资源。

从意识形态、政治价值观和政府公信力来看，意识形态是一种特定的文化，更具体一点说是观念典型的文化。政治价值观是意识形态的核心和本质特征。政治价值观在相当程度上决定着制度，而制度也反过来制约着政治价值观。政府公信力是公众对执政团队履行其法定职责及对公众承诺的状况的满意度和信任度的反映。

从制度模式来看，只有那些具有创新性的、并且能被国内外广泛接受和实践的制度模式才能够成为软实力资源。制度模式的创新能够使一个国家居于国际关系的主导地位，对其他国家产生较强的吸引力。

从外交政策来看，外交是一国政府出面通过信息和文化交流项目影响国外民众对本国看法和观念的一种公共形式。只有那些得到世界广泛尊重，从而有利于提高国家形象的外交政策才能够成为软实力的资源。

从信息渠道来看，在信息社会里能够掌握信息渠道的国家往往能够比其他国家有着更大的话语权，并且由信息带来的软实力正处于越来越重要的地位。正如约瑟夫·奈和欧文斯所言："在科学技术飞速发展的世界，信息成为国际关系中的核心权利，信息权利作为软实力的核心正日益影响国际事务的变革。一个领导着世界信息革命的国家注定比任何其他国家都更有力量。"谁拥有世界上最发达的传播媒介系统，谁就拥有影响世界最有力的"武器"。

从国民素质和形象来看，国民素质是一个国家的人口质量，包括自然素质、心理素质和社会素质，突出反映在国民的民族性格、道德水准、公众素养和文明程度上。国民形象是国民素质的反映。

软实力的本质是人的塑造问题。或者说，讨论软实力的目的在于世界城市需要塑造一个什么样的人。概括起来讲，与世界城市相适应的北京人的内涵包括三个层面：首都居民、大国国民和世界公民。从首都居民的内涵上讲，一是责任意识；二是文明风范；三是开放心态；四是包容品质；五是创新精神。从大国国民的内涵上讲，一是引领大势；二是顾全大局；三是坚守大节；四是深明大义；五是勇担大任。从世界公民的内涵上讲，一是世界眼光；二是国际思维；三是全球视野；四是人类胸怀；五是民族情义。

北京与世界城市的差距不在硬件而在软件

世界城市是一个开放的、复杂的巨系统。城市是人的城市，城市是为人服务的。从城市功能讲，居住、工作、游憩和交通都是为人服务的。我们为什么要建设世界城市？一句话就是为了人。“不断提高人的生活品质和生活福利，促进人的全面发展和社会的和谐进步”，是北京建设世界城市的指导思想。北京与世界城市的差距不在于硬件，而在于软件。关键是软环境，核心是软功能，根本是软实力。

比如安全问题就是一个城市软环境、软功能和软实力最好的例证。北京是国际社会认为最安全的城市。观察一个城市是不是一个安全城市，有三大标志：一是犯罪率；二是非正常死亡率，最典型的是交通事故和自杀；三是突发事件的现场处置率。对于突发事件的应急管理，我们还有很多薄弱环节。在举办、筹办北京奥运会过程中，我们建立了“覆盖全市、专兼结合”的组织管理体系，“横向到边、纵向到底”的应急预案体系，“责任清晰、及时有效”的信息管理体系，“政府主导、全民参与”的宣教动员体系和“功能完备、适应需要”的技术支撑体系。但我们在应急管理风险防范上还存在一些不容忽视的问题。其中最主要的反映在六个方面：

一是重预案轻预警。有预案而无预警，重预案而轻预警是公共安全管理中的一大通病。预案侧重于处理突发性事件本身，而缺乏涉及突发性事件引发的公共危机的应急处理；预案过多地强调责任领导和责任部门的约束，而缺乏配套的法律、法规以及应急保障资源综合管理机制；预案侧重危机处理后的应急处理方案，而缺乏公共危机的预警机制和危机过后的恢复机制。

二是重硬件轻软件。从硬件上讲，在举办奥运会的推动下，北京市加强了城市公共安全基础建设，城市基础设施的环境、生态安全功能的水平有了巨大的提升，水、电、气、通讯服务、地下管网等设施设备老化、投资分散、功能单一、安全欠账多的状况有了较大改观。硬件设施已经达到了奥运标准。但是从软件来看，还存在信息集成难、资源整合难、应急联动难、条块结合难等问题。归根到底，还是应急机制的问题。

三是重集中统筹轻分层响应。由于灾害和危机本身在形成过程中客观环境的差别，使得灾害和危机在品质和特征上存在相当大的差异，有的来势凶猛，有的迁延绵长难以根治，有的来时文弱而愈久愈强，有的经历一段时间后自生自灭。在实际工作中，有的领导为了万无一失，在没有准确预警的情况下，就选择提高防治标准，增大投入力度，这无疑会造成资源的浪费，容易产生不必要的防治成本。另外，出于政治目的或其他个人因素而以过高标准治理危机，会带来很大的负面影响。有些危机下级政府能够处理，由于经过层层上报，反而错过了危机处理的关键时间，打破这种集中管理，实行分层响应的制度将更有利于危机得到及时的控制。

四是重单兵作战轻部门联动。当前的危机管理，自上而下是分散而割裂的。地震、水务、公安、消防、卫生、民防等基本各自为政，条块分割、军地有别。对危机处理在横向上是分散管理，即按照突发事件的类型安排对口部门进行专门管理；在纵向上进行集中管理，由中央集中统一指挥，地方予以配合。看起来有很多部门在负责，实际上缺乏一个统一的、强有力的综合协调机构。一旦发生危机，各部门应急联动敏捷性差，资源共享度低，人力物力浪费大。各级的系统互不隶属、机制不同、网络不能互通，部门难以快速协调，紧急状态下指挥权缺乏必要的授权，应急处理效率低下。

五是重行政命令轻制度建设。目前的危机管理缺乏立法保障，综合协调部门没有明确的法律地位。一旦发生公共安全事件，成立的临时性指挥协调系统主要是行政协调而不是法律机制，这种缺乏法律支持的行政协调，在面临大规模突发性事件时，其地位和处境就十分尴尬。另外，危机处理除了要有法律以外，还必须做到依法行政，否则一旦处置失当，就可能为进一步放大危机埋下新的隐患。

六是重安全保密轻信息公开。在危机的处理过程中，很重要的一环是信息的及时、准确发布。公开的信息发布，有助于制止各种传言和谣言，防止公众由于对危机的理解偏差而导致的社会不稳定。而目前我们既缺乏政府与公众沟通的意识，也缺乏政府与媒体的协调机制，甚至以保密为借口不履行政府信息公开义务。

因此，提高应急管理能力强化公共风险防范还需要我们研究很多问题，比如如何进一步提高预案的全面性、实用性和可操作性；如何进一步明确责任，确保现场指挥统一协调；如何加强危机公关，恰当处理和“不合作”媒体的关系；如何加强部门联动；如何建立健全社会动员机制，努力形成全社会共同参与应对突发事件的合力，特别是加强公众自我防护意识，提高预防、自救和互救能力等，这些都说明我们在软环境、软功能和软实力上和世界城市相比还有一定的差距。

“人文北京、科技北京、绿色北京”是世界城市的核心战略

“人文、科技、绿色”是北京建设世界城市的灵魂。从“三大理念”到“三个北京”，这是我们最大的优势和独特财富，是建设世界城市的发力点。人文北京、科技北京、绿色北京，我们都有行动计划，搞了很多指标，指标也需要，但绝不能指标化。什么是人文北京战略？最起码有四个标志：一是能不能把古都风貌保护提升到世界城市建设的战略地位；二是能不能把文化创意产业作为世界城市建设的战略性新兴产业；三是能不能把国际文化交流作为世界城市建设的战略核心；四是能不能把世界级的文化设施作为世界城市建设的战略制高点。这四个方面，我们说得多，做得少。什么是科技北京战略？最起码是四个核心：一是核心资源；二是核心技术；三是核心人才；四是核心的全球商业网络。把这四个核心加在一起，就是自主创新。什么是绿色北京战略？最起码是三大革命：一是新的能源革命；二是新的产业革命；三是新的生活方式革命。未来城市，特别是世界城市，最大的挑战是人口膨胀。世界城市建设必然加速和加剧人口、交通、环境压力。人口快速增长，交通超负荷运行，城市急速扩张，削弱了北京的生态功能，污染控制难度加大。人口膨胀必然带来能源危机。能源危机必然引发新的能源革命，新的能源革命必然带来新的产业革命，新的产业革命必然导致新的生活方式革命。这三大革命的核心必然是绿色、生态、低碳，这就是世界城市新的发展模式，也是未来世界城市三大新的经济增长点。

正确处理城市国际化进程中的五个关系[①]

一

北京建设世界城市的过程，实际上就是一个城市国际化的过程。在这个过程中，世界城市建设是一个体系。研究这个体系，必须从城市国际化的关系入手。这个关系，既包括外部关系，也包括内部关系。从北京建设世界城市的外部关系看，比如纽约、伦敦、东京与北京的关系，特别是东京与北京的关系；北京、上海、香港的关系，这关系到国际金融中心的建设问题，也关乎长三角、珠三角、环渤海三大都市圈的问题；北京与京津冀、环渤海、东北亚的关系，特别是北京在其中应发挥什么样的作用及其具有什么样的地位；北京与天津的关系，特别是如何合作，要不要构建京津大都会的问题；以及北京与中央、全国的关系等，这些都是外部关系，也是我们必须面对、必须处理好的关系。

二

我着重谈北京建设世界城市过程中的内部关系。也就是题目中所讲

① 作者2010年9月11日在城市国际化论坛上的演讲摘要。

的正确处理城市国际化过程中的五个关系：一是世界城市与宜居城市的关系；二是人口转型与产业转型的关系；三是旧城改造与风貌保护的关系；四是奥运品牌与城市品质的关系；五是“四个服务”与“四个中心”的关系。这五个关系，也是五对矛盾。如果这五对矛盾处理得好，那么它就会变成建设世界城市的动力；如果处理得不好，那么它也许会变成建设世界城市的难题甚至阻力。

比如，世界城市与宜居城市的关系。从西方发达国家的发展进程看，世界城市是高度工业化、高度城市化、高度市场化和高度国际化的必然产物。这“四个高度化”必然导致两个基本结果：一是社会分化；二是生态环境恶化。也就是说，世界城市发展的必然结果可能是不宜居的。西方发达国家的发展模式，采用的是“先分化后治理”“先污染后治理”，那么，我们怎么办？是继续走西方的老路，还是吸取西方的教训，这很值得我们深思。再从宜居城市的层面看，什么是宜居？宜居的本质是人的生活品质和生活福利的持续提升。而生活品质和生活福利的最高价值是人的生命健康。决定人的生命健康的关键因素是什么？从人类生命进化史看，决定人的生命健康的关键性因素有三大标志：第一个标志是热量。在不发达时代、不发达地区，人必须靠摄取大量热量维持生命健康；第二个标志是营养平衡，这是发展中国家生命健康的重要标志；第三个标志是空气和水，能否呼吸到清新的空气和喝到清洁的水，是衡量发展中国家与发达国家的重要分界线。清新的空气和清洁的水是决定一个城市是否宜居的重要标志。据此我们可以得出一个基本结论：无论是世界城市还是宜居城市，其最终的目标都是不断提高人的生活品质和生活福利，促进人的全面发展和社会的和谐进步。这是我们建设世界城市和宜居城市的指导思想和基本原则。

再比如，人口转型与产业转型的关系。人口与产业关系的本质是结构问题。城市是讲功能的。而城市的功能是由城市结构所决定的。一个城市的功能最终是由这个城市的产业结构、消费结构、文化结构和社会结构所决定的。要实现世界城市的功能定位，必须在结构上下功夫，核心是人口转型和产业转型。我想强调的是，北京的人口特征概括起来叫“一大三多”：“一大”就是人口规模大；“三多”就是流动人口多，老龄人口多，贫困群体和低收入人口多。在这样的态势下，一是如何构建人口均衡型、资源节约型、环境友好型社会协调发展格局；二是如何以高端产业带动人口结构转型，通过人口转型与产业转型，使北京从人口之都转变为人才之都，从投资之都转变为消费之都，从经济之都转变为文化之都，这是北京建设世界城市的大课题。当然，旧城改造与风貌保护的关系，奥运品牌与城市品质的关系同样重要。

三

我想重点谈谈第五个关系，也就是“四个服务”与“四个中心”的关系。所谓“四个服务”，就是党中央赋予首都的政治使命和重要职责：一是为中央党政军领导机关服务，二是为日益扩大的国际交往服务，三是为国家教育、科技、文化和卫生事业发展服务，四是为市民的工作和生活服务。所谓“四个中心”，就是北京建设世界城市必须实现的功能定位和战略任务：一是建设政治文化中心，二是建设金融管理中心，三是建设科技创新中心，四是建设国际商务中心。正确处理好“四个服务”与“四个中心”的关系，是北京建设世界城市的重中之重。

我个人的观点是，立足“四个服务”，加快“四个中心”。在服务中发挥优势，在加快中寻求突破。围绕加快“四个中心”建设，我谈几点意见。

第一点，加快政治文化中心建设。重点是实现“六大战略”：一是把集聚国际组织为主体的第三方力量作为凸现大国首都国际政治功能、集中释放国际影响力的战略路途；二是把古都风貌保护提升到世界城市建设的战略地位；三是把文化创意产业作为世界城市建设的战略性新兴产业；四是把挖掘和传承奥运文化遗产作为世界城市建设的战略品牌；五是把国际文化交流作为世界城市建设的战略核心；六是把世界级的文化设施作为世界城市建设的战略制高点。通过“六大战略”，努力把北京建设成为具有全球影响力的政治文化中心和具有中国特色的社会主义先进文化之都。

第二点，加快金融管理中心建设。要充分发挥北京作为中央金融经济决策机构、监管机构以及国家金融集团总部、国际金融机构、国际投资机构聚集地的优势，充分发挥北京作为国家金融决策、管理、信息和服务的功能，以更加开放、更加国际化的视野，从更高层次上谋求具有全球影响力的金融管理中心的空间布局、服务功能和支撑体系。努力形成国际化程度和市场化程度较高的多层次的金融市场体系；努力形成具有较强国际竞争力的金融机构体系；努力形成门类齐全、结构合理的金融人力资源体系；努力形成符合发展需要和国际惯例的金融法律法规体系；努力形成软硬并举、开放多元的金融环境体系。我想强调一点，金融管理中心建设必须从空间布局上重新调整，资源配置要更加集中和优化，避免功能同质、各自为政、多头发展、恶性竞争的局面。

第三点，加快科技创新中心建设。重中之重是中关村国家自主创新示范区建设。关键是抓好“四个核心”：一是核心资源；二是核心技术；三是核心人才；四是核心的全球商业网络。这四个核心加在一起就是自主创新。必须强调一点，就是加快推进海淀、昌平、石景山行政区划调整和合并，设立中关村新区。这是中关村国家自主创新示范区建设的最大突破口，也是北京建设世界城市的重要发力点。

第四点，加快国际商务中心建设。观察世界城市建设的一个重要标志，就是看 CBD。CBD 是世界城市建设的核心，是国际交往的重要窗口。打造具有全球影响力的国际商务中心，我想强调几点：一是站在更高层次上，以更加国际化的视野统筹规划，努力形成 CBD 核心区、CBD 东扩区与 CBD 控制区三位一体的发展格局；二是进一步强化 CBD 国际商务功能，特别是在打造 CBD 国际金融总部基地、国际传媒总部基地、国际组织总部基地的基础上，进一步强化 CBD 的商业功能、生态功能、文化功能和交通功能；三是在提升城市品质和提高人文品位上再下功夫，特别是在低碳城市设计、城市细节设计、数字化城市管理设计、公共服务配套设计上下大功夫。

世界级城市群与首都圈孵化战略[①]

20世纪人类社会经历的重大实践是城市化。20世纪初，全世界城市化率为13%—14%，1960年为33.7%，2001年则上升到47.7%。预计到2030年，世界人口的60%将生活在城市。在世界城市化进程中，大城市持续增加、城镇密集区的大量出现以及发展中国家人口急速增长是三个极为显著的特征。

经济全球化和区域一体化引发了生产及组织方式的深刻变革，全球市场的融合和生产与商务流程的重构带来了产业资源在全球范围内的整合，以区域为单位参与全球竞争逐渐成为各国的战略选择。都市圈作为现代社会经济发展进程中一个具有划时代意义的区域形态，是各国城市化进程的必然结果。它对于促进城市间区域经济发展、打破地方保护主义、改善城市投资环境、优化社会资源配置起着极其重要的推动作用。

世界经济的实践证明，纽约、东京、巴黎等这些被称为“世界城市”的大都市，对世界经济的控制能力不仅在于自身的强大，更在于它们都有一个支撑其发挥控制职能的高度发达的区域。借鉴国外都市圈经验，倾力培育首都与周边地区共同发展的首都大都市圈，不仅是中国参与全球竞争的重要国家战略，而且对亚洲太平洋地区，特别是东北亚地区经济社会的

① 作者2008年5月7日在韩国首尔第二届（中韩）区域均衡发展国际论坛上的演讲要点。

发展都具有重要意义。

基于以上背景，以下从三个方面谈谈首都与周边地区共同发展和经济大区孵化战略的认识问题。

大都市圈的演化机制及其一般规律

首都与周边地区共同发展和经济大区孵化战略的核心是由环渤海地区、京津冀地区和北京、天津及外围地区三个层面共同构成的首都大都市圈问题。

从基本特征来看，大都市圈化是城市发展的必然结果，是城市体系的高级阶段，是中国城市化的主导趋势。

从演化机制来看，大都市圈的形成是中心城市与周边地区相互作用的产物，集聚和辐射是大都市圈不断发展和演进的根本动力，大都市圈运行的基础是拥有健全的交通、流通、融通网络，创新能力是大都市圈发展运行的重要条件。

从一般规律来看，大都市圈的形成强调三个要素：第一是重要而强大的中心城市；第二是围绕中心城市发育完善的城市体系；第三是圈内城市必须有密切的互动关系并呈现一体化趋势。

从比较中认识首都大都市圈

从首都大都市圈的地域范围和经济特征可以看出：

首都大都市圈，又称京津冀地区，与珠江三角洲、长江三角洲共同组成中国经济高速增长的三个“火车头”。与珠三角、长三角比较，首都大都市圈的长处是首都驻地，短处是经济发展水平较低、城市化水平较低、内部的差异性较大、情况比较复杂。珠三角、长三角由发达的城市组成，而首都大都市圈的外围有相当部分是贫困区，亚洲开发银行称之为“环京津贫困带”。2005年河北省有39个国家贫困县，大部分在这一带。京津冀地区城市是发达的，周边地区是贫苦的。这一点与珠三角和长三角有本质区别。

与国际比较，纽约、东京大都市圈与首都大都市圈接近。从产业结构及地域分工看，无论纽约大都市圈还是东京大都市圈，都有以下特点：第一，经济能量高度集聚于中心城市，充分体现了中心城市在都市圈中的重要地位；第二，虽然中心城市原有的产业基础存在差别，但最终呈现出从制造业向服务业的转型，中小企业集群生命力强大，制造业生产环节的区外转移，形成合理的价值链分工；第三，中心城市与周边县市形成分工体系，大都市圈成为一个内部联系非常紧密的经济体和社会体。

我们的研究认为，首都大都市圈面临以下主要问题：一是首都大都市圈与国外同类地区相比发展差距悬殊；二是首都大都市圈在东北亚地区的特大城市中面临竞争；三是首都大都市圈的区域竞争力落后于珠三角地区和长三角地区；四是“发达的中心城市，落后的圈内腹地”格局加剧，城乡差距不断拉大；五是综合交通体系有待进一步构建和完善；六是首都大都市圈内部缺乏合理的协作与分工；七是资源利用缺乏合理性，水资源缺乏，资源环境约束瓶颈日益突出；八是文化资源丰富但未形成体系，区域发展不平衡，“宜居城市”建设任务艰巨。这些都是制约首都与周边地区共同发展和经济大区孵化战略的现实瓶颈，也是必须重视、解决的问题。

推进首都与周边地区共同发展和经济大区孵化的战略重点

根据大都市圈发育的一般规律及首都大都市圈的经济特征和主要问

题，提出以下三点建议：

一、做强做大中心城市，强化集聚和辐射功能

一是按照《北京城市总体规划（2004—2020年）》和国务院关于北京城市总体规划的批复，明确北京市是中华人民共和国的首都，是全国的政治中心、文化中心，是世界著名的古都和现代化国际城市。要在《北京城市总体规划（2004—2020年）》指导下，强化首都职能，突出首都特色，不断增强城市的综合辐射带动能力，努力将北京建设成为经济繁荣、文化发达、社会和谐、生态良好的现代化国际城市。2020年北京市实际居住人口控制在1800万人左右，城镇建设用地规模控制在1650平方公里以内。

二是按照《天津市城市总体规划（2005—2020年）》和国务院关于天津市城市总体规划的批复，天津市要以滨海新区的发展为重点，不断增强城市功能，充分发挥中心城市作用，将天津市逐步建设成为经济繁荣、社会文明、科技发达、设施完善、环境优美的国际港口城市、北方经济中心和生态城市。2020年，天津市实际居住人口控制在1350万人左右，城镇建设用地规模控制在1450平方公里以内。

三是按照《河北省城镇体系规划（2006—2020年）》和中华人民共和国建设部关于河北省城镇体系规划的函，河北省要充分利用环京津和环渤海的区位优势，注意与周边地区优势互补、相互促进、共同发展。增强石家庄和唐山的省城中心城市作用，带动省内各级城镇积极参与京津冀、环渤海地区的区域协作和城镇分工。2020年，河北省城镇化水平达58%左右，城镇人口达4235万人左右，城镇建设用地总量控制在4520平方公里以内。

二、解决环京津贫困带的问题，推进圈内腹地城市繁荣

一是扩大中等城市规模，完善城市体系，提升城市竞争力。特别是针对北京、天津两个中心城市以外圈内中等城市规模偏小、实力偏弱、缺乏承接京津中心城市经济辐射和产业转移的条件和能力，加快整合首都资源和港口资源，重点发展机械、石化、电力、海洋、造船、冶金、建材、机电等现代制造业和临港工业，形成首都大都市圈工业发展的强大区域基础。

二是发挥中心城市的龙头作用，推动区域均衡发展。从首都大都市圈发展阶段看，其产业结构处于从制造业向服务业的转型期，产业竞争力呈现与都市圈圈层结构大体一致的空间分布规律，即内圈城市比外圈城市更具有竞争力，产业结构水平由中心向周边递减。北京应以首都经济为主导，天津以滨海新区开发开放为契机，加快产业转型和产业升级，发挥龙头带动作用。

三是建立国家层面上的区域协调机制和区域补偿机制，在区域经济合作、基础设施建设、生态环境维护、文化旅游发展等方面，推动首都与周边地区的规划联动、市场联动、产业联动和政策联动，特别是京津冀市场的对接、产业融合和分工，除高精尖工业外，京津工业应向周边转移，至少应延伸到周边贫困带，以京津资源反哺圈内腹地，实现京津冀“多赢”的区域协作发展格局。

三、突破行政区体制障碍，推动京津冀区域一体化

一是树立首都大都市圈观念，塑造合理的区域空间结构。以京津两大城市为核心的京津走廊为枢轴，以环渤海湾的大滨海地区为新兴发展带，以当前城镇密集地区为传统发展带，以环京津燕山和太行山为生态文化带，

共同构筑京津冀地区“一轴三带”的空间发展格局。

二是优化首都大都市圈的基础设施建设，完善区域综合交通体系。尽快推动首都第二机场选址于京津走廊，建立天津港、曹妃甸港、秦皇岛港和黄骅港组成的渤海湾港口群，积极拓展腹地，推动港城关系，加快城际轨道和地面交通，加强中心城市综合交通枢纽建设，构建综合交通通道，提升综合能力。

三是开展政府间合作与非政府间协作，推进京津冀地区的区域治理。健全区域协调互动机制，打破行政区划的局限，促进生产要素在区域间自由流动，引导产业转移和产业分工，提升产业链和产业竞争力，特别是以学术共识推进政府决策和社会共识，以自上而下和自下而上的方式推进区域共同发展。

世界级城市群需要世界级 CBD[①]

——专访北京国际城市发展研究院院长连玉明教授

2015年4月30日，中央政治局会议审议通过了《京津冀协同发展规划纲要》。纲要将京津冀整体定位为“以首都为核心的世界级城市群、区域整体协同发展改革引领区、全国创新驱动经济增长新引擎、生态修复环境改善示范区”。京津冀三地的具体功能定位是：北京为全国政治中心、文化中心、国际交往中心和科技创新中心；天津为全国先进制造研发基地、北方国际航运核心区、金融创新运营示范区和改革先行示范区；河北为全国现代商贸物流重要基地、产业转型升级试验区、新型城镇化与城乡统筹示范区、京津冀生态环境支撑区。

京津冀协同发展完成了顶层设计，京津冀协同发展的路径也日渐清晰，在京津冀协同发展的重大战略背景下，北京 CBD 面临怎样的发展机遇？又能为京津冀协同发展发挥怎样的作用？为此，《北京 CBD》记者专访了北京国际城市发展研究院院长连玉明教授。

① 本文刊发于《北京 CBD》杂志2015年10月号。

何为世界级城市群

《北京 CBD》记者：中央提出要把京津冀建设成“以首都为核心的世界级城市群”，您在前几年就说过城市群是未来中国城市化的主导，为什么？

连玉明：从城市发展的规律来看，人口从农村向城市集聚、从小城市向大城市集聚，是城市化发展的基本规律。一般来讲，当城市化率在40%–60%之间的时候，就会进入城市化的加速发展期。2014年，我国城市化率达到54.77%，这是常住人口的城市化率，如果按户籍人口测算，我国的城市化率大概在35%–40%之间，意味着我国刚刚进入城市化的加速发展期。城市化的加速发展期，会带来农村人口迅速向城市聚集、小城市人口迅速向大城市聚集，进而形成城市群。

《北京 CBD》记者：世界级城市群的代表有哪些？达到世界级有哪些标准？

连玉明：一般认为，现在全球有六大世界级城市群，分别是：以纽约为中心的美国东北部大西洋沿岸城市群，以芝加哥为中心的北美五大湖城市群，以东京为中心的日本太平洋沿岸城市群，以伦敦为中心的英伦城市群，以巴黎为中心的欧洲西北部城市群，以上海为中心的中国长江三角洲城市群。

什么样的城市群可以称之为世界级的城市群？用《京津冀协同发展规划纲要》的内容来表述，就是“生态环境良好、经济文化发达、社会和谐稳定”，本质上就是强调城市群的内部繁荣，关键是要实现三个协同。一是城乡协同，即城市与农村的一体化发展，目前，京津冀城市群面临的突出问题是城市很发达，农村很落后，实现城乡协同，重点是要解决环首都贫困带的发展问题。二是城际协同，即城市与城市之间的联动发展，在京津冀城市群内部，除北京、天津这两个特别城市是发展的主要引擎外，大城市、中等城市发展相对滞后，城市群内部尚未形成完善合理的城市体系，影响了城市群功能的发挥。三是城域协同，即城市与区域之间的协调发展。与长三角、珠三角城市群中心城市很强，腹地发展繁荣的格局不同，京津冀城市群是中心城市很强，腹地发展滞后，是“两头肥胖、中间瘦弱”的格局。

此外，我认为真正决定京津冀城市群能够成为世界级城市群最核心的要素是文化，换句话说，世界级城市群的制高点是文化。在京津冀地区聚集了全国乃至世界范围内丰富的、独特的、重要的文化资源。无论是首都也好、京津冀也好，能屹立于世界，并发挥影响力的是文化，这是建设世界级城市群最重要的一个问题。如果要给影响世界级城市群发展的要素进行排序的话，我认为首先是文化问题，其次是生态问题，在这两者之后才是经济问题。

《北京 CBD》记者：这几个城市群对我们借鉴意义最大的您觉得是哪一个？

连玉明：无论是国外城市群的发展模式，还是国内长三角、珠三角等城市群的建设经验，都有一定的借鉴意义。但是京津冀城市群具有自身的特殊性和复杂性。其特殊性表现为政治性，京津冀城市群的核心是首都，《京津冀协同发展规划纲要》中明确提出，京津冀城市群的功能定位是以首都为核心的世界级城市群，代表的是国家形象。特殊性表现在周边，区域发展不均衡问题突出。除北京和天津两个特大城市之外，周边腹地形成了一个巨大的环首都贫困带。京津冀地区共1.2亿人口，其中京津两个特大城市有4000万，其余的7000万人口都分布在环首都贫困带上，先进的特大城市与落后的巨大腹地并存，发达与欠发达问题交织，造成了京津冀城市群的建设较其他城市群都更为复杂和困难。这就决定了建设以首都为核心的世界级城市群绝不是三年五年就能完成的，而是一个长远的战略和目标。

当前，全球经济重心正在东移。未来，世界经济重心在亚洲，亚洲的重心在东亚，东亚的重心在环渤海，环渤海的重心是京津冀，纵观长三角、珠三角和京津冀三大城市群，京津冀应该起到先导作用。近日发布的《关于在部分区域系统推进全面创新改革试验的总体方案》将8个地区列入全面创新改革试验区，京津冀是其中唯一一个跨省级行政区域。方案要求这8大改革试验区要“培育新的增长点，发展新的增长极，形成新的增长带，引领、示范和带动全国加快实现创新驱动发展，形成经济社会可持续发展新动力”。坚持和强化首都核心功能，探索人口经济密集地区优化开发模式，走出一条中国特色解决“大城市病”的路子，形成京津冀目标同向、措施一体、优势互补、互利共赢的协同发展格局，打造新形势下中国经济发展新的支撑带，这是打造世界级城市群的目的。这个支撑带区别于长三角城市群，是在经济下行的趋势下能够带动中国经济发展的重要引擎，是新常态下世界经济实现再平衡的载体和抓手。

京津冀协同发展是我国区域经济发展模式的重大变革和创新，必将带来新一轮的功能调整和功能优化、产业升级和产业重构。CBD 作为一个城市人流、物流、资金流、信息流高度集中的地区，是城市的核心和灵魂，是城市现代化的象征与标志。当前，随着京津冀协同发展上升为国家战略，北京 CBD 不仅将作为朝阳区、北京市的 CBD，而且将成为整个京津冀地区的 CBD，担负更多的责任，发挥更大的作用。

何为世界级 CBD

《北京 CBD》记者：前面我们说到世界级城市群，那么什么样的 CBD 才是世界级的 CBD 呢？

连玉明：世界级城市群需要世界级 CBD。世界级的 CBD 具有三大特点。

第一是生态先行。这既是 CBD 未来的发展方向，也是发展重点。CBD 要建成生态 CBD，绿色 CBD，在这方面我们的差距还很大。

第二是总部支撑。总部经济是国际高端资源全球化配置的集中体现，是世界级城市群综合实力的重要标志。世界级 CBD 的发展必须依赖总部经济的支撑。支撑世界级 CBD 的总部经济，包括国际金融决策和金融管理总部、世界500强高端企业的总部、国际组织总部、国际性智库总部，等等。只有总部经济云集的区域才能称之为 CBD，总部是一个枢纽，总部经济最大的功能就是发挥枢纽的作用。

第三是文化引领。文化是什么？是品位。一个人是需要有精神的，同样，城市 CBD 也需要精神，需要灵魂的东西，需要软实力。对于城市 CBD 而言，没有文化就意味着品位不高。交易是 CBD 的重要功能，但更为重要的是交流。目前，文化交流的平台没有搭建起来，文化氛围还未形成，在这里，感受不到东西方文明的交汇，感受不到文明在这个地方点燃。下一步，CBD 重点要打造成为现代与传统、中外文化的交融点。

《北京 CBD》记者：我们一般认为 CBD 就是钢筋水泥一样的高楼大厦，为什么您把生态放在这么重要的位置？

连玉明：纵观世界上任何一个 CBD，最突出的优势就是环境优美，是绿色的。我们与世界级 CBD 的真正差距，不是高楼大厦，而是绿色的差距、生态的差距。世界级 CBD 要坚持生态先行，坚持绿色发展，根本是要处理好人与自然，或者说是人口资源环境之间的协调问题，包括我们的交通问题。目前而言，CBD 发展中绿色化、生态化发展面临诸多问题，绿色 CBD 与生态 CBD 的建设是未来 CBD 发展中必须高度重视和亟待解决的问题。

《北京 CBD》记者：我们离世界级 CBD 还有一定的距离，在京津冀一体化的背景下，CBD 面临着怎样的发展机遇？

连玉明：我认为可以从以下五个方面来说。第一，把 CBD 打造成为国际总部营运中心，提高京津冀国际高端资源配置能力；第二，把 CBD 打造成为国际商务服务中心，构建京津冀国际高端商务服务体系；第三，把 CBD 打造成为国际文化交流中心，打造京津冀文化交流的展示窗口；第四，把 CBD 打造成为国际信息传播中心，建设京津冀通达全球的信息枢纽；第五，把 CBD 打造成为国际人才集聚中心，促进京津冀国际人才交流服务。

京津冀协同发展除了需要三个省市之间的协同互动之外，还需要大型企业、重要功能区之间的互动。CBD 既有经济实力，又有国际国内的影响力，以 CBD 作为京津冀协同发展的切入点，既会因为其巨大的体量带来实际效果上的突破，又会因为其影响力带来信心上的提升。CBD 参与京津冀协同发展，关键就在于把 CBD 自身的优势与京津冀协同发展的关键要素结合起来，把 CBD 的发展重点、发展方向与京津冀协同发展需要重点解决的问题和突破的方向结合起来，并最终通过 CBD 的率先突破，推动朝阳区以及北京市在京津冀协同发展中找准定位、发挥作用，推动京津冀更快地实现协同发展和一体化发展，并在环渤海和东北亚地区发挥更大作用。

在京津冀协同发展的大背景下，要进一步发挥 CBD 在京津冀协同发展中的作用，就必须进一步提升CBD的地位，把CBD的发展提升到北京市以及京津冀协同发展战略的大局中。要以深化CBD建设为重点，突出高端化、服务化、集聚化、融合化、低碳化，形成高端引领、创新驱动、绿色低碳的产业发展模式，更好地发挥CBD在京津冀协同发展格局中的支撑、引领与示范作用。

世界级CBD引领世界级城市群

《北京CBD》记者：要实现您说的那些目标，需要哪些保障呢?

连玉明：首先，应该着力将CBD提升成为京津冀地区的政策特区。CBD是京津冀城市群的重要组成部分，并且将来可能逐步发展成为京津冀地区的核心和灵魂、象征与标志。因此，CBD的发展不能跟在京津冀协同发展的步伐后面，而是要引领潮流，带动京津冀三地融合发展。CBD要实现引领发展，就必须积极申报成为类似于上海自贸区那样的政策特区，通过相关的优惠政策，集聚国内、国外的优质资源与要素，如资本、人才、技术，等等，进一步释放CBD的发展活力，使其逐渐成为京津冀协同发展的重要推动力，力争通过推动CBD这一条“鲶鱼”的发展，实现“鲶鱼效应”，激发整个京津冀地区的发展活力与发展潜力。

其次，着力将CBD培育成为京津冀地区的孵化基地。总结长三角和珠三角地区的发展经验可知，城市群的协同发展，最重要的一个前提就是城市群的均衡发展，各个城市发展水平相近，可以在城市群中找到自己的定位，并围绕中心城市进行合理的产业分工。而从京津冀地区的发展来看，目前最大的制约因素就在于京津冀三地发展的不平衡，尤其是河北与北京、天津地区的差距较大。所以在此背景下，CBD作为京津冀地区高端资源和高端人才聚集、创新能力突出的功能区，要承担起推动京津冀三地均衡发展的重要责任。CBD 要发挥这一作用，就必须在推动自身发展的过程中，着力将 CBD 打造成为一个孵化基地，为津冀两地的城市商务中心区发展提供急需的人才、技术、服务，等等。通过一大批优质企业、高素质人才、创新技术向河北、天津等地的辐射和输出，逐步提升周边地区的发展水平，缩小京津冀三地之间的差距。

最后，着力将 CBD 打造成为京津冀地区的合作平台。推进京津冀一体化需要高层级、高规格、高水平的合作平台。符合京津冀三地协同发展的平台至少需要具备以下几个条件。一是自身发展基础良好。要作为承载京津冀三地协同发展的平台，必须具备一定的经济实力和发展基础，这是前提条件；二是符合三地共同利益。只有对三地的发展都有利，才能调动最大的积极性和主动性，凝聚发展合力，增强发展活力；三是代表区域发展的制高点。京津冀协同发展需要一个共同的发展平台，通过这个平台，实现人流、物流、资金流、信息流的互动联通。这实际上也是成熟的城市 CBD 所具有的重要功能；四是代表区域发展形象。平台的选择不仅要能够取得经济效益，而且要有利于提升地区城市的品质和内涵。就是说，平台一定要具备广泛的影响力；五是具有广阔的发展前景。必须是代表未来的发展趋势和发展方向，具有广阔的发展空间。从目前来看，CBD 自身优势明显、特点突出，最有可能成为京津冀三地协同发展的平台。需要京津冀三地，甚至是在国家层面上，共同把 CBD 打造成为一个协同合作的平台。

新型城镇化呼唤中国城市学

2001年，在我创办北京国际城市发展研究院之初，就萌发研究出版一部中国城市学。直至2015年，北京市科委批准建立“基于大数据的城市科学研究北京市重点实验室”，这个心中之梦仍未实现。不过这15年，我们一刻也没有停止过对城市学的思考和探索，并在研究和实践中逐步完善和丰富这些思考和探索，以至形成以下《城市学大纲》。

城市学大纲

导　论　城市学的革命

一、为什么需要城市学

二、城市学的理论基础

三、城市学的基本任务

城市发展是一个永不停歇的历史进程。城市研究是一个永无止境的崇高事业。新型城镇化不仅推动中国经济、政治、文化、社会和生态文明的发展步伐，而且也深刻影响着世界文明的进程。在这个波澜壮阔的伟大进程中，需要城市学的理论引领，更需要中国特色城市学指导城市发展的实践。

中国城市正在觉醒，新型城镇化呼唤中国城市学。

::: 附录1 :::

北京国际城市发展研究院大事年表

2001

《领导决策信息》周刊开始致力城市发展研究。以大连为研究样本发表《以环境革命提升城市竞争力》长篇研究报告，在全国引起强烈反响。11月15日，北京国际城市发展研究院在北京批准成立，成为中国首家从事城市发展研究的跨学科国际化非营利组织。

连玉明任北京国际城市发展研究院院长。

2002

首创“城市价值链理论”，被誉为世界三大竞争力理论之一。研究完成《乌鲁木齐城市竞争力研究报告》。出版国内首部《中国城市蓝皮书》。中国政务信息网（www.ccgov.net.cn）开通。

连玉明院长受聘担任乌鲁木齐城市发展高级顾问。

2003

首次系统提出“学习型社会理论”。出版“学习型社会”系列研究报告（10卷）。全面参与北京市朝阳区学习型城区建设。举办首届“中国学习论坛”。《中国国情报告》《中国国策报告》《中国国力报告》出版。

连玉明院长受聘担任北京市朝阳区建设学习型城区专家咨询委员会主任。

北京国际城市发展研究院荣获“北京市抗击‘非典’先进民间组织”。

2004

《中国城市“十一五”核心问题研究报告》出版。全面参与北京市朝阳区“十一五”规划研究与编制。创办“中国城市论坛”，并举办首届中国城市论坛北京峰会。北京国际城市发展研究院党支部成立。

连玉明院长荣获北京市委授予的“为首都建设做出突出贡献的统一战线先进个人”荣誉称号，受聘担任北京奥运功能区首席规划师、中共北京市朝阳区委、北京市朝阳区人民政府战略顾问、上海市闸北区创建学习型城区专家组顾问。

北京国际城市发展研究院荣获中华人民共和国民政部授予的“全国先进民间组织”和“北京市先进民间组织”。

2005

首创中国政务景气监测系统。全面参与重庆市大渡口区战略规划研究。与北京市朝阳区委缔结战略合作伙伴关系。在朝阳区全面开展社区研究和文明城区研究，出版《经典插图版中国社区发展模式》（6卷）和《走向全国文明城区》（8卷）。举办第二届中国城市论坛北京峰会。创立并评选第一届“中国城市管理进步奖”。

连玉明院长受聘担任北京奥运功能区发展规划首席规划师、重庆市大渡口区人民政府决策咨询委员会委员。

北京国际城市发展研究院荣获“北京市自律诚信先进民办非企业单位”

国际奥林匹克委员会、第29届奥林匹克运动会组织委员会联合对北京国际城市发展研究院为第29届奥林匹克运动会捐赠的《感动世界的中国品牌城市》和《和谐奥运》徽雕匾颁发荣誉证书。

2006

成立首都科学决策研究会。首次推出“中国城市生活质量评价系统”，出版《中国城市生活质量报告》。举办第三届中国城市论坛北京峰会，评选第二届“中国城市管理进步奖”。发起组织“中国城市论坛奥运大讲堂”公益活动。

连玉明院长受聘担任北京奥运环境建设总规划师，荣获“首都劳动奖章”。

北京国际城市发展研究院荣获中华人民共和国民政部授予的“全国民办非企业单位自律与诚信建设先进单位”。

2007

《领导决策信息》周刊构建全国省、市、县三级信息服务体系。开展重庆CRD战略研究。在朝阳区建立国际城市研究基地，与朝阳区签署区院共建协议。全面编制奥运景观大道和奥运中心区环境规划。推出“中国城市品牌价值评价系统”，出版《中国城市品牌价值报告》。评选“感动世界的中国品牌城市”。举办第四届中国城市论坛北京峰会，评选第三届“中国城市管理进步奖”。

连玉明院长当选中国人民对外友好协会特邀理事、中国韩国友好协会理事、中国东盟协会理事、中国印度友好协会理事，荣获“2006年度‘感动朝阳’十大新闻人物”、北京市朝阳区突出贡献人才提名奖。

2008

国家工商行政管理总局核准设立《领导决策信息》杂志社有限公司。独家发表IUD研究报告《汶川地震灾后恢复重建的若干建议》和《汶川地震灾后恢复重建借鉴国际经验的若干建议》。出版《汶川案例》丛书。推出“中国城市综合竞争力评价系统”，出版《中国城市综合竞争力报告》。举办第五届中国城市论坛北京峰会，评选第四届“中国城市管理进步奖”。《中央领导关注什么》《省委书记省长关注什么》《市委书记市长关注什么》《县委书记县长关注什么》《人大政协领导关注什么》《百姓关注什么》系列报告首次出版。

连玉明院长当选北京市政协委员，受聘担任北京奥运会残奥会奥运医疗卫生保障工作顾问、首钢发展战略咨询委员会委员。

北京国际城市发展研究院荣获北京市“先进社会组织”“北京市社会科学界联合会第一届优秀民办社科研究机构”。“中国城市论坛奥运大讲堂”荣获北京市社会科学界联合会第一届优秀学术活动奖和北京奥组委授予的“北京奥运会残奥会特别荣誉奖”。

2009

《领导》《决策》《大参考》《大问题》双月号创刊。北京市朝阳区发展研究中心挂牌成立。全面参与朝阳规划艺术馆建设。开展朝阳区建区50周年发展研究，并出版《记忆·朝阳》(5卷)。研究并出版《中国城市“十二五”核心问题研究报告》(6卷)。举办第六届中国城市论坛北京峰会，评选第五届“中国城市管理进步奖”。《中国政情报告》《中国民情报告》《中国舆情报告》首次出版。《2008中国年谱》(10卷)出版。中共北京国际城市发展研究院总支部委员会成立。

连玉明院长受聘担任北京市人民政协理论与实践研究会学术委员会委员。

2010

中国领导决策信息系统正式启动。成立北京国际城市论坛基金会。开展北京建设世界城市理论研究，举办首届世界城市建设国际论坛。全面开展重庆市大渡口区“十二五”规划研究和编制工作。全面参与朝阳区“十二五”规划编制和朝阳区“新四区”发展战略研究。总结研究奥运模式，出版《奥运模式》(3卷)和《感动奥运》(2卷)。中国城市论坛正式改名为“国际城市论坛”。举办“国际城市论坛2010年会”，评选第六届“中国城市管理进步奖”。《中国国情报告》《中国国策报告》《中国国力报告》《中国政情报告》《中国民情报告》《中国舆情报告》出版。

连玉明院长受聘担任北京市社会组织建设与发展专家委员会副主任。荣获北京市劳动模范和北京市突出贡献人才称号。

北京国际城市发展研究院荣获中华人民共和国民政部授予的“全国先进社会组织”。

2011

开展社会管理创新理论研究，在山东泰安、江苏淮安设立社会管理创新研究基地，出版《加强和创新社会管理领导干部读本》。举办第二届中国特色世界城市论坛、重庆城市转型与发展论坛和国际城市论坛2011年会，评选第七届“中国城市管理进步奖”。与水晶石联合成立“智慧城市实验室”。“字典工程”公益活动在全国启动。北京国际城市发展研究院建院十周年大会隆重举行。北京国际城市发展研究院第二个十年(2012—2021)行动议程正式发布。

连玉明院长当选北京市朝阳区政协副主席，受聘担任北京市人民政府专家咨询委员会委员。

北京国际城市发展研究院荣获北京市“先进社会组织”和“AAAAA”社会组织。

2012

IUD智库联盟成立。举办第三届中国特色世界城市论坛。中共北京国际城市发展研究院党委正式成立。举办国际城市论坛2012年会，评选第八届“中国城市管理进步奖”。中国首部社会管理蓝皮书《中国社会管理创新报告NO.1：社会管理科学化与制度创新》出版。发布“2011-2012中国社会管理创新十大事件”和“中国十大最美公民”。在山东、江苏、江西、四川、山西和甘肃等地城市建立“社会管理创新基地”。在广东省高州市开展“三个代表发源地，科学发展先行区”战略规划研究。

北京国际城市发展研究院荣获“首都劳动奖状”。

2013年

发起成立“中国改革20人论坛”。举办以“加快社会改革，推进城市创新”为主题的国际城市论坛2013年年会。《中国社会管理创新报告NO.2》出版。北京市委统战部批准建立全市党外代表人士实践锻炼工作联系点。

连玉明院长当选北京党外高级知识分子联谊会常务理事，北京市朝阳区党外知识分子联谊会会长，受聘担任深圳市国际化城市建设顾问委员会委员。

北京国际城市发展研究院被北京市社科联确定为社会组织党建工作示范点。

2014年

北京海峡两岸社区发展研究中心成立。发起共建贵州大学贵阳创新驱动发展战略研究院。研究出版《中国生态文明发展报告》《贵阳建设全国生态文明示范城市报告》和《贵阳社会治理体系和治理能力发展报告》。首创“贵阳指数”被誉为中国生态文明发展风向标，成为生态文明贵阳国际论坛继“贵阳共识”之后又一重大理论成果。北京市委批准建立北京市哲学社会科学京津冀协同发展研究基地。全面开展北京新机场临空经济区发展规划研究和编制。出版全国首部临空经济蓝皮书《中国临空经济发展报告（2014）》。举办以“聚焦京津冀协同发展，探索一体化共赢之路”为主题的国际城市论坛京津冀协同发展2014年会、“创新社会治理 加强社会建设”2014（贵阳）年会和国际城市论坛社会治理创新联盟2014年年会。《中国社会管理创新报告 NO.3：治理体系与治理能力现代化》和《大国治理：中国社会治理创新的基层实践》出版。

连玉明院长受聘担任北京海峡两岸社区发展研究中心理事长、北京新机场临空经济区发展规划首席战略顾问、北京市哲学社会科学京津冀协同发展研究基地首席专家、贵州大学贵阳创新驱动发展战略研究院院长。

北京国际城市发展研究院荣获中华全国总工会授予的“全国五一劳动奖状”。“字典工程”公益活动荣获北京市社会组织公益服务品牌铜奖。

2015年

北京市科委批准依托北京国际城市发展研究院建立基于大数据的城市科学研究北京市重点实验室。北京市科委与贵阳市人民政府共建大数据战略重点实验室正式揭牌。《块数据：大数据时代真正到来的标志》《DT 时代：从“互联网 +”到“大数据 ×”》《创新驱动力：中国数谷的崛起》以及《六度理论：重塑我们的生态观和生活观》《双赢战略：绿色崛起的大数据革命》《绿色新政：大国崛起的软实力》正式出版。举办以“面向未来的京津冀世界级城市群”为主题的国际城市论坛京津冀协同发展2015年会，首次发布“京津冀指数”。《首都战略定位：京津冀协同发展中的北京之路》和《京津冀协同发展的共赢之路》出版。《贵阳蓝皮书：贵阳城市创新发展报告 NO.1》（10卷）出版。

连玉明院长当选北京市社会科学界联合会副主席，受聘担任中央统战部党外知识分子建言献策经济组成员、北京市“十三五”规划编制专家咨询委员会委员，基于大数据的城市科学研究北京市重点实验室主任。贵阳市人民政府任命连玉明担任大数据战略重点实验室主任。

北京国际城市发展研究院荣获全国社科联授予的全国社科联创建新型智库先进单位。

2016年

北京国际城市论坛基金会正式更名为“北京国际城市文化交流基金会”。发起共建“阳明文化（贵阳）国际文献研究中心”和“北京阳明书院”。举办“中韩阳明文化（贵阳）交流研讨会”和“海峡两岸阳明文化（贵阳）交流研讨会”。中韩阳明文化（贵阳）研究与交流中心和海峡两岸阳明文化（贵阳）研究与交流中心挂牌。大数据战略重点实验室中央党校研究基地、全国科技名词委研究基地、浙江大学研究基地、中国（绵阳）科技城研究基地、深圳研究基地和北京研发中心揭牌成立。《块数据2.0：大数据时代的范式革命》出版。举办以“京津冀协同发展：五大理念与战略行动”为主题的国际城市论坛京津冀协同发展2016年会。《面向未来的京津冀世界级城市群》出版。《贵阳蓝皮书：贵阳城市创新发展报告NO.2》和《禁毒新路：贵阳模式与启示》出版。

连玉明院长受聘担任阳明文化（贵阳）国际文献研究中心理事长，贵阳市人大常委会地方立法咨询专家组总顾问，北京市西城区委、北京市西城区人民政府顾问。

连玉明著述篇目索引

（2002—2016）

一、时政报告类

[1]北京国际城市发展研究院，连玉明，武建忠．观点中国：影响中国经济决策100名专家前沿观点[M].北京：光明日报出版社，2002.5.

[2]北京国际城市发展研究院，连玉明，武建忠．战略中国：观察中国走向未来的五个着眼点[M].北京：光明日报出版社，2002.5.

[3]北京国际城市发展研究院，连玉明，武建忠．数字中国：中国非保密性数字读本[M].北京：光明日报出版社，2002.5.

[4]连玉明．中国城市蓝皮书[M].北京：中国时代经济出版社，2003.1.

[5]连玉明．中国领导红皮书[M].北京：中国时代经济出版社，2003.1.

[6]连玉明．中国数字黄皮书[M].北京：中国时代经济出版社，

2003.1.

[7]连玉明．中国决策白皮书[M]. 北京：中国时代经济出版社，2003.1.

[8]连玉明．中国国情报告（8卷）[M]. 北京：中国时代经济出版社，2003.6.—2014.7.

[9]连玉明．中国国策报告（8卷）[M]. 北京：中国时代经济出版社，2003.6.—2014.7.

[10] 连玉明．中国国力报告（8卷）[M]. 北京：中国时代经济出版社，2003.6.—2014.7.

[11] 连玉明.2004年中国资政报告[M]. 北京：中国时代经济出版社，2004.1.

[12] 连玉明.2004年中国决策报告[M]. 北京：中国时代经济出版社，2004.1.

[13] 连玉明.2004年中国城市报告[M]. 北京：中国时代经济出版社，2004.1.

[14] 连玉明.2004年中国数字报告[M]. 北京：中国时代经济出版社，2004.1.

[15] 连玉明，武建忠．景气中国[M]. 北京：中国时代经济出版社，2007.4.

[16] 连玉明，武建忠．决策中国[M]. 北京：中国时代经济出版社，2007.4.

[17] 连玉明，武建忠．城市中国[M]. 北京：中国时代经济出版社，2007.4.

[18] 连玉明，武建忠．中央领导关注什么（1—3辑）[M]. 北京：中国时代经济出版社，2008.7.—2011.1；

[19] 连玉明，武建忠．省委书记省长关注什么（1—3辑）[M]. 北京：

中国时代经济出版社，2008.7.—2011.1.

[20] 连玉明，武建忠 . 市委书记市长关注什么（1—3辑）[M]. 北京：中国时代经济出版社，2008.7—2011.1.

[21] 连玉明，武建忠 . 县委书记县长关注什么（1—3辑）[M]. 北京：中国时代经济出版社，2008.7.—2011.1.

[22] 连玉明，武建忠 . 百姓关注什么（1—3辑）[M]. 北京：中国时代经济出版社，2008.7.—2011.1.

[23] 连玉明，武建忠 . 人大政协领导关注什么 [M]. 北京：中国时代经济出版社，2011.1.

[24] 领导决策信息杂志社，首都科学决策研究会，连玉明，武建忠 . 科学发展观案例读本 [M]. 北京：中国时代经济出版社，2008.12.

[25] 连玉明，武建忠 .2008中国年谱 · 三鹿悲“聚”[M]. 北京：中国时代经济出版社，2009.1.

[26] 连玉明，武建忠 .2008中国年谱 · 汶川汶川 [M]. 北京：中国时代经济出版社，2009.1.

[27] 连玉明，武建忠 .2008中国年谱 · 黑色记忆 [M]. 北京：中国时代经济出版社，2009.1.

[28] 连玉明，武建忠 .2008中国年谱 · 奥运你好 [M]. 北京：中国时代经济出版社，2009.1.

[29] 连玉明，武建忠 .2008中国年谱 · 中国救市 [M]. 北京：中国时代经济出版社，2009.1.

[30] 连玉明，武建忠 .2008中国年谱 · 金融海啸 [M]. 北京：中国时代经济出版社，2009.1.

[31] 连玉明，武建忠 .2008中国年谱 · 网络新政 [M]. 北京：中国时代经济出版社，2009.1.

[32] 连玉明，武建忠 .2008中国年谱 · 看这30年 [M]. 北京：中国时代

经济出版社，2009.1.

[33] 连玉明，武建忠.2008中国年谱·民生治政[M].北京：中国时代经济出版社，2009.1.

[34] 连玉明，武建忠.2008中国年谱·虎门之争[M].北京：中国时代经济出版社，2009.1.

[35] 连玉明，武建忠.中国社情报告[M].北京：中国时代经济出版社，2010.1.

[36] 连玉明，武建忠.中国政情报告（1—2辑）[M].北京：中国时代经济出版社，2011.1.—2014.7.

[37] 连玉明，武建忠.中国舆情报告（1—3辑）[M].北京：中国时代经济出版社，2010.1.—2014.7.

[38] 连玉明，武建忠.中国民情报告（1—3辑）[M].北京：中国时代经济出版社，2010.1.—2014.7.

[39] 领导决策信息杂志社，连玉明.领导（1—12辑）[M].北京：中国时代经济出版社，2009.2.—2010.12.

[40] 连玉明，武建忠.领导(13—24辑)[M].北京：团结出版社，2011.2.—2012.12.

[41] 连玉明，武建忠.决策（1—12辑）[M].北京：团结出版社，2011.1.—2012.11.

[42] 领导决策信息杂志社，连玉明.大参考（1—6辑）[M].北京：中国时代经济出版社，2010.11.

[43] 连玉明，武建忠，刘俊华.大参考（7—40辑）[M].北京：团结出版社，2011.1.—2016.7.

[44] 连玉明，朱颖慧，武建忠.大问题（1—18辑）[M].北京：团结出版社，2011.2.—2013.12.

[45] 连玉明，石龙学.大舆情（1—18辑）[M].北京：团结出版社，

2013.1.—2015.11.

[46] 连玉明，武建忠，张涛 . 大热点（1—18辑）[M]. 北京：团结出版社，2013.2.—2015.12.

[47] 连玉明 . 中国大热点（2013—2014）[M]. 北京：当代中国出版社，2014.7.

[48] 连玉明 . 中国大舆情（2013—2014）[M]. 北京：当代中国出版社，2014.7.

[49] 连玉明 . 中国大参考（2013-2014）[M]. 北京：当代中国出版社，2014.7.

二、城市战略与社会治理类

[50] 连玉明 . 学习型组织 [M]. 北京：中国时代经济出版社，2003.1.

[51] 连玉明 . 学习型政府 [M]. 北京：中国时代经济出版社，2003.1.

[52] 连玉明 . 学习型城市 [M]. 北京：中国时代经济出版社，2003.1.

[53] 连玉明 . 学习型社区 [M]. 北京：中国时代经济出版社，2003.1.

[54] 连玉明 . 学习型企业 [M]. 北京：中国时代经济出版社，2003.1.

[55] 连玉明 . 学习型人才 [M]. 北京：中国时代经济出版社，2003.1.

[56] 连玉明 . 学习型社会 [M]. 北京：中国时代经济出版社，2004.1.

[57] 连玉明 . 学习型政党 [M]. 北京：中国时代经济出版社，2004.4.

[58] 连玉明 . 学习型军队 [M]. 北京：中国时代经济出版社，2004.1.

[59] 连玉明 . 学习型领导 [M]. 北京：中国时代经济出版社，2005.1.

[60] 连玉明 . 中国城市年度报告2005[M]. 北京：中国时代经济出版社，2005.1.

[61] 韩子荣，连玉明 . 经典插图版中国社区发展模式·学习型社区[M]. 北京：中国时代经济出版社，2005.1.

[62] 韩子荣，连玉明 . 经典插图版中国社区发展模式·服务型社区

[M]. 北京：中国时代经济出版社，2005.1.

[63] 韩子荣，连玉明 . 经典插图版中国社区发展模式 · 生态型社区[M]. 北京：中国时代经济出版社，2005.1.

[64] 韩子荣，连玉明 . 经典插图版中国社区发展模式 · 文化型社区[M]. 北京：中国时代经济出版社，2005.2.

[65] 韩子荣，连玉明 . 经典插图版中国社区发展模式 · 数字型社区[M]. 北京：中国时代经济出版社，2005.2.

[66] 韩子荣，连玉明 . 经典插图版中国社区发展模式 · 安全型社区[M]. 北京：中国时代经济出版社，2005.2.

[67] 北京市朝阳区精神文明建设委员会，连玉明 . 和谐朝阳：充满活力的新朝阳 [M]. 北京：中国时代经济出版社，2005.8.

[68] 北京市朝阳区精神文明建设委员会，连玉明 . 宜居朝阳：安居乐业的生活环境 [M]. 北京：中国时代经济出版社，2005.8.

[69] 北京市朝阳区精神文明建设委员会，连玉明 . 学习朝阳：富有特色的学习型城区 [M]. 北京：中国时代经济出版社，2005.8.

[70] 北京市朝阳区精神文明建设委员会，连玉明 . 人文朝阳：健康向上的人文环境 [M]. 北京：中国时代经济出版社，2005.8.

[71] 北京市朝阳区精神文明建设委员会，连玉明 . 生态朝阳：可持续发展的生态环境 [M]. 北京：中国时代经济出版社，2005.8.

[72] 北京市朝阳区精神文明建设委员会，连玉明 . 法治朝阳：公平公正的法治环境 [M]. 北京：中国时代经济出版社，2005.8.

[73] 北京市朝阳区精神文明建设委员会，连玉明 . 服务朝阳：廉洁高效的政务环境 [M]. 北京：中国时代经济出版社，2005.8.

[74] 北京市朝阳区精神文明建设委员会，连玉明 . 诚信朝阳：规范守信的市场环境 [M]. 北京：中国时代经济出版社，2005.8.

[75] 中共北京市朝阳区委宣传部，连玉明 . 记忆 · 朝阳：五十年50事

[M]. 北京：中国时代经济出版社，2009.1.

[76] 中共北京市朝阳区委宣传部，连玉明 . 记忆·朝阳：五十年50人 [M]. 北京：中国时代经济出版社，2009.1.

[77] 中共北京市朝阳区委宣传部，连玉明 . 记忆·朝阳：五十年50数 [M]. 北京：中国时代经济出版社，2009.1.

[78] 中共北京市朝阳区委宣传部，连玉明 . 记忆·朝阳：五十年50景 [M]. 北京：中国时代经济出版社，2009.1.

[79] 中共北京市朝阳区委宣传部，连玉明 . 记忆·朝阳：五十年50图 [M]. 北京：中国时代经济出版社，2009.1.

[80] 北京奥林匹克公园管理委员会，连玉明 . 奥运模式（筹备篇、运行篇、发展篇）[M]. 北京：中国时代经济出版社，2010.8.

[81] 北京奥林匹克公园管理委员会，连玉明 . 感动奥运（人物篇、事件篇）[M]. 北京：中国时代经济出版社，2010.8.

[82] 连玉明，武建忠 . 中国领导决策精要 [M]. 北京：中国时代经济出版社，2006.1.

[83] 连玉明，武建忠 . 中国政府创新案例 [M]. 北京：中国时代经济出版社，2006.1.

[84] 连玉明，武建忠 . 中国发展数字地图 [M]. 北京：中国时代经济出版社，2006.6.

[85] 连玉明 . 中国城市生活质量报告 [M]. 北京：中国时代经济出版社，2006.9.

[86] 连玉明 . 中国城市品牌价值报告 [M]. 北京：中国时代经济出版社，2007.9.

[87] 连玉明 . 中国城市综合竞争力报告 NO.1[M]. 北京：中国时代经济出版社，2009.1.

[88] 连玉明 . 城市管理的理论与实践 [M]. 北京：中国时代经济出版

社，2009.1.

[89] 连玉明．中国城市30年[M]. 北京：中国时代经济出版社，2009.1.

[90] 连玉明．汶川案例（决策篇、重建篇、应急篇）[M]. 北京：中国时代经济出版社，2009.4.

[91] 北京国际城市发展研究院，连玉明．中国城市“十一五”核心问题研究报告（上、中、下）[M]. 北京：中国时代经济出版社，2004.9.

[92] 北京国际城市发展研究院，连玉明．中国城市“十二五”核心问题研究报告（1-6卷）[M]. 北京：中国时代经济出版社，2010.1.

[93] 连玉明，武建忠．加强和创新社会管理领导干部读本[M]. 北京：北京工业大学出版社，2011.8.

[94] 连玉明，武建忠．新改革经济学[M]. 北京：当代中国出版社，2013.10.

[95] 连玉明．社会管理蓝皮书·中国社会管理创新报告NO.1：社会管理科学化与制度创新[M]. 北京：社会科学文献出版社，2012.9.

[96] 连玉明．社会管理蓝皮书·中国社会管理创新报告NO.2：社会改革与城市创新[M]. 北京：社会科学文献出版社，2013.9.

[97] 连玉明．社会管理蓝皮书·中国社会管理创新报告NO.3：治理体系与治理能力现代化[M]. 北京：社会科学文献出版社，2014.11.

[98] 连玉明．社会管理蓝皮书·中国社会管理创新报告NO.4：社区治理与服务创新[M]. 北京：社会科学文献出版社，2016.8.

[99] 连玉明．大国治理：中国社会治理创新的基层实践[M]. 北京：当代中国出版社，2014.11.

[100] 连玉明．临空经济蓝皮书·中国临空经济发展报告[M]. 北京：社会科学文献出版社，2014.9.

[101] 连玉明．京津冀协同发展的共赢之路[M]. 北京：当代中国出版社，2015.1.

[102] 连玉明．面向未来的京津冀世界级城市群 [M]. 北京：当代中国出版社，2016.8.

[103] 连玉明．重新认识世界城市 [M]. 北京：当代中国出版社，2013.9.

[104] 连玉明．什么样的城市是最好的城市 [M]. 北京：当代中国出版社，2014.3.

[105] 连玉明．低碳城市：我们未来的生活方式 [M]. 北京：当代中国出版社，2013.10.

[106] 连玉明．首都战略定位：京津冀协同发展中的北京之路 [M]. 北京：当代中国出版社，2015.10.

[107] 连玉明．中国生态文明发展报告 [M]. 北京：当代中国出版社，2014.7.

[108] 连玉明．贵阳建设全国生态文明示范城市报告 [M]. 北京：当代中国出版社，2014.7.

[109] 连玉明．贵阳社会治理体系和治理能力发展报告 [M]. 北京：当代中国出版社，2014.11.

[110] 贵州大学贵阳创新驱动发展战略研究院，连玉明．禁毒新路：贵阳模式与启示 [M]. 北京：当代中国出版社，2016.7.

[111] 连玉明．六度理论：重塑我们的生态观和生活观 [M]. 北京：中信出版社，2015.6.

[112] 连玉明．绿色新政：大国崛起的软实力 [M]. 北京：中信出版社，2015.6.

[113] 连玉明．双赢战略：绿色崛起的大数据革命 [M]. 北京：中信出版社，2015.7.

[114] 连玉明．贵阳城市创新发展报告 No.1：云岩篇 [M]. 北京：社会科学文献出版社，2015.10.

[115] 连玉明 . 贵阳城市创新发展报告 No.1 ：南明篇 [M]. 北京 ：社会科学文献出版社，2015.10.

[116] 连玉明 . 贵阳城市创新发展报告 No.1 ：观山湖篇 [M]. 北京 ：社会科学文献出版社，2015.10.

[117] 连玉明 . 贵阳城市创新发展报告 No.1 ：花溪篇 [M]. 北京 ：社会科学文献出版社，2015.10.

[118] 连玉明 . 贵阳城市创新发展报告 No.1 ：白云篇 [M]. 北京 ：社会科学文献出版社，2015.10.

[119] 连玉明 . 贵阳城市创新发展报告 No.1 ：乌当篇 [M]. 北京 ：社会科学文献出版社，2015.10.

[120] 连玉明 . 贵阳城市创新发展报告 No.1 ：清镇篇 [M]. 北京 ：社会科学文献出版社，2015.10.

[121] 连玉明 . 贵阳城市创新发展报告 No.1 ：息烽篇 [M]. 北京 ：社会科学文献出版社，2015.10.

[122] 连玉明 . 贵阳城市创新发展报告 No.1 ：修文篇 [M]. 北京 ：社会科学文献出版社，2015.10.

[123] 连玉明 . 贵阳城市创新发展报告 No.1 ：开阳篇 [M]. 北京 ：社会科学文献出版社，2015.10.

[124] 连玉明 . 北京街道发展报告 No.1 ：德胜篇 [M]. 北京 ：社会科学文献出版社，2016.8.

[125] 连玉明 . 北京街道发展报告 No.1 ：什刹海篇 [M]. 北京 ：社会科学文献出版社，2016.8.

[126] 连玉明 . 北京街道发展报告 No.1 ：西长安街篇 [M]. 北京 ：社会科学文献出版社，2016.8.

[127] 连玉明 . 北京街道发展报告 No.1 ：大栅栏篇 [M]. 北京 ：社会科学文献出版社，2016.8.

[128] 连玉明．北京街道发展报告 No.1：天桥篇 [M]. 北京：社会科学文献出版社，2016.8.

[129] 连玉明．北京街道发展报告 No.1：新街口篇 [M]. 北京：社会科学文献出版社，2016.8.

[130] 连玉明．北京街道发展报告 No.1：金融街篇 [M]. 北京：社会科学文献出版社，2016.8.

[131] 连玉明．北京街道发展报告 No.1：椿树篇 [M]. 北京：社会科学文献出版社，2016.8.

[132] 连玉明．北京街道发展报告 No.1：陶然亭篇 [M]. 北京：社会科学文献出版社，2016.8.

[133] 连玉明．北京街道发展报告 No.1：展览路篇 [M]. 北京：社会科学文献出版社，2016.8.

[134] 连玉明．北京街道发展报告 No.1：月坛篇 [M]. 北京：社会科学文献出版社，2016.8.

[135] 连玉明．北京街道发展报告 No.1：广安门内篇 [M]. 北京：社会科学文献出版社，2016.8.

[136] 连玉明．北京街道发展报告 No.1：牛街篇 [M]. 北京：社会科学文献出版社，2016.8.

[137] 连玉明．北京街道发展报告 No.1：白纸坊篇 [M]. 北京：社会科学文献出版社，2016.8.

[138] 连玉明．北京街道发展报告 No.1：广安门外篇 [M]. 北京：社会科学文献出版社，2016.8.

[139] 连玉明．北京市西城区全面深化改革报告 [M]. 北京：当代中国出版社，2016.8.

[140] 连玉明．北京市西城区城市创新发展报告 [M]. 北京：当代中国出版社，2016.8.

[141] 连玉明．北京市西城区社会治理研究报告[M]. 北京：当代中国出版社，2016.8.

三、大数据发展类

[142] 大数据战略重点实验室．块数据：大数据时代真正到来的标志[M]. 北京：中信出版社，2015.5.

[143] 大数据战略重点实验室，连玉明．块数据2.0：大数据时代的范式革命[M]. 北京：中信出版社，2016.5.

[144] 大数据战略重点实验室，连玉明．数据革命：2015年贵阳国际大数据博览会暨全球大数据时代贵阳峰会全记录[M]. 北京：当代中国出版社，2016.4.

[145] 连玉明.DT 时代：从“互联网 +”到“大数据 ×”[M]. 北京：中信出版社，2015.5.

[146] 连玉明．创新驱动力：中国数谷的崛起[M]. 北京：中信出版社，2015.5.

[147] 连玉明．中国大数据[M]. 北京：当代中国出版社，2014.7.

[148] 连玉明，张涛．大数据（1—12辑）[M]. 北京：团结出版社，2014.2.—2015.12.

[149] 连玉明．大数据（1601—1603）[M]. 北京：团结出版社，2016.2.—2016.6.

四、随笔类

[150] 连玉明．躁动的奶酪[M]. 北京：中国时代经济出版社，2002.4.

[151] 连玉明．躁动的奶酪（台湾版）[M]. 台湾潺川图书有限公司，2002.10.

[152] 连玉明．人生十论（全十册）[M]. 江苏：广陵书社，2009.9.

[153] 连玉明 . 幸福的12堂课 [M]. 北京：当代中国出版社，2013.8.

[154] 连玉明 . 贵阳之行：看世界与赢未来 [M]. 北京：当代中国出版社，2014.7.

:::后记:::

2016 年 7 月 26 日，我参加北京市政协委员暑期读书班，最大的收获就是四个字“不忘初心”。

“不忘初心”是习近平总书记的话。这四个字既令人顿悟又发人深省，既是鼓励又是鞭策，与每个人、每件事都息息相关。

这本书是我对中国城市发展历程的一种记录。这其中有我的观察与思考，也有我对某些城市的偏爱与偏见。应该说，21 世纪以来的十多年，是中国城市化和中国城市发展最快的时期。当我们看到一座座城市拔地而起，一座座城市变成高楼林立、车水马龙，甚至乌烟瘴气的时候，我们似乎看不到这些城市的“初心”。在一些大城市或特大城市，我们不得不用“疏功能、控强度、减人口”等手段回归“初心”。亚里士多德说，“人们来到城市是为了生活，人们居住在城市是为了生活得更好”。在某些城市，“初心”丧失了，生活变成了“生气”。这是我们必须反省并且必须觉醒的。

我担任北京国际城市发展研究院院长 16 年来，涉足中国大大小小 400 多个城市，有的城市少则去过几次，多则几十次，有的甚至走过上百次。这本书是我对某些城市观察与研究后写下的一些思考，以此“发现城市价值”。这是我创办北京国际城市发展研究院的“初心”。十多年过去了，不知这些文字能否证明并检验我的“初心”。

在每一本书的后记里，我都会写感谢很多人的话，这是发自内心的，这次也不例外。在我的成长过程和北京国际城市发展研究院的成长历程中，从北京到贵阳，始终得到很多领导无私的关心、厚爱和支持，我不便一一点出他们的名字，但他们的名字我一定铭记在心，一刻也不会忘怀。古人云，滴水之恩，当涌泉相报。而他们对我是“涌泉之恩”，而我却难以“滴水相报”，只有以更加勤奋的工作和更加执着的坚持来证明他们的支持是正确的。还有很多人，特别是我的同事、朋友和家人，他们从来都是把荣耀和光环给予我，而留给他们的却是辛勤的耕耘和默默的付出，任劳任怨，无怨无悔。对他们的感激和感谢是无法用语言来表达的。在人生和事业的征途上，我们一路高歌，结伴而行。一个人可以走得更快，但一群人才可以走得更远。

在开班仪式上，吉林主席说：“不忘初心是为了继续前进；继续前进必须不忘初心”。人生虽短，但路很长。让我们共勉！

2016年7月26日夜 于北京密云雾灵山庄